Anna-Maria aus der Wiesche, Frank Lilie u.a. (Hg.)

Kloster auf Evangelisch
Berichte aus dem gemeinsamen Leben

Mit einem Geleitwort von Altbischof Jürgen Johannesdotter

Ein gemeinsames Projekt der geistlichen Gemeinschaften im Raum der Evangelischen Kirche in Deutschland, vertreten durch die Konferenz evangelischer Kommunitäten (KevK) und dem Treffen Geistlicher Gemeinschaften (TGG).

Initiiert und herausgegeben von den Mitarbeitern der theologischen Arbeitskreise

KevK: Sr. Anna-Maria aus der Wiesche, Communität Christusbruderschaft Selbitz
Br. Christian Hauter, Christusträger Bruderschaft
Br. Franziskus Joest, Jesus-Bruderschaft Gnadenthal

TGG: Frank Lilie, Evangelische Michaelsbruderschaft
Gerhard Knodt, Evangelisches Exerzitium
Írisz Sipos, Offensive Junger Christen – OJC e.V.

Vier-Türme-Verlag

2. Auflage 2017
© Vier-Türme GmbH, Verlag, Münsterschwarzach 2016
Alle Rechte vorbehalten

Lektorat: Írisz Sipos mit Frank Lilie, Gerhard Knodt, Cornelia Geister, Birte Undeutsch
Umschlagfotos © Koinonia Gethsemane, OJC, Evang. Marienschwesternschaft, Zugvögel
Der Abdruck der Illustrationen im Buch erfolgt mit freundlicher Genehmigung der Rechteinhaber
Satz und Gestaltung: Piva & Piva
Druck und Bindung: CPI Books GmbH, Leck

ISBN 978-3-89680-904-9

www.vier-tuerme-verlag.de

Ein Bilderbuch geistlicher Ökumene

Zum Geleit

Jürgen Johannesdotter

Kloster auf Evangelisch – gibt es das? 500 Jahre nach jenem berühmten Thesenanschlag Martin Luthers an die Tür der Schlosskirche zu Wittenberg, der als Beginn der Evangelischen Kirche betrachtet wird. Im Jahre 2017 soll dieses Ereignisses gedacht werden. Anders gedacht werden als vor 100, 200, 300 und 400 Jahren. Nicht gegen die katholische Kirche, nicht gegen die orthodoxen Kirchen, nicht gegen irgendjemanden, sondern für Christus. Ein Christus-Jahr möge es werden, ist die gemeinsame ökumenische Sehnsucht vieler Christenmenschen. „500 Jahre Trennung sind genug" hieß es auf dem Kongress und der Kundgebung der Bewegung „Miteinander für Europa" in München im Juli 2016. Beteiligt daran waren viele christliche Kirchen, Orden, Kommunitäten und Gemeinschaften. Ein solches Gedenken braucht den dankbaren und den kritischen Rückblick auf die Geschichte. Ohne Umkehr gibt es keine Versöhnung. Ohne Aufblick zu Jesus Christus ist Einheit nicht möglich. Wie kann die Sehnsucht nach Einheit im Zugehen auf das Gedenkjahr gefördert werden?

Begegnung mit demselben Herrn

Papst Benedikt XVI schreibt im Vorwort zum 2. Band seines Buches „Jesus von Nazareth", dass sein Buch inzwischen einen „ökumenischen Bruder" bekommen habe in dem „Jesus"-Buch des evangelischen Theologen Joachim Ringleben. Er führt aus: „Wer die beiden Bücher liest, wird einerseits den großen Unterschied der Denkformen und der prägenden theologischen Ansätze sehen, in denen sich die unterschiedliche konfessionelle Herkunft der beiden Autoren konkret ausdrückt. Aber zugleich erscheint die tiefe Einheit im wesentlichen Verständnis der Person Jesu und seiner Botschaft. In unterschiedlichen theologischen Ansätzen wirkt der gleiche Glaube, findet Begegnung mit demselben Herrn Jesus statt. Ich hoffe, dass beide Bücher in ihrer Unterschiedlichkeit und in ihrer wesentlichen Gemeinsamkeit ein ökumenisches Zeugnis sein können, das in dieser Stunde auf seine Weise dem grundlegenden gemeinsamen Auftrag der Christen dient."

Begegnung mit demselben Herrn Jesus – das ist das tiefe Anliegen einer Ökumene, deren Herz erfüllt ist von der Sehnsucht nach der Einheit, von der Jesus in dem hohepriesterlichen Gebet aus dem Johannes-Evangelium, Kapitel 17, Vers 21 spricht: „... **damit sie alle eins seien.** Wie du, Vater in mir bist und ich in dir, so sollen auch sie in uns sein, damit die Welt glaube, dass du mich gesandt hast." Jesus Christus selber bittet um diese Einheit für die Menschen, die an ihn glauben. Keine Einheit ohne Gebet, keine Einheit ohne Erneuerung durch den Heiligen Geist. Kardinal Walter Kasper hat in einer Predigt zum 10-jährigen Jubiläum der Unterzeichnung der „Gemeinsamen Erklärung zur Rechtfertigungslehre" am 31. Oktober 2009 im Hohen Dom zu Augsburg gesagt: „Es gibt keine Ökumene ohne Umkehr des Herzens; es gibt keine Ökumene ohne ein Neuwerden des Herzens; es gibt keine Ökumene ohne Erneuerung durch den Heiligen Geist. ... Wir brauchen eine geistliche Ökumene." Und sie ist vor allem eine Ökumene des Gebetes.

Diese „geistliche Ökumene" ist in den vergangenen Jahrzehnten in unseren Kirchen gewachsen – und nicht nur in den Kirchen, sondern in vielen geistlichen Gemeinschaften und Kommunitäten. Sie haben den großen theologischen Dialogen, die sich oft in filigraner Kleinarbeit um Aufarbeitung von Dissensen und Verwerfungen, um Linien der Übereinstimmung und Überwindung von Unterschieden bemüht haben und deren Ergebnisse wir in mancherlei Erklärungen sichtbar vorliegen haben, etwas Wesentliches hinzugefügt: eine Ökumene des gemeinsamen Lesens und betenden Bedenkens der Bibel als Wort Gottes und als Wegweisung Gottes für unser Leben. „In der geistlichen Ökumene machen wir uns gemeinsam auf den Weg der Nachfolge Jesu. In dem Maße, in dem wir mit ihm eins sind, werden wir es auch untereinander sein." (Kardinal W. Kasper)

Gemeinsam in der Nachfolge

Dass zu dieser geistlichen Ökumene auch die tätige Liebe gehört, versteht sich eigentlich von selbst. Ökumene ist schließlich kein Selbstzweck, sondern zielt auf ein gemeinsames Ziel – den gemeinsamen Dienst an der Versöhnung, der Einheit und dem Frieden in der Welt. Bewährungsfelder für diesen gemeinsamen Dienst in der Nachfolge Jesu gibt es heute wahrlich genug. Armut, Frieden, Gerechtigkeit, die Natur als Schöpfung Gottes – sie fordern die Christenheit als ganze heraus, aus der Quelle ihres Glaubens Antworten auf die bedrängenden Fragen zu geben und diese Antworten in Handeln umzusetzen.

Zu den ermutigenden und begeisternden Erfahrungen meines Dienstes als Bischof gehören die Begegnungen mit den evangelischen Kommunitäten und geistlichen Gemeinschaften. Nach der im Gefolge der Reformation lange abgebrochenen Tradition der Klöster als Orten des gemeinsam gelebten Glaubens ist vor allem im vergangenen Jahrhundert eine Vielzahl von sehr unterschiedlich geprägten Kommunitäten und geistlichen Gemeinschaften entstanden. In all ihrer Unterschiedlichkeit üben sie sich ein im verbindlichen Leben. „Den Glauben ins Leben ziehen", so hat es Martin Luther genannt, ins reale, nicht erträumte Leben. Dass dieser Glaube selber aus dem Hören auf das Wort der Bibel kommt, macht ihn nüchtern im Blick auf das eigene Können und mutig im Vertrauen darauf, dass Christus auch die Kraft und den Mut schenkt, den Zumutungen des Lebens standzuhalten.

Die Klöster und Orden sind ein Zeichen der Erinnerung an die Einheit der Kirche. Vor diesem Hintergrund sind die Kommunitäten und geistlichen Gemeinschaften, die im evangelischen Raum entstanden, Initiativen von einzelnen Personen oder Gruppen gewesen, die sich eine eigene Ordnung gegeben haben. Manche haben sich alte Ordensregeln gegeben und haben zum Beispiel die sogenannten „evangelischen Räte" der alten Orden übernommen (Ehelosigkeit, Besitzlosigkeit und Gehorsam). Andere sind Familien-Kommunitäten geworden oder bilden netzwerkartige Gemeinschaften von Frauen, Männern oder Familien. Sie leben in ehemaligen Klöstern, Schlössern, Burgen, Gütern oder Häusern, die sie selbst gebaut, wieder hergestellt oder restauriert haben oder beleben diese durch ihre Konvente. Mit ihren unterschiedlichen Berufen, Begabungen, Charismen dienen sie der Gemeinschaft. Sie sind nicht kirchlich „abgesichert", auch nicht finanziell. Aber sie haben oft eine ausstrahlende Wirkung und wecken die Neugier suchender und fragender Menschen. Die alte Mönchsregel „ora et labora" kennzeichnet auch sie.

**Kloster auf Evangelisch:
Berichte aus dem gemeinsamen Leben**

Dieses Buch erscheint nun als ein besonderer Beitrag zum 500-jährigen Reformationsgedenken im Jahr 2017. Wer die Beiträge liest, wundert sich über die Vielfalt der Gemeinschaften und ihrer Berichte über das gemeinsame Leben. Was sie eint, ist, dass sie Zeugnis abgeben von der Begegnung mit demselben Herrn Jesus, in dessen Nachfolge sie sich haben rufen lassen – zu unterschiedlichen Zeiten, als Antworten auf unterschiedliche Herausforderungen. Was sie eint, ist die Erfahrung der Emmausjünger: *Brannte nicht unser Herz in uns, als er mit uns redete auf dem Wege und uns die Schrift öffnete?*

Solche Weg-Geschichten enthält dieses Buch. Sie sind Wundergeschichten des Glaubens. Aber wer in der Nachfolge Jesu nicht an Wunder glaubt, ist kein Realist. Das schließt das Scheitern und die Enttäuschung nicht aus. Aber sie sind kein Argument gegen das Bilderbuch geistlicher Ökumene, das sich dem Betrachter hier öffnet. Im Gegenteil, daraus erwächst der Same zum Neuanfang; denn das ist das Kennzeichen dessen, der das Herz seiner Jüngerinnen und Jünger brennen lässt.

Als ich vor etlichen Jahren an einem herrlichen Maitag mit einem unserer Söhne durch den wunderbaren Wald des Klosters Loccum fuhr, sah er die Vielfalt der Bäume und Büsche mit ihren variantenreichen Grün-Tönen und sagte: „Ganz schön viel Phantasie hat der liebe Gott." Dieses Buch zeugt von der schönen Phantasie Gottes und seiner Menschen.

Im Juli 2016

Jürgen Johannesdotter, Landesbischof i. R. und 2007-2016 Beauftragter des Rates der EKD für die Kommunitäten und geistlichen Gemeinschaften in der Evangelischen Kirche in Deutschland

Inhalt

Ein Bilderbuch geistlicher Ökumene | Zum Geleit | *Jürgen Johannesdotter* | 5

Berichte aus der gemeinsamen Nachfolge | 11

Verbindlich im Glauben | 11

    Tritt ein in den Liebesraum Gottes
        Communität Christusbruderschaft in Selbitz | *Sr. Beate Seidel* | 12

    Ein Haus voller junger Leute
        Kommunität Adelshofen | *Sr. Dora Schwarzbeck* | 17

    Frei für Gott
        Jesus-Bruderschaft Gnadenthal | *Br. Franziskus Joest* | 22

    Einer ist euer Meister, ihr alle aber seid Geschwister (Mt 23,8)
        Jesus-Bruderschaft Kloster Volkenroda | *Annett Schödl* | 27

    Gibt es die wahre Lebens-Einheit?
        Der Bruderhof | *Jutta und Detlef Manke* | 33

    So vergnügt und doch so anständig
        Michaelsbruderschaft | *Frank Lilie* | 37

    Kann man mit Stille dienen?
        Ordo Pacis | *Sr. Renate Kersten* | 43

    Die Tür steht offen – das Herz weit mehr!
        Evangelisch-lutherisches Zisterzienserkloster Amelungsborn | *Tobias Leutritz* | 47

        Kloster Amelungsborn: Ein Sonderfall der Reformation | *Hans-Jörg Dietsche* | 49

Verbindlich in Wahrhaftigkeit | 54

Versöhnte Verschiedenheit
Lebensgemeinschaft für die Einheit der Christen in Craheim | *Annegret Bossemeyer* | 55

Unterwegs und ganz daheim
Kommunität Imshausen | *Br. Georg* | 60

Konfrontation mit dem Schutzengel
Offensive Junger Christen – OJC e.V. | *Hanna Epting* | 64

Mitten in der Welt, nicht von der Welt
Gethsemanebruderschaft / Koinonia | *Brigitte Theophila Schur* | 68

„Höre, Tochter, und neige dein Ohr…" (Ps 45,11a)
Kloster Mariensee | *Bärbel Görcke* | 74

Liebe zum Heiligen Abendmahl
Ostkirchlicher Konvent | *Reinhard Thöle* | 80

Bildung der geistlich-theologischen Persönlichkeit
Evangelisches Exerzitium | *Christel Keller-Wentorf und Stefan Kunz* | 85

Ein geschützter Raum
Pfarrergebetsbund | *Werner Kenkel* | 92

Abenteuer einer Neugründung
Kloster Wülfinghausen | *Sr. Reinhild von Bibra* | 96

Verbindlich im Dienst | 104

Als Deutscher in Afghanistan
Christusträger Bruderschaft | *Br. Schorsch Westermayer* | 105

Im Garten des Königs
Christusträger Schwestern | *Sr. Veronika Huber* | 111

Fünf Brote und zwei Fische
Christus-Treff: Gemeinschaft, Gemeinde, Netzwerk | *Roland Werner* | 117

Die Revolution der Versöhner
Evangelische Marienschwesternschaft Darmstadt | *Sr. Joela Krüger* | 122

Gemeinsam beten und Tagesschau gucken
Laurentiuskonvent | *Michael Schimanski-Wulff, Stephan Hünninger und Gabriele Hünninger, Gabriela Boni-Tamm* | 125

Die Dinge bei Lichte betrachtet
Die Zugvögel | *Eva C. Rinne* | 133

Im Dienst an der Einheit der Kirchen
Lebenszentrum Ottmaring | *Gottlob Heß, Waltraud Hopfenmüller, Elfriede Waha, Gotthard Kern, Peter Seifert, Günther Rattey, Petra Hahn, Herbert Lauenroth, Clemens Behr, Gerhard Bauer, Susanne Heß* | 137

Geschwisterlich, integrativ, solidarisch
Basisgemeinde Wulfshagenerhütten | *Margret Ellwanger* | 147

Jaget dem Frieden nach!
Tertiärgemeinschaft der Communität Christusbruderschaft Selbitz | *Hans Häselbarth* | 153

Gemeinschaftliches Leben aus dem Evangelium: eine theologische Standortbestimmung
Gerhard Knodt, Frank Lilie, Br. Christian Hauter, Sr. Anna-Maria aus der Wiesche, Írisz Sipos, Br. Franziskus Joest, Christel Keller-Wentorf, Manfred Kießig | 159

Anschriften der Kommunitäten | 168

VERBINDLICH IM GLAUBEN

**Herr, weise mir deinen Weg
und mache mich willig, ihn zu gehen.**

Hl. Birgitta von Schweden, 1303-1373

Tritt ein in den Liebesraum Gottes

Communität Christusbruderschaft in Selbitz – *1949

Sr. Beate Seidel

Mit Schülern einer 7. Klasse stehe ich vor dem großen Wandbild, gemalt von Sr. Christamaria Schröter CCB, in der Eingangshalle unseres Ordenshauses in Selbitz. Die Aufgabe der Jungen und Mädchen ist es, im Bild enthaltene, aber durch Farben und Formen verborgene Sätze und Wortgruppen zu suchen und zu entziffern. Es sind Worte, die unsere Gründerin Hanna Hümmer, Ehefrau von Pfarrer Walter Hümmer, im Gebet gehört hat und die wichtige Grundlagen unserer Kommunität darstellen. Sie sind sozusagen das „innere Programm", die Wegweisung, der Auftrag, die Sendung.

„T ... mein Leben ...Tod d ... Zeit ..."? buchstabieren sie gemeinsam.

„Ja, super; ihr seid auf der richtigen Spur. Das Wort heißt: *Tragt mein Leben in den Tod dieser Zeit...* und es geht noch weiter ... "

Ich bin natürlich im klaren Vorteil, da ich die Worte kenne und auch liebe.

„*Tragt meinen Tod in den Schein dieses Lebens.*"

Leben im Tod dieser Zeit

Aha – und was heißt das? Ich schaue in fragende Gesichter... „*Tragt mein Leben in den Tod dieser Zeit. Tragt meinen Tod in den Schein dieses Lebens.*" Sprachlich finde ich es wunderschön. Es ist wie Balsam, wie Öl, aber auch knallhart und radikal. Was ist hier Tod und was ist Leben? Es ist umgedreht, anders als wir es in unserem Sprachgebrauch normalerweise empfinden und „mein Tod und Leben" werden hier – von Christus her – neu gedeutet. Über allen Worten auf dem Wandbild ist das Kreuz gemalt – ein Kreuz mit einer Dornenkrone. Die Worte lassen sich nur verstehen, wenn ich sie Christus sprechen höre. Mit den Schülern suche ich gemeinsam weiter dieses Zeichen: Kreuz und Dornenkrone an verschiedenen Orten unserer Gemeinschaft. Wir finden es an den Türgriffen der Eingangstür des Ordenshauses, in einem großen Glasfenster in der Kapelle, am Grundstein außen am Haus und jede Schwester trägt so ein Kreuz. Bei wichtigen Gottesdiensten der Kommunität, wenn z. B. Schwestern ihr Versprechen, von nun an zur Gemeinschaft zu gehören, ablegen, hängt ein großer Dornenkranz im Altarraum. Das erzähle ich ihnen.

Dieses Wort von „Tod und Leben" gehört in die Geburtsstunde der Gemeinschaft: Karfreitag 1948. In einer Zeit, die vom Tod eines Weltkrieges geprägt und geschüttelt war, ruft Gott eine kleine Schar junger Menschen in Schwarzenbach/Saale, eine kleine Porzellanarbeiterstadt in Oberfranken, zum gemeinsamen Leben „hinter Ihm her". In diesen Jahren werden verschiedene geistliche Gemeinschaften in der evangelischen Kirche als Keimzellen des Lebens geboren.

Sie leben, weil Einer für sie gestorben ist. Sie sollen Christusleben in den Tod dieser Zeit tragen und den Christustod in den Schein dieses Lebens. Ein schöner, aber kein leichter Auftrag. Damals, am Anfang der kleinen Gemeinschaft, gab es viel Gegenwind. Heute sind wir „etabliert" und haben einen guten Ruf und Namen. Wenn wir aber dem Christusleben und Christustod treu bleiben, werden wir in Zukunft wohl auch wieder mehr Widerstände erdulden müssen.

Ein steiler Weg

Ich sehe die jungen Menschen vor mir und wünsche mir so, dass sie diesen Unterschied zwischen Tod und Leben begreifen – ein Tod, der Heil bringt, weil ihm durch Christus der letzte Sieg geraubt ist, und Leben, das zutiefst satt und erfüllt ist, mehr als alle Güter der Welt geben können. Ich weiß, dass nur Jesus selbst in ihnen der Schlüssel sein kann. Und ich spüre auch die Verantwortung und Freude, hier an dieser Stelle zu diesem Zeitpunkt Zeugin zu sein für andere Werte als die Jungen und Mädchen sonst in ihrem Alltag höchstwahrscheinlich vermittelt bekommen.

Ein weiteres Wort ist zu erkennen: „*Ein steiler Weg liegt vor euch – wollt ihr ihn gehen?*"

Mit diesem Wort verbinde ich eine ganz persönliche Erfahrung: Es ist der 20. Dezember 2002. Ich habe meinen ersten Tag als Postulantin, dem ersten Wegabschnitt in die Kommunität, gelebt. Nach dem Abendgebet trifft sich jeden Tag die Gemeinschaft zum informellen Austausch, der mit einer kurzen fortlaufenden Regellesung beendet wird. An diesem Abend wird nur dieser eine Satz gelesen: „Ein steiler Weg liegt vor euch – wollt ihr ihn gehen?" Ich stutze – natürlich will ich ihn gehen, sonst wäre ich nicht hier. Und ich bin auch bereit, mich dafür anzustrengen. Ich bin hochmotiviert „für die Bergtour"...

Wochen später sitzen wir schweigend als Postulatsgruppe beim Mittagessen. Vieles ist schwierig im gemeinsamen Leben. Wir sind so dermaßen verschieden. In diesem ersten Jahr leide ich sehr an den Unmöglichkeiten des einfachsten Miteinanders. Ich weiß mich von Christus ganz klar berufen in diese Gemeinschaft, aber menschlich komme ich ganz an meine Grenze. So habe ich es mir nicht vorgestellt. Dieses Wegstück habe ich mir nicht ausgesucht. Es ist steil. „Jesus beruft nicht zum Einzel-Noviziat ..." höre ich in diesem Jahr einen Exerzitienleiter in unserem Haus sagen. Wie mir dieser Satz quer liegt! Wenn ich allein wäre, könnte es so gut sein.

Umkehr

Doch mit der Zeit wird es anders. Durch viele Begleitgespräche, wo ich meine Denk- und Verhaltensmuster anschauen, Gebete, Situationen aushalten und nicht weglaufen, weglaufen und wieder zurückkommen kann, inneres Ringen und Leiden ... nach Monaten stellt sich eine Veränderung ein. Wir können uns besser annehmen, beginnen uns in unserer Verschiedenheit zu achten, lernen uns schätzen. Als stärkste verändernde Kraft erlebe ich die Liebe und die Gebete der Gesamtgemeinschaft und die Erfahrung, dass ich mit meinen Unmöglichkeiten barmherzig ausgehalten werde.

„Tritt ein in den Liebesraum Gottes. Schau auf ihn und bete ihn an, durch den deine Berufung sicheren Grund erhält." Regel CCB S.10 So beginnt unsere Regel. Ich lerne, dass in der Geschwisterlichkeit, gegen die ich mich am Anfang so sehr gewehrt habe, dieser Raum Gottes für mich als Mensch konkret erfahrbar wird.

Heute arbeite ich in unserem Gästehaus und erlebe, wie stark die Menschen immer wieder berührt sind von diesem Liebesraum Gottes, wo sie ankommen können, ein „zu Hause" empfinden und Frieden erfahren. Und was ist es für ein Geschenk, dass wir als Kommunität so einen Ort schaffen können durch unsere Hingabe an diesen Gott, aber auch an die Gemeinschaft. Der Weg ist immer noch steil. Aber ich habe mich an die Strapazen der gemeinsamen Bergtour – diesbezüglich – gewöhnt. Heute bin ich froh, nicht zum „Einzel-Noviziat" berufen worden zu sein.

Das Steile des Weges ist für mich heute eher die Herausforderung und der Anspruch, täglich nach dem Willen Gottes zu fragen: „Was willst du heute durch mich und durch uns tun?" Und nicht müde werden, *mich* dieser Frage täglich zu stellen, unterwegs zu bleiben. Auch in einer Kommunität ist es möglich, in die Routine des Alltags, des Miteinanders, des Gebetes, der Sendung zu verfallen. Ich brauche die ganze Kraft meines Willens, dieses Leben fruchtbar und frisch leben zu wollen, Tag für Tag. Ich brauche das Evangelium, das mir in jedem Augenblick die Möglichkeit der Umkehr anbietet. Und ich brauche diese Umkehr. Ich brauche Wachheit dafür.

Es geht!

Mit den Jungen und Mädchen lese ich weiter:
„Wisset, ihr seid eins."

Und ich zeige ihnen, dass dieses Wort, seit meiner Profess, der lebenslangen Bindung an die Gemeinschaft, auch auf der Rückseite meines Kreuzes eingraviert ist. Es ist von außen also nicht gleich sichtbar, aber so wichtig, dass es wert ist, täglich auf dem Herzen getragen zu werden. Wie erkläre ich es aber?

„Also, damit ist gemeint, dass wir ein Team sind, wie eine Fußballmannschaft. Ihr gehört zusammen, ihr habt ein gemeinsames Ziel, jede hat eine andere Aufgabe, aber es geht nur miteinander ... fair play. Setzt euch immer wieder dafür ein, das ihr eine Mannschaft bleibt ... und gemeinsam spielen macht auch Spaß ..."
Um Einheit in der eigenen Gemeinschaft zu ringen, ist eine Aufgabe, die Zeit braucht und die tiefe Gewissheit, dass wir alle das Gute wollen. Zusammenspiel, Teamgeist, Vergebung gewähren, wenn die andere mich „foult" oder um

Vergebung zu bitten usw. ist eine hohe Schule des Menschseins. Einander ergänzen, ertragen in guten wie in bösen Tagen, sich mitfreuen und mitleiden... Alles nicht so einfach, wenn man bedenkt, dass wir zunächst nicht aus Sympathie und Freundschaft zusammen sind. Wir haben uns einander als Schwestern nicht ausgesucht. Ich lebe mit Schwestern in einer Wohngemeinschaft, die ich mir nicht gewählt habe und sie mich auch nicht. Das Erstaunliche – es geht!

Der unsichtbar Verbindende ist Christus, Sein Ruf an uns und das Kreuz. Christus schafft wirklich eine neue Familie. Es entsteht Christusbruderschaft. Die Berufung zur Einheit ist ein zentraler Auftrag unserer Gemeinschaft. Er geht auch über uns hinaus, zu anderen Gruppen und Kirchen des Leibes Christi.

In unserer Regel steht:

„Durch die Versöhnung, die Jesus Christus am Kreuz erworben hat, bist du eins mit deinen Schwestern und Brüdern. Eins seid ihr auch mit allen, die an Jesus Christus glauben und getauft sind, in der evangelischen Kirche, ja, in allen Kirchen der Oekumene. Lass das Gebet Jesu um die Einheit seines Leibes in dir brennen. Vermeide, was diese Einheit stört und setze dich ein, wo du kannst, für das, was diese Einheit fördert." Regel CCB S.12

Pfr. Walter Hümmer, der Gründer der Kommunität, hatte diese Einheit des Leibes Christi besonders auf seinem Herzen. Lese ich heute in Predigten und Aufsätzen von ihm, staune ich oft über diese prophetischen Worte aus den ca.1950–1970er Jahren, z. B.

„Eine Welle der Säkularisierung geht durch unsere Welt. In nicht allzu ferner Zukunft wird es nicht mehr um katholisch oder evangelisch gehen, sondern um das Christsein überhaupt. Wir brauchen uns nicht mehr untereinander zu streiten. Es geht um ein gemeinsames Engagement der Liebe im Blick auf die Nöte der Zeit und für die Menschen unserer Tage." (Jahreslesebuch „Leise und ganz nah" S. 215)

Unter Orden und Kommunitäten ist oft etwas von dieser Einheit zu spüren, wie z. B. eine über Jahre gewachsene Freundschaft zu den Franziskanerinnen im Kloster Siessen. Unsere Gemeinschaften verbindet die Liebe zu Christus und die Liebe zu Franziskus und der franziskanischen Spiritualität. Wenn wir uns über verschiedene Themen austauschen, staunen wir oft, wie ähnlich und verwandt wir miteinander sind. Seit Jahren verbringe ich bei den Franziskanerinnen meine jährlichen Exerzitien. Ich lasse mich inspirieren und beschenken von dem Schatz der katholischen Kirche, der Feier der Liturgie und freue mich am Gespräch über das jeweilige Evangelium des Tages. Umgekehrt bringe ich meinen evangelisch geprägten Glauben mit, der auch ein Schatz ist, der gern aufgenommen wird. (Nebenbei: einmal auf einer Zugfahrt zurück von den Exerzitien wurde ich als Schwester von Siessen angesprochen – soweit kann die Einheit gehen...)

Hütte und Herberge

Weitere Worte auf dem Wandbild sind:
„ICH in euch und ihr in MIR."
„Hütte Gottes bei den Menschen."
„Ich weite diesen Raum zur göttlichen Herberge."

Hütte und Herberge sind Bezeichnungen für einfache Unterkünfte, kein 5-Sterne-Hotel und keine Luxusvilla. In einer Hütte und Herberge gibt es ein Dach über dem Kopf, einen sicheren Ort, einen Platz zum Schlafen. Da ist man nicht allein, wird aufgenommen; da wird Hunger und Durst gestillt und es gibt Brot und Wein. Darüber hinaus ist aber diese einfache Unterkunft göttlich! Das verleiht ihr Licht und Glanz und Weite.

Viele Menschen, die zu uns als Gäste, Mitlebende oder nur für einen kurzen Besuch kommen, spüren „Heimat". „Wenn ich in dieses Haus komme, fühle ich mich zu Hause", sagen viele. Was ist das, was sie spüren, obwohl wir doch gerade einen Konflikt hatten, nicht „gut drauf sind", eine Menge Alltagsprobleme zu bewältigen haben? Ist es das „ICH in euch und ihr in MIR"? Menschen eine Heimat zu geben, scheint in unserer Zeit immer wichtiger zu werden: einen Ort haben, wo ich sein darf und auch Glaube als Heimat erfahre.

Schon die Jünger des Johannes fragen Jesus: „Wo wohnst du? Wo bist du zu Hause?" und Jesus sagt: „Kommt und seht!" und sie kamen und sahen und blieben bei IHM (Johannes 1, 38.39). Menschen eine Heimat geben, die sich in ihnen zur Heimat in Gott fortsetzt. Dabei ist Gebet in unserer „Hütte" ein zentrales Geschehen. Während ich diese Zeilen schreibe, höre ich, wie eine Gruppe in unserem Haus singt: „Lobe den Herren, den mächtigen König der Ehren, meine geliebte Seele, das ist mein Begehren ..." (EKG 317)

Menschen suchen Gebet – Gebet und Segen für sich persönlich und für diese friedlose Welt. Es ist wichtig für sie, an einem Ort zu sein, an dem gebetet wird. Und um diesen Ort zu wissen, wenn sie wieder in ihrem Alltag sind. Dass dieser Raum aber auch in ihnen zur göttlichen Herberge werden kann, dass sich Gott tiefer in ihnen einwurzelt, dazu dienen ja auch die vielen Seelsorgegespräche, Exerzitien und geistliche Begleitung. Das ist ein großer Schwerpunkt unserer Arbeit.

Liebesraum Gottes

Wieder sehe ich das Wandbild im Eingang. In diesem Jahr habe ich mit vielen Schülergruppen davor gestanden. Im gemeinsamen Betrachten und Suchen, im Ringen der Übersetzung für diese jungen Menschen, als Mitglied dieser Ordensgemeinschaft, die unter diesen Worten und Wegweisungen unterwegs ist, sind mir die Worte neu kostbar geworden.

Und in unserem Leben ist es wie in dem Bild – die Worte und Verheißungen sind vom Künstler, dem dreieinigen Gott hineingearbeitet. Manche Wortgruppen fallen sofort auf, manche muss ich suchen und buchstabieren... je nach Lichteinfall und Perspektive sind sie verschieden erkennbar. Und ein Wort ganz unten in der rechten Ecke hat sich mir bis heute nicht erschlossen. Aber über allem steht das Kreuz mit der Dornenkrone – und das ist zu erkennen. Die Farben sind leuchtend und schön und warm – Liebesraum Gottes.

Sr. Beate Seidel

Ein Haus voller junger Leute

Kommunität Adelshofen – *1962

Sr. Dora Schwarzbeck

"Ihr habt das Haus voller junger Leute...". Bei der Begegnung mit anderen Kommunitäten kommt manchmal dieser Satz – mit einem kleinen wehmütigen Klang: Ihr habt's doch gut ...

Inzwischen leben vier Generationen im Lebenszentrum, eigentlich fünf: U16 – ab und zu beim Mittagessen und gemeinsamen Veranstaltungen: Kinder und Teenager unserer Mitarbeiter- und Studierendenfamilien. Ü16 – die 16- bis 25-jährigen Azubis, BFDler und FSJler und 60% der Studierenden am Theologischen Seminar. U40 – weniger als die Hälfte der Studierenden am Theologischen Seminar, die berufsbegleitend Studierenden im Akademischen Aufbaustudium, einige der angestellten Mitarbeiterehepaare und zwei Brüder und zwei Schwestern der Kommunität. Ü40 – die anderen aktiven Schwestern und Brüder der Kommunität zwischen 40 und 64 und die angestellten Mitarbeiter, die schon lange im Werk mitarbeiten. Ü65 – aktuell etwas mehr als ein Drittel der Gemeinschaft – mit einem sehr unterschiedlichen und breiten Spektrum von Aktivität, Fitness, reduzierter Kraft und Rückzug, bedingt durch Krankheit und hohem Alter.

Echt cool!

Kinder- und Jugendarbeitsseminare in unserem Zentrum am Jahresbeginn: Es sind noch Weihnachtsferien und so nehmen insgesamt 100 meist Jugendliche und junge Erwachsene teil. Ans Abendprogramm schließt sich das Nachtprogramm an. Special guests sind diesmal die beiden ältesten Geschwister unserer Kommunität – Gründergeneration – die kleine inzwischen gebeugte Sr. Magdalene mit 84 mit der hellen Stimme und der weißhaarige, agile Br. Peter mit 78 – immer für eine herausfordernde Frage bereit. Sie erzählen im Nachtprogramm aus ihrem Leben – die Jungen sind gespannt und begeistert und finden das echt cool.

Leben teilen mit der Großeltern- oder Urgroßelterngeneration – die „special guests" kommen richtig gut an bei diesem Seminar. Die Idee hatte der jüngste unserer Kommunität, Br. Stefan, grade 30 geworden.

Ich selbst bin ein bisschen neidisch, finde ich doch das tägliche Miteinander der Generationen nicht so einfach. Jetzt bin ich Leitende Schwester, in der letzten Phase meiner zweiten Dienstperiode – vor dem etwas verspäteten Ruhestand. Davor habe ich 25 Jahre im Bereich Religionspädagogik an unserem Theologischen Seminar unterrichtet und mit Freude und Begeisterung junge Christen ausgebildet, gefördert und begleitet. Und den Generationengraben immer wieder spannend und herausfordernd erlebt bei hitzigen Debatten, z. B. über die Ordnungen im Haus. Was geht und was geht nicht? Und warum eigentlich nicht? Die offenen Diskussionen waren mir lieber als die untergründige leise Verweigerung und Umgehung, wenn einer was nicht einsah und nicht wollte. Begreife ich die junge Generation überhaupt noch? Selbst durch Pflichtwerte geprägt, bin ich sprachlos bei der Nützlichkeitsethik der Jungen, die sie ohne schlechtes Gewissen anwenden. Spitzensatz eines jungen Studenten: Ich frag lieber nicht und umgehe eine Regel einfach, denn die Verzeihung kriege ich leichter als die Erlaubnis!

Geht das?

Als kommunitär lebende Schwestern und Brüder teilen wir einen guten Teil unseres Lebens mit meist jungen Männern und Frauen, die ein bis vier Jahre in unserem Zentrum zur Ausbildung sind. Wir haben im Haus Andachten und Gebetszeiten, aber separat als Kommunität nur unser tägliches Frühgebet. Und den Mittwoch, unseren Bruderschaftstag mit Andacht, gemeinsamem Frühstück, ab 16.00 Uhr Austausch, gemeinsamem Mittagessen und Gebet. Alle anderen Andachten teilen wir mit den verschiedenen Gruppen der Hausgemeinschaft, soweit sie nicht in ihrer eigenen Gruppe sind.

Musikstile und Verkündigungsformen

Das Spektrum von Musikstilen ist gefühlt riesig – und die neueren Lieder, oft auch in Englisch, sind deutlich vorherrschend. Einige ältere Geschwister sind dabei, können aber nicht mehr von Herzen mitsingen, andere aus der gleichen

Altersgruppe lernen schnell, sind gut in der englischen Sprache zuhause und versuchen den Anschluss. Ab und zu wird ein Choral oder ein „altes" Lied aus der zweiten Hälfte des letzten Jahrhunderts gesungen, besonders dann, wenn ein Bruder oder eine Schwester aus der 4. und 5. Generation die Andacht oder Abendmahlsfeier vorbereitet. Dann kommt es vor, dass die Jungen – einschließlich der jüngeren Kommunitätsgeschwister – das Lied nicht kennen. Und dass sie es hören und schätzen wegen der starken Texte – oder erleiden – wie in anderem Fall bei den englischen Liedern.

Die längere Montagsandacht wird im Semester von den Studierenden des 1. Studienjahrs gehalten, als Praxis zum Fach Homiletik. Der Stress ist für Einzelne hoch, neben der Beurteilung deswegen, weil alle Generationen dabei sind und ja für alle ein Wort dabei sein soll. Ich erlebe es so, dass Gott redet – durch den „jungen Wilden" zu mir, der gesetzten erfahrenen Schwester, und umgekehrt, dass in meiner Abendmahlsandacht mit einem kurzen seelsorgerlichen Wort im liturgischen Rahmen den jungen Studierenden eine Ermutigung von Gott zuteil wird.

Beziehungen sind das A und O

Persönlich empfinde ich ein starkes Bemühen der Kommunität und Mitarbeiter, uns auf die Generation der Jungen einzustellen, manchmal begleitet von einer Unsicherheit, ob wir den Spagat schaffen. Aber entscheidend ist, ob eine Beziehung wächst – durch Interesse, Begegnung beim Essen oder ab und zu in der gemütlichen Wohngruppe im Haus der Kommunität, durch die Fürbitte füreinander, z. B. an den Gebetstagen zu Beginn eines Semesters. Durch Mentoring oder Seelsorge, gemeinsames Arbeiten und Erlebnisse bei einem Gottesdienst oder Programm für eine Freizeitgruppe lernt man sich besser kennen und schätzen. Es ist letztlich nicht das Alter, nicht die Häufigkeit der Kontakte und Gespräche, nicht der zölibatäre Stand, nicht die Generation, sondern die innere Haltung des Interesses, des Zugewandtseins, des geistlichen Anliegens, zu stärken und zu ermutigen, das den Ausschlag gibt, ob generationenübergreifend eine Beziehung entsteht. Und so werden immer wieder neu die Generationengräben überwunden, wächst Verständnis und Wertschätzung – gegenseitig.

Die reformatorische Erkenntnis: Aus Gnade gerettet

Eine Lebensgemeinschaft, auch die, die wir auf Zeit leben, bringt sehr schnell ans Licht, dass wir fehlerhafte Menschen sind – und zwar in allen Generationen – dass aus uns, aus unserer natürlichen Veranlagung nichts Gutes kommt. In der Dichte des gemeinsamen Lebens zeigt sich das oft subtil z. B. in Desinteresse, Genervtsein, kleinen Gemeinheiten, Ungeduld, Überheblichkeit, unbeherrschtem Reden, egoistischem Rückzug. Und die Vorbildwirkung ist nicht lange durch Perfektion und tadellosen Lebenswandel aufrecht zu erhalten. Der Sünder wird entlarvt. Und das ist die heilsame Wirkung des gemeinsamen Lebens. Wir brauchen die Vergebung durch Jesus Christus, seinen Tod und seine Auferstehung und die neue Geburt, das neue Leben in Jesus – das allein verbindet uns in der Tiefe. Und das ist wohl das stärkste in der Gemeinde Jesu – und auch in unserem Teil, der wir sind an seiner Gemeinde, wenn wir ehrlich und offen leben, als erlöste und begnadigte Sünder.

In unserer Kapelle für die gesamte Hausgemeinschaft ist neben dem Altar ein großes Kreuz, das fast bis auf den Boden reicht – oft Fix- und Ruhepunkt für die Augen – und für das Herz! Jesus hat alles für uns getan – das ist unser Glück. Davon leben wir – und das verbindet uns.

„Eine Gemeinschaft im Wandel"

Unter diesem Titel hat Br. Dr. Oskar Föller, der frühere Leiter unseres Zentrums und der Kommunität, die Veränderungen in evangelischen Ordensgemeinschaften von der Gründung – meist in den 60ern – bis heute, beschrieben. Das Zusammenleben mit immer neuen jungen Leuten, neuen Generationen ist enorm herausfordernd und macht auch müde. Und mancher braucht mehr Abstand und Rückzug, damit es nicht zur Überforderung kommt. Anderseits ist es eine riesige Chance, am Puls der Zeit zu bleiben, und viele von uns erleben dieses Miteinander belebend und verlebendigend – auch in einer älter werdenden Kommunität. Und man lernt voneinander – zu glauben, zu hoffen, Menschen zu dienen, ihnen Jesus zu verkündigen und seine Kraft zu erleben.

Die letztjährige Gruppe des Jahresteams hat sich aus Eigeninitiative morgens vor der Andacht zum Bibellesen getroffen – Hut ab! Und in einer engen finanziellen Lage haben die Studierenden mitgebetet und -gebangt – und mitgedankt, als Gott durch eine große Gabe aus der bedrückenden Klemme half. Und junge Absolventinnen und Absolventen haben vor zwei Jahren einen Verein gegründet, um den Auftrag der Ausbildung zu unterstützen, den wir als Kommunität zusammen mit unseren Mitarbeitern wahrnehmen, – weil sie so dankbar sind für die Jahre in Adelshofen.

Eine Studierende aus dem 3. Studienjahr sagt zu mir am Semesterbeginn, als insgesamt 27 Neue in den verschiedenen Gruppen anreisen: „Jetzt wird mir erst klar, was es für euch bedeutet, sich jedes Jahr wieder auf neue Leute einzulassen!" Ich betone, dass es uns jung und flexibel hält, kann aber auch an der Stelle um Verständnis für die Geschwister bitten, die das ständige Mittendrinsein über die Jahre als große Anstrengung empfinden und mehr Rückzug brauchen.

Als eine Gemeinschaft, die dankbar ist für die hochmotivierten jungen Schwestern und Brüder, aber weiß, dass die Fürsorge füreinander durch die Altersentwicklung in Zukunft einen größeren Schwerpunkt haben wird und die Mitarbeiterstruktur neue Wege braucht, ermutigen uns diese Zeichen der Lebendigkeit und des herzlichen Miteinanders. Konservieren oder inspirieren?

Unsere Ausbildungsstätte ist aus einer Erweckung im Dorf Adelshofen entstanden – und die ersten Schüler der Bibelschule (heute Theologisches Seminar) hörten den Ruf Gottes zum gemeinsamen Leben in einer zölibatären Berufung. So gehören Verkündigung und Ausbildung und Schulung zu unserem Gründungscharisma; das Evangelium weitersagen im Team, nah an den Nöten der Menschen, klar in der Herausforderung zur Nachfolge, der Ruf zur Entscheidung für Jesus. Und in den 80er Jahren, mit vielen Studierenden und Kommunitätsgeschwistern, die jung oder auf der Höhe ihrer Leistungsfähigkeit waren, ist großer Segen in viele Gemeinden und Kreise durch unseren Dienst entstanden, der bis heute wirkt.

Ich trat in dieser Zeit in die Kommunität ein, klar herausgerufen aus meinem Beruf als Sozialarbeiterin in die Nachfolge, in den Dienst und die Ausbildung – und dann in die Lebensform der Kommunität. So erlebte ich, wie bei einer Jugendevangelisation viele junge Menschen zum Glauben an Jesus kamen, einmalig, begeisternd – und der Einsatz bis zur Erschöpfung gehörte dazu. Parallel zu dieser Hoch-Zeit gab es schwere Krisen in der Kommunität und unter den Studierenden. Die schwierige Wahrheit, wie psychische Nöte und Persönlichkeitsstörungen in geistlichen Vollzügen verwirren können, war insgesamt in der Gemeinde Jesu nicht so bekannt. Und erst langsam mussten die Verantwortlichen, mussten wir alle lernen, dass Rat von außen ein Akt der Demut ist, gottgewollt als geschwisterliche Hilfe. Viel Hilfe haben wir durch Geschwister aus anderen Kommunitäten erfahren, die sich nicht scheuen, ehrlich von ihren schweren Wegen zu berichten und uns weiterzuhelfen. Heute dürfen wir das selbst, indem wir transparent leben und ehrlich zu der Gebrochenheit unseres Weges stehen.

Durch die Krise kamen Austritte und Verunsicherungen. Das Modell der 14-tägigen Evangelisation mit einem großen Team, das so viel Segen bewirkt hatte, wurde von den Gemeinden nicht mehr so stark angefragt. Ein Wandel in den Verkündigungsmethoden kam Schritt für Schritt und hält bis heute an. In der Rückschau bleibt das wunderbare Handeln Gottes an den Menschen als Wirklichkeit, aber die Nöte im Haus und in den Beziehungen wurden leicht vergessen und die Verklärung des Damals machte manchem Kommunitätsmitglied der nachfolgenden Generation ein schlechtes Gewissen. Persönlich hat mir ein defizitäres Gefühl, nicht mehr erwecklich zu sein, etliche Jahre echte Not bereitet.

Der Zeit dienen

Wie können wir geistlich lebendig bleiben und doch den Veränderungen der Zeit, am meisten spürbar in den Studierendengenerationen und Jahresteamlern, Rechnung tragen? Wilhelm Faix, mit seiner Frau Barbara als einziges Ehepaar Mitglieder der Kommunität in ihrem Stand, und Gründer der Familiengemeinschaft der Kommunität, hat uns dabei mit seinem rastlosen Forschen und Analysieren der jungen Generation einen großen Dienst getan. Für mich ist ein Lebenssatz Gewissheit: Gott baut mit jeder Generation sein Reich!

Da viele Programme im Kinder- und Jugendbereich und auch in den Großveranstaltungen von Teams verschiedener Generationen gestaltet werden, fließen heutige Elemente in die Form der Verkündigung und die Sprache. Besonders in den Jugendprogrammen sind die Angebote voller Kreativität und Mut, um den Menschen unserer Zeit das Evangelium nahe zu bringen. Wobei zu jeder Zeit die stärkste Wirkung durch das authentisch gelebte Christsein kommt, egal wie jung oder wie alt der Mensch ist.

Echtheit und Jesusliebe

Da ist das Feuer für Jesus bei der Ältesten, der urige und herzhaft aufrichtige ältere Bruder, der als Seelsorger geschätzt ist, weil ihn nichts mehr umwirft, die still gelebte Jesusliebe bei einer Schwester der mittleren Generation, die Menschennähe und Unkonventionalität eines Bruders und die Heutigkeit und Radikalität der gelebten zölibatären Berufung bei den Jungen der Kommunität – die über Generationengräben hinweg helfen und zur Mitte unserer Gemeinschaft weisen: Jesus Christus.

Sr. Dora Schwarzbeck

Frei für Gott

Jesus-Bruderschaft Gnadenthal – *1961

Br. Franziskus Joest

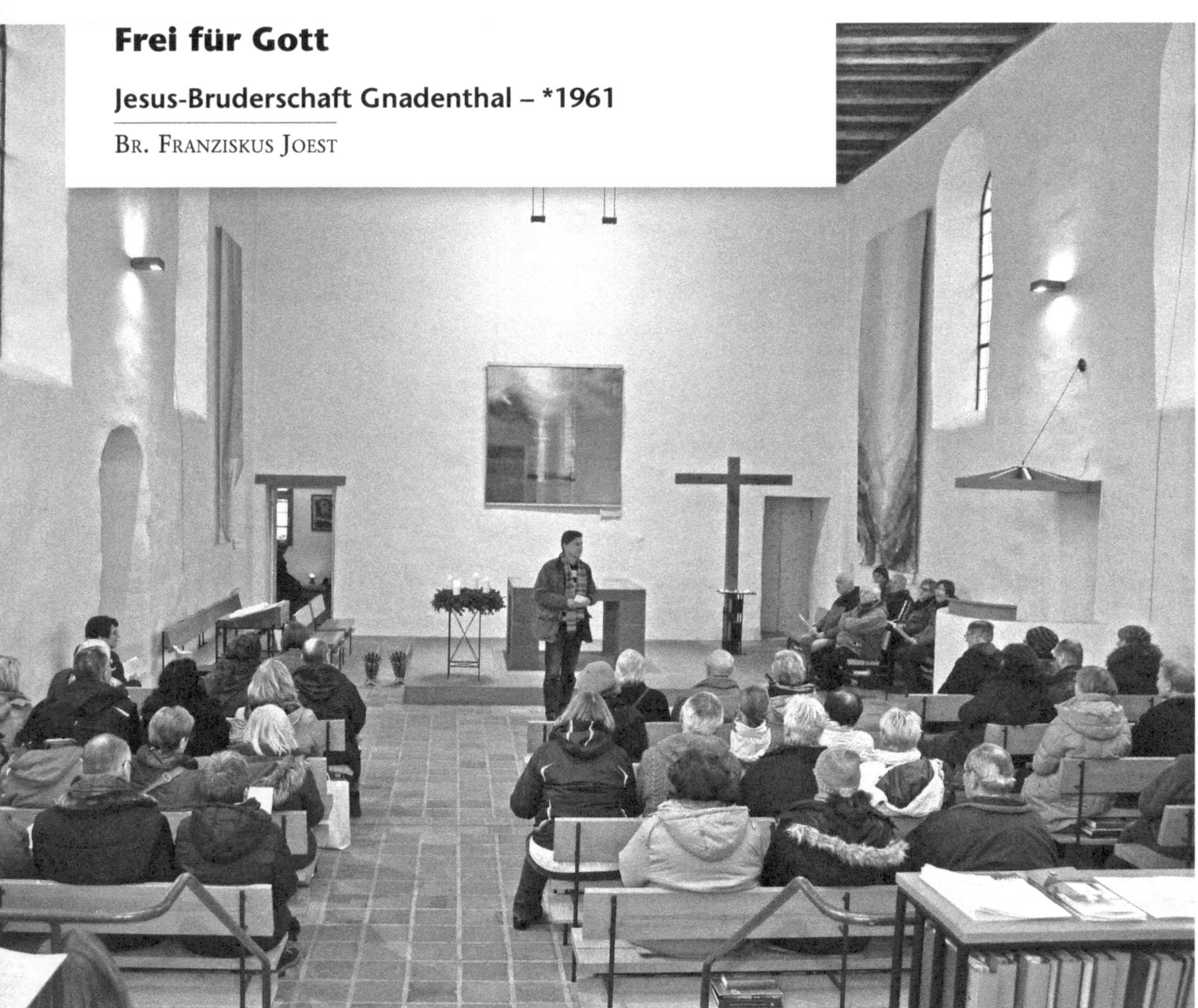

Seit über vierzig Jahren lebe ich nun als Bruder in der Jesus-Bruderschaft. Früher wurde ich oft gefragt: „Dürfen Sie denn jetzt gar nicht mehr heiraten?" Was für eine Frage! Natürlich darf ich, wer will mich denn daran hindern? Ich bin doch frei! Aber ich will nicht. Ich habe gewählt, oder besser gesagt: Ich wurde gewählt. Jesus hat mich gerufen. Er hat mich angesprochen, und ich habe mit meinem Leben geantwortet, mit meiner ganzen Existenz. Für Ihn bleibe ich ledig, wenn's gestattet ist – ich bin so frei.

Aber warum tut man sich das an? Kann man denn nicht in jeder Lebensform Gott dienen? Ist denn die Ehe nicht auch von Gott gewollt und gesegnet? Natürlich, und man kann in jeder Lebensform Gott dienen. Es ist eben eine Frage der Berufung. Stellen wir die Frage mal ganz persönlich! Warum tue ich mir das an? Antwort: Aus Liebe. Als Jesus nach seiner Auferstehung dem Petrus begegnete, war sein Frage nicht: „Was tust du für mich? Was bist du bereit einzusetzen?", sondern sie war ganz schlicht: „Hast du mich lieb?" Aus der Antwort auf diese Frage ergab sich seine erneuerte Berufung (Joh 21). Als mir damals die Ahnung kam, auch ich könnte für Gott frei bleiben, fragte ich im stillen Gebet: „Herr, willst du das? Ist das mein Weg? Rufst du mich so?" Und die Antwort in meinem Innern lautete: „Hast du mich lieb?" Das ging mehrmals so in jenen Wochen. Ich war enttäuscht und auch ein wenig ärgerlich, denn meine Frage war eigentlich klar genug. Darauf hätte ich ein „Ja" oder „Nein" erwartet, aber nicht eine Gegenfrage. Später habe ich gemerkt, wie wichtig das war. Gott macht mir in solchen Sachen keine Vorschriften. Er lädt ein. Und die Frage ist, was ich aus Liebe zu Ihm zu geben bereit bin. Gott lockt mich, Gott fordert mich heraus, aber die Entscheidung muss ich selber treffen.

Dabei bin ich kein besonderer Mensch, genauso wenig wie Petrus damals. Meine Lebensform ist keine Auszeichnung für irgendetwas. Ich bin Jesus oft genug davon gelaufen oder habe meinen eigenen Kopf durchgesetzt. Einen Anruf kann man sich eben nicht verdienen oder erarbeiten. Er trifft einen. Voraussetzungslos, jedenfalls was die persönlichen Qualitäten anbelangt. Und bei mir begann alles mit dieser Frage: „Hast du mich lieb?" Und deshalb: Aus Liebe bin ich frei geblieben, frei für Gott, frei für Jesus, und damit auch frei für die Menschen und für das Reich Gottes.

Dieser Herausforderung muss sich jeder stellen

„Und wenn dir eines Tages eine hübsche Frau über den Weg läuft?" Die Leute können es nicht lassen, dumme Fragen zu stellen. Aber so dumm ist sie dann auch wieder nicht, denn das ist ja ganz natürlich. Es laufen mir ständig Menschen über den Weg. Selbstverständlich sind darunter auch hübsche Frauen. Und was heißt hier „eines Tages"? In über vierzig Jahren ist mir das nicht nur einmal, sondern mehrmals geschehen. Aber was bedeutet das schon? Wenn es ein verheirateter Mann ist, der mit dieser Frage kommt, frage ich meistens zurück, ob ihm das nicht auch schon passiert wäre. Und? Meistens lächelt er dann und versteht. Es ist in solchen Fällen immer die Frage, wie viel mir meine erste Entscheidung wert ist und wie weit sie trägt. Bin ich aus Liebe frei geblieben, heißt das auch, ob ich in Treue zu meiner Liebe stehe. Dieser Herausforderung muss sich jeder stellen, ob verheiratet oder nicht, weil das normal und menschlich ist. Ich nehme in einem solchen Fall dankbar zur Kenntnis, dass es hübsche Frauen gibt, und gehe weiter. Und ganz praktisch? In den ersten Jahren meiner Bruderschaftszeit hatte ich mich in eine unserer Schwestern verliebt, ganz unvorbereitet, wie das so zu gehen pflegt. Da bin ich zu meinem Seelsorger gegangen und habe mit ihm darüber gesprochen und gebetet. Und ich habe auf meinem täglichen Weg durch unsere Häuser die Orte vermieden, wo sie normalerweise anzutreffen war; das war so eine Art Selbstdisziplin. Na, und irgendwann hat sich das dann auch wieder gelegt.

Die Evangelischen Räte

Aber wie kann so ein Leben heute gestaltet werden? In den evangelischen Kommunitäten ist häufig die Rede von den drei „Evangelischen Räten". Das sind nicht etwa irgendwelche evangelischen Ratsherren im Unterschied zu katholischen, sondern „Ratschläge" des Evangeliums, Hinweise, Tipps für ein gelingendes Leben. In ihrer klassischen Form heißen sie: Armut, Keuschheit und Gehorsam. Um von diesen schwierigen und altertümlichen Worten wegzukommen, sagen manche dazu: „Schlichtheit, Reinheit und Anerkennung einer Autorität", oder: „Gütergemeinschaft, Ehelosigkeit und Gehorsam der Leitung gegenüber".

Armut (Schlichtheit) heißt für uns Brüder in meiner Gemeinschaft Einfachheit des Lebensstils, z. B. in Kleidung, Essen oder Urlaubsgestaltung. Es heißt für uns, alles miteinander zu teilen: unser Einkommen (gemeinsame Kasse), unsere Gaben, Zeit und Kraft. Auch unsere Grenzen teilen wir miteinander, wo wir einander zur Last und zur Aufgabe werden. Es heißt weiter, dass wir für unseren Lebensunterhalt selbst aufkommen, indem wir dafür arbeiten. Das scheint eine Selbstverständlichkeit zu sein; wir wollen aber damit sicherstellen, dass wir nicht von Spenden oder von öffentlichen Geldern leben. „Armut" ist Ausdruck der Liebe. Sie besteht jedoch nicht in Ärmlichkeit. Unsere Häuser beispielsweise sind schön, damit die Menschen, die bei uns einkehren, sich wohlfühlen und Gottes Schönheit aufnehmen können. Das setzt aber voraus, dass wir selbst in diesen Häusern in der Klarheit und Schönheit des Evangeliums leben.

Keuschheit (Reinheit) heißt für uns, Jesus über alles und alle zu lieben. Es heißt für uns, von keinem Menschen Besitz zu ergreifen, damit er vor Gott die Freiheit hat, ganz er selbst zu sein. Sie bedeutet nicht Rückzug aus menschlichen Beziehungen, sondern eröffnet Kommunikation, aber so, dass mein Gegenüber ein selbstständiges Du bleiben kann. Ich mache ihn oder sie nicht zu meinem verlängerten Ich. Keuschheit heißt weiter, dass wir uns von nichts gefangen nehmen lassen, nicht von Dingen, nicht von Besitztümern oder Ereignissen, auch nicht von unseren Aufgaben, unseren (Miss)Erfolgen oder von uns selbst. Auch Keuschheit ist Ausdruck der Liebe. Sie bedeutet nicht Verneinung der Sexualität, sondern konstruktiven Umgang mit ihr. Wie jener Perlenhändler, als er eine besonders kostbare Perle fand, alles andere drangab, um sie zu erwerben (Mt 13,45–46), so haben wir in Jesus Christus die kostbarste „Perle" gefunden. Um seinetwillen leben wir ehelos, um ihm ganz zur Verfügung zu sein. Ohne diese „große Liebe" macht Ehelosigkeit (Zölibat) keinen Sinn. Allerdings leben wir noch nicht im Himmel. Rein biologisch sind wir alle auf körperliche Gemeinschaft hin angelegt. Deshalb sagte der Jesuit P. Georg Mühlenbrock ganz nüchtern, dass da auch eine Wunde bleibt. Es ist ein Verzicht, auch wenn er um des Reiches Gottes willen geschieht. Das steht nicht immer im Vordergrund, aber mitunter macht es sich bemerkbar. Zum Beispiel wurde mir, als ich so um die 50 war, bewusst, dass es durchaus schön gewesen wäre, eigene Kinder zu haben – ein Schmerz, mit dem ich leben lernen muss. Umso wichtiger war es für mich, immer wieder neu die „große Liebe" zu ergreifen. Letztlich ist es die Liebe, die Gott zu mir hat, in der meine kleine Liebe zu ihm wurzelt. Sie ist der Kern der Berufung. Wenn sie auswandert oder abstirbt, wird ein Leben unter den Evangelischen Räten leer und sinnlos.

Gehorsam (Anerkennung einer Autorität) ist für uns eine Hilfe, im gemeinsamen Hören mit verantwortlichen Brüdern den Willen Gottes zu erfragen, indem wir die eigenen Wünsche und Erkenntnisse offen äußern und bereit sind für das, was sich aus dem Hören der anderen an Bestätigung oder Korrektur ergeben mag. Es heißt für uns, die Berufung der eigenen Gemeinschaft anzuerkennen und sich mit den eigenen Gaben einzubringen, um sie zu fördern. Es heißt weiter, dass wir uns von der Bruderschaft in jede Aufgabe und an jeden Ort senden lassen, wo unsere Gabe und unser Dienst gefragt ist. Gehorsam ist ebenfalls Ausdruck der Liebe. Er besteht nicht darin, die Verantwortung für das eigene Leben abzulegen, sondern darin, es bewusst in einen verbindlichen Lebensrahmen zu stellen und demgemäß aktiv zu gestalten.

Das Menschlich-Allzumenschliche

Wenn man die Evangelischen Räte so versteht, helfen sie uns, alle Bereiche unseres Lebens mit Hilfe der Gemeinschaft, in die Jesus uns berufen hat, so stark wie möglich auf Gott zu beziehen. Dadurch gewinnt unsere Liebe zu Gott und den Menschen in der Nachfolge Christi konkrete Gestalt.

Für uns war von Anfang an die erste Gemeinde in Jerusalem, von der die Apostelgeschichte berichtet, ein Vorbild: „Woran die Christen beharrlich festhielten, waren die Lehre, in der die Apostel sie unterwiesen, ihr Zusammenhalt in der gegenseitigen Liebe und Hilfsbereitschaft, das Mahl des Herrn und das Gebet ... Die ganze Schar derer, die an Jesus glaubten, hielt fest zusammen; alle waren ein Herz und eine Seele. Nicht ein einziger betrachtete irgendetwas von dem, was ihm gehörte, als sein persönliches Eigentum; vielmehr teilten sie alles miteinander, was sie besaßen" (Apg 2,42; 4,32).

Von hierher stammt die Idee mit der „gemeinsamen Kasse", von der oben die Rede war. Konkret heißt das, dass wir alle unsere Einkünfte auf ein Konto einzahlen, aus dem wir dann unseren Lebensunterhalt bestreiten. Jeder erhält einen Vorschuss, der beliebig erhöht werden kann, aber darüber muss dann von jedem einzelnen am Monatsende abgerechnet werden, damit wir unsere Kosten im Blick behalten. Manche glauben am Anfang, die gemeinsame Kasse sei die Härte des Lebens in der Kommunität. Wenn sie erst mal dabei sind, merken sie, dass das die leichteste Übung ist. Das Menschlich-Allzumenschliche im täglichen Leben ist eine viel größere Herausforderung.

Die Wendepunkte des Tages

Regelmäßige Gottesdienste und Gebetszeiten sind auch im Vorbild der „Urgemeinde" begründet, wie man oben lesen kann. Sie helfen uns, das gemeinsame Leben zu gestalten, ihm einen Rhythmus im Tageslauf zu geben, und das gemeinschaftliche Beten zu formen. Natürlich betet jeder einzelne auch persönlich, und in kleinen Gruppen beten wir auch frei (Gebetsgemeinschaft), aber die überlieferten Tageszeitgebete mit ihrem Psalmengesang, den Lesungen, Hymnen und geformten Bitten helfen uns, als ein Leib gemeinsam vor Gott zu stehen, und das erst recht, wenn wir das „Mahl des Herrn" feiern. An den Wendepunkten des Tages: morgens, mittags und abends, steht das gemeinsame Gebet. So soll unser ganzes Leben eingebunden sein in das Stehen vor Gott, in sein Lob und in die Bitte um seinen Beistand.

Keiner soll ohne einen geistlichen Begleiter sein, wobei es frei gestellt ist, ob man ihn innerhalb der Gemeinschaft oder außerhalb sucht. Man sollte nur in Offenheit darüber Rechenschaft ablegen, an wen man sich wendet. Geistliche Begleitung und/oder Seelsorge ist eine große Hilfe dafür, dass man auf dem inneren Weg bleibt. Da kann man über alles reden, über schwierige Erfahrungen, über schwierige Brüder (doch, die gibt's, manchmal bin ich es selbst für andere ...), über Fragen oder Probleme bei der Arbeit, Lustlosigkeit zum Beten, und, ja: auch darüber, dass einem „eine hübsche Frau über den Weg gelaufen" ist. Mit dem Begleiter kann man beten, Rat und Trost empfangen, beichten und den Zuspruch der Vergebung hören. Da passt einfach alles hin, was mich bewegt.

Trial and Error

Muss man sich auf diesen Lebensstil verpflichten? „Muss" ist schon mal das falsche Wort. Jesus hatte gesagt: „Wer es begreifen kann, möge es begreifen" (Mt 19,12). Aber wenn ich mich zum gemeinsamen Leben berufen weiß, dann ist es letztlich eine Liebesgeschichte, auf die ich mich einlasse, und die Liebe will Gestalt gewinnen. So wie sich Liebende einander versprechen, so ist es sinnvoll, sich auch auf das Leben unter den Evangelischen Räten durch ein Versprechen einzulassen. Auf den ersten Blick scheint das der Freiheit zu widersprechen. Aber das Gegenteil ist der Fall. Nur so gewinnt mein Wunsch, aus Liebe zu Jesus für Gott und sein Reich ganz frei zu sein, Kontur und Festigkeit. Bei uns heißt solch ein Versprechen mit dem lateinischen Fremdwort „Profess", das bedeutet: Bekenntnis. Ich habe mich damals zu meiner Berufung bekannt, und das öffentlich in einem Gottesdienst vor Gott und meinen Geschwistern. Das war zehn Jahre nach meinem Eintritt: Es gibt Probezeiten, und es musste Raum geben für „trial and error", bevor ich eine so tiefgreifende Lebensentscheidung traf.

Heißt das im Umkehrschluss: Man kann auch wieder austreten? Klar, kann man. Wie ich am Anfang schon sagte: Wer will mich denn daran hindern? Trotzdem habe ich das nicht von vornherein mit eingeplant, sonst hätte ich ja meine Berufung von Anfang an mit einem Fragezeichen versehen. Dann hätte schon gleich nichts daraus werden können. Aber trotzdem kann es passieren, dass man an der Berufung scheitert. Damit ist immer auch eine gewisse Tragik verbunden, ein Schmerz. Deshalb ist dann eine sehr gute Begleitung nötig, damit einer oder eine ohne größeren inneren Schaden die Gemeinschaft wieder verlassen kann. Viele Kommunitäten haben auch für diesen Schritt ein Ritual entwickelt, in dem man das eigene Versprechen wieder an Gott zurückgeben kann mit der Bitte um sein Erbarmen und seine Weiterhilfe. Ich selbst war einige Male an dem Punkt, wo ich dachte: Kann ich das hier weiterleben? An meiner Berufung als solcher hatte ich nie Zweifel, wohl aber daran, ob ich ihr gewachsen bin, und auch daran, ob mir die Lebensumstände unter uns genug Raum geben, dass ich atmen kann. Eines Tages vor vielen Jahren – es war sinnigerweise ein Karfreitag – lief ich über unsere Felder in Gnadenthal und fragte mich, ob ich nicht weggehen muss. Wohlgemerkt: muss – es war nicht die Frage, ob ich „keine Lust mehr habe", sondern ob ich hier leben kann. Wegen der Menschen hätte ich wohl austreten können, aber nicht wegen Jesus: Ich hatte den Eindruck, er erlaubt es mir nicht. Heute bin ich froh, dass ich geblieben bin.

Letztlich macht Gott ja auch nichts anderes mit uns, als dass er immer wieder die Enttäuschungen erträgt, vergibt und mit uns weitergeht. Jeden Tag gibt er uns eine neue Chance und fängt neu mit uns an. So können auch wir jeden Tag neu miteinander anfangen. Und mit Gott, für den wir frei sein dürfen. Seine Gegenwart gibt unserem Leben den verborgenen Glanz. Das Besondere ist nicht unsere Lebensform. Das Besondere ist ER. Er ist es zwar für alle Menschen. Aber manchmal kann unser Leben ihnen helfen, dass sie es entdecken und den Mut gewinnen, an ihrem Ort aus dieser Quelle zu schöpfen.

*Br. Franziskus Joest
Auszug aus: Frei für Gott.
Münsterschwarzach 2016*

Einer ist euer Meister, ihr alle aber seid Geschwister (Mt 23,8)

Jesus-Bruderschaft Kloster Volkenroda – *1961/1994

Annett Schödl im Gespräch mit Katharina Freudenberg

Die Jesus-Bruderschaft ist eine Lebensgemeinschaft aus Frauen und Männern. Die Mitglieder kommen aus verschiedenen Kirchen und gesellschaftlichen Hintergründen. Das Leben in der Kommunität ist geprägt durch Gebet, Gemeinschaft und Arbeit.

Unser Logo zeigt in hebräischen Buchstaben den Namen Jesus, Jeschua, so wie er in einer Tonscherbe aus dem ersten Jahrhundert eingeritzt gefunden wurde. Ein Alltagsgegenstand wird zum Hinweis auf die Gegenwart Jesu mitten im täglichen Leben.

Unter drei Überschriften haben wir formuliert, wer wir sind und was wir wollen:

Wir sind Menschen, die
- gemeinsam beten und arbeiten
- Gott und den Menschen dienen wollen
- Herz und Haus für Gäste öffnen
- ihr Leben in der persönlichen Verbundenheit mit Jesus gestalten
- in einer evangelischen Gemeinschaft mit ökumenischer Offenheit leben
- ihren Lebensmittelpunkt im Kloster Volkenroda gefunden haben

Wir wollen
- Volkenroda als Ort prägen, an dem Leben und Glauben zusammenkommen
- Gottesdienste und Gebetszeiten feiern und dazu einladen
- Innerhalb und außerhalb Volkenrodas arbeiten
- durch verschiedene Angebote Raum schaffen, damit Menschen Gott begegnen und heilende Impulse für ihr Leben bekommen
- voneinander lernen, aneinander wachsen, miteinander teilen

Wir leben
- im Rhythmus von Gebet und Arbeit
- neue Lebensformen in Anknüpfung an alte Klostertradition, als Ledige oder Verheiratete
- mit gemeinsam getroffenen Vereinbarungen, die unseren Lebensstil und unsere Gemeinschaft prägen
- in eigener Verantwortung für den Lebensunterhalt
- als Teil der Netzwerke der Kommunitäten, Orden, geistlichen Gemeinschaften und Kirchen

Fragen, die immer wieder gestellt werden:

Haben Sie eine gemeinsame Kasse?
Unterschiedlich. Jeder sorgt selbst für seinen Lebensunterhalt, manche leben aus gemeinsamer Kasse.

Hat jeder seine eigene Wohnung?
Die Familien haben eigene Wohnungen, die ledigen Mitglieder einen eigenen Wohnbereich. Ein Teil der Kommunitätsmitglieder lebt direkt im Kloster, ein anderer im Dorf.

Essen Sie gemeinsam?
Nicht jeden Tag: Montags essen wir zusammen mit den Mitarbeitern, donnerstags im Kreis der Kommunität.

Gibt es feste gemeinsame Zeiten?
Nach Möglichkeit treffen wir uns von Montag bis Samstag zu den drei Gebetszeiten und am Sonntag im Gottesdienst. Neben den gemeinsamen Mahlzeiten und der Arbeit haben wir wöchentliche Kommunitätstreffen und regelmäßig gemeinsame Abende. Dazu kommen Feiern und Ausflüge. Zu Jahresbeginn hat die Kommunität eine Klausur, in der Osterzeit kommen alle Mitglieder zu einem Wochenende zusammen.

Arbeiten alle im Kloster?
Einige sind im Kloster angestellt, einige bereits im Rentenalter, einige arbeiten auswärts. Neben der Berufsarbeit bringt sich jeder nach seinen Möglichkeiten ein.

Wie kann man Mitglied werden?
Es gibt verschiedene Formen der Mitgliedschaft: kommunitär oder aktiv. Wer der Kommunität angehört, ist in Volkenroda ansässig. Aktive Mitglieder sind Menschen, die nicht in

der Kommunität leben, aber ihr Engagement für Volkenroda als Auftrag von Gott empfinden. Einer Aufnahme gehen mehrere Jahre des Kennenlernens voraus.

Ein Gespräch über das Familienleben im Kloster

Annett Schödl ist 1973 in Sondershausen/Thüringen geboren und lebt seit 2007 im Kloster Volkenroda. Mit ihrem Mann Albrecht Schödl gehört sie seit 2011 zur Jesus-Bruderschaft Kloster Volkenroda. Zusammen haben sie vier Kinder. Mit ihr sprach Katharina Freudenberg.

Katharina Freudenberg: Annett, was hat dich motiviert, in die Gemeinschaft hineinzugehen und den Verzicht, den das bedeutet, in Kauf zu nehmen?

Annett Schödl: Es hing sehr stark mit dem Ort zusammen – mit dem Kloster Volkenroda.

Wir hatten bereits sechs Jahre hier gelebt, kannten also die Menschen der Kommunität. Wir konnten erleben, wie dieser Ort von Gott gesegnet ist, wie Gäste erfüllt nach Hause fahren. Ich bin überzeugt, dieser Ort lebt durch die geistliche Gemeinschaft, durch das regelmäßige Gebet in der Kirche.

Mein Mann und ich fühlen uns von Gott an diesen Platz gestellt. Irgendwann war mir klar, dass ich hier nur mitprägen und gestalten kann, wenn ich in die Gemeinschaft hineingehe. Mir war zuerst wichtig, die Menschen und ihre Geschichte kennenzulernen und sie zu verstehen. Erst wenn ich die Menschen der Gemeinschaft kenne und in ihrem Handeln verstehe, kann ich Veränderung schaffen. Die Entscheidung war ein innerer Prozess. Mit unserem Eintritt spüre ich eine große innere Verantwortung.

Der Verzicht besteht vor allem im Verzicht auf mehr Privatleben und frei gestaltete Zeit.

Gab es in deinem Umkreis, bei Freunden, Familie Verständnis für diesen Schritt?

Aus unserem Umfeld gab es wenig Reaktion. Von außen betrachtet gehörten wir für viele schon dazu. Unser Aufgabenbereich hat sich nicht sehr verändert.

Was passiert innerlich, wenn man verbindlich sagt: „Zu dieser Gemeinschaft gehöre ich!"

Diesen Satz so zu sagen ist für mich noch immer eine Übung. Mir fehlen die Erfahrungen der Geschichte, die den Großteil der Mitglieder hier zusammengeschweißt haben. Wir sind schon als sechsköpfige Familie nach Volkenroda gekommen und konnten unser Leben nicht einfach umstellen. Aber auch mir ist es so wichtig wie für uns alle, dass dieser Ort auch in Zukunft ein Ort der Gastfreundschaft ist, zu dem Menschen gern kommen und dabei Gott und sich selbst begegnen.

Was sind die zentralen Elemente in eurem geistlichen Leben?

Zentral sind die täglichen Gebetszeiten: der Morgengottesdienst, das Mittagsgebet und das Abendgebet sowie der Sonntagsgottesdienst.

Also alles Dinge, die auch mit der Klosterkirche verbunden sind.

Ja, diese Zeiten verbringen wir in der Kirche und stehen als Gemeinschaft vor Gott.

Was an diesem Ort hat eine besondere geistliche Bedeutung für dich?

Die Klosterkirche und auch der Christus-Pavillon haben jeweils eine sehr besondere Ausstrahlung. Die Klosterkirche wirkt durch ihre schlichte Schönheit sowie dadurch, dass hier schon über Jahrhunderte gebetet wurde. Der Pavillon verströmt Weite. Grundsätzlich ist mir für mein geistliches Leben die Gemeinschaft wichtiger als der Ort, an dem wir beten und Gottesdienst feiern. Doch die wunderbare Gestaltung der Klosteranlage hilft, Gott nahe zu kommen. Hier in

Volkenroda habe ich immer mehr verstanden, wie wichtig die Arbeit der Architekten ist. Das Zusammenspiel von alt und neu ist hier wunderbar gelungen. Auch ein wichtiges Motto der Zisterzienser lässt sich erkennen: Die Konzentration auf das Wesentliche. Es gibt keine Bilder, keine kleinen Nischen, keine Ablenkung für die Augen. Der Blick ist immer auf das Kreuz gerichtet.

Welche Gebetszeit ist die Wichtigste?

Für uns als Gemeinschaft sicher der Morgengottesdienst um 7.30 Uhr. Daran nehmen die meisten teil. Wir können den Arbeitstag miteinander vor Gott beginnen. Mir persönlich ist das Abendgebet als Abschluss des Arbeitstages sehr wichtig. Der Morgengottesdienst ist geprägt von einem Bibeltext und dessen Auslegung und der Feier des Abendmahls. Im Abendgebet beten wir für unterschiedliche Themen in Anlehnung an die Herrnhuter Losungen.

Die Vielfalt der Elemente bedeutet mir viel, der Wechsel zwischen Gesang, Lesung, Stille und Gebet. Das wichtigste Element des Morgengottesdienstes in das Abendmahl. Für viele mag es ungewöhnlich scheinen, jeden Tag das Abendmahl zu feiern. Doch hier stehen wir gemeinsam vor Gott, sind mit ihm und miteinander verbunden. Wir wünschen einander Frieden. Das erfordert immer wieder ein Aufeinander-Zugehen. Wir stehen als Gemeinschaft zu Beginn eines neuen Tages vor dem Altar, teilen Brot und Wein. Dies finde ich wertvoll für mich persönlich und für das Innerste unserer Gemeinschaft.

Gibt es Elemente, die dir schwer fallen?

Ja, die gibt es. Zum Abendgebet gehört immer ein Magnifikat, ein gesungenes Loblied der Maria. Das war mir fremd und ist es teilweise noch. Manche Begriffe würden wir heute nicht mehr verwenden, die in vielen Liedern und Psalmen oder in der Liturgie vorkommen. Ähnlich geht es sicher auch unseren Gästen, die zu unseren Gebetszeiten kommen. Einige sind vertraut mit der liturgischen Sprache, aber viele verstehen sie nicht mehr. Ich bedaure, dass sie wenig von dem verstehen, was sie singen und beten.

Sprichst du so etwas in der Gemeinschaft an?

Ja, und es wird auch gehört. Doch Wege der Veränderung und Erneuerung sind lang.

Ist die Liturgie veränderbar oder in dieser Form verbindlich?

Die Liturgie stammt von der Jesus-Bruderschaft in Gnadenthal. Sie wurde in den vergangenen Jahren schon etwas verändert und teilweise auch gekürzt. Letztendlich müssen ja die Menschen vor Ort diese Formen mögen.

Was aber klar feststeht, ist die tägliche Abendmahlsliturgie und das Magnifikat im Abendgebet.

Wie groß ist die Offenheit für Veränderung und Erneuerung unter euch?

Die Offenheit ist da, aber Vorschläge müssen auch auf Zustimmung oder Begeisterung stoßen. Dann müssen sich Leute finden, die sie konkret werden lassen und umsetzen. Auch wir hier sind verschieden, haben verschiedenen Meinungen und Vorlieben. Während den älteren Geschwistern Formulierungen, Abläufe, Formen in der Liturgie vertraut und wichtig sind, können Jüngere oft nicht mehr viel damit anfangen. Hier müssen wir aufeinander zugehen und gemeinsame Lösungen finden. Es ist wichtig, dass sich die Jüngeren mit neuen Formen, die für sie einen Zugang zu Gott schaffen, einbringen können.

Du gehörst zu den Jüngeren der Gemeinschaft. Ist das nicht manchmal eine besondere Herausforderung?

Ich finde es wichtig, von erfahrenen Geschwistern zu lernen, sie zu beobachten, zu fragen und sie zu verstehen. Ich habe Hochachtung vor allen, die so lange in einer Gemeinschaft leben und damit einen großen Teil ihres Lebens anderen Menschen zur Verfügung stellen. Das entspricht nicht dem Trend unserer Zeit, wo das Ich und der eigene Wille im Mittelpunkt stehen.

Aber ich möchte auch erkennen und benennen können, was in den Jahren nicht geglückt ist, mit Leuten zu sprechen, die gegangen sind oder gehen mussten. Ich glaube, wir können von beiden Seiten lernen. Wir Jüngeren müssen nach vorn schauen, die Zukunft gestalten, ohne in den Geschichten von früher hängen zu bleiben. Es bleibt nicht aus, dass auch wir Fehler machen und einander verletzen. Doch ich hoffe, dass wir ehrlich und offen bleiben, Fehler ansprechen, uns versöhnen, sodass wir jeden Morgen neu miteinander vor Gott stehen können. Das kann uns nur Gott schenken: die Gnade der Versöhnung, den Mut aufeinander zuzugehen, um Entschuldigung zu bitten, Frieden zu wünschen.

Wie gestaltet sich das kommunitäre Leben?

Alle 14 Tage treffen wir uns zum Kommunitätsabend in wechselnden Wohnungen. Der Gastgeber ist jeweils zuständig für einen kurzen geistlichen Impuls. Wir tauschen über unsere Erlebnisse sowie Herausforderungen aus und beten zusammen. Außerdem werden organisatorische Dinge besprochen. Einmal wöchentlich treffen wir uns am Mittagstisch zum lockeren Erzählen. Hier kommen manchmal auch unsere Kinder dazu.

Feiert ihr auch im gemeinschaftlichen Rahmen?

Die Sonntagsbegrüßung ist eine Form, die für die Gemeinschaft eine große Rolle spielte. In den Anfängen des Wiederaufbaus wurde sie fast wöchentlich gefeiert. Das war allerdings wegen der Fülle der Programme nicht aufrechtzuerhalten. Inzwischen entscheiden die Haushalte, wann und wie sie feiern. In einigen Wohnzimmern wird sie oft gefeiert. Einer aus unserem Kreis feiert die Sonntagsbegrüßung immer mit den Gästen.

Gibt es auch Zeiten des gemeinsamen Rückzugs?

Wir treffen uns jährlich mit allen Mitgliedern, also auch den aktiven Mitgliedern und den Ehrenmitgliedern, für ein Wochenende zum Jahreskonvent. Ganz wichtig ist die Jahresretraite. Dies ist eine Einkehrzeit, in der wir als Gemeinschaft drei Tage wegfahren und zusammen Rückschau und Vorblick halten. Wir erleben sie als intensive gemeinsame Zeit, wo wir zusammen essen, reden, beten, lachen, spazieren gehen… Wir beschäftigen uns mit unseren Inhalten und Zielen, unserem Versagen und unserer Zukunft. Wenn es sich anbietet, holen wir uns Beratung oder Begleitung von außen. In diesen Tagen fühle ich eine sehr enge persönliche und geistliche Verbundenheit.

Ist das so anders als im Alltag während des Jahres?

Im Alltag entsteht schnell das Gefühl, dass wir eine Dienstgemeinschaft sind. Einige arbeiten täglich im Team zusammen. Da läuft es nicht nur harmonisch. Wir sind verschieden und es gibt Kritik, auch Verständnislosigkeit oder Konflikte. Das ist sicher eine unserer größten Herausforderungen, einen guten Umgang miteinander einzuüben. Das heißt, ehrlich und auch kritisch sein dürfen, aber uns auch bestärken in unseren Gaben und einfach als Personen.

Was empfindest du als die größte Stärkung im Alltag?

Schön sind die zweckfreien Treffen: Wenn jemand Geburtstag hat laden wir uns ein, sind fröhlich zusammen. Wir feiern gern. Zweimal im Jahr machen wir Ausflüge. Hier sind auch unsere Kinder dabei.

In welchem Verhältnis stehen die Kinder zur Gemeinschaft?

Die jüngeren Kinder sind oft einfach dabei, die älteren können selbst entscheiden. Doch grundsätzlich gilt: die Erwachsenen sind in die Gemeinschaft eingetreten und nicht die Kinder. Wahrscheinlich wäre die Situation für unsere Kinder anders, wenn die Gemeinschaft aus mehr Familien mit Kindern bestehen würde, was momentan aber nicht der Fall ist.

Was würdest du als euren gemeinsamen Auftrag bezeichnen?

Wir sehen unseren Auftrag darin, hier in Volkenroda Menschen unabhängig von Alter, Lebensform oder Herkunft offen zu begegnen. Wir möchten für die Gäste da sein. Hier sollen sie Gott finden, Einheit erfahren, ganz gleich, welcher Konfession sie angehören.

Wir erleben, dass die Gäste genau das auf wunderbare Weise erfahren: Sie finden zurück zu ihren Wurzeln und zu dem, der sie geschaffen hat. Sie lernen Gott kennen als den, der sie annimmt und sie im Tiefsten ihrer Seele berührt. Das ist immer ein großes Geschenk: für unsere Gäste und für uns.

Volkenroda liegt in einer Region, in der die Bevölkerung wenig mit dem christlichen Glauben anfangen kann, bedingt auch durch die jahrzehntelange glaubensfeindliche Politik der DDR. Hat sich da etwas verändert?

Glaube ist immer ein Geschenk. Menschen begegnen Gott oder umgekehrt: Gott begegnet Menschen in den Räumen, die da sind, in Gebetszeiten und Gottesdiensten. Wir stellen die Räume zur Verfügung und füllen sie mit Angeboten. Gott aber schenkt seinen Geist, der die Menschen berührt. Tatsächlich gelingt dies besser bei unseren Gästen von außerhalb, weniger bei Menschen der Region. Sie lassen sich schwerer einladen.

Was hat sich in deinem geistlichen Leben in Volkenroda verändert?

Ich habe die Stille entdeckt. Die Regelmäßigkeit der Gebetszeiten helfen mir, in Verbindung mit Gott zu treten. Mein persönlicher Glaube profitiert von dieser Struktur. Immer wiederkehrende Gesänge, das Beten der Psalmen, die tägliche Feier des Abendmahls geben meinem Glauben ein Gerüst, an dem ich mich festhalten kann.

Was erhoffst du dir im Blick auf die Zukunft bzw. was sind die Herausforderungen?

Ich wünsche mir, dass jüngere Leute mit Kindern hierher kommen und sich für ein Leben in der Gemeinschaft entscheiden. Dies wird gleichzeitig eine Herausforderung, denn durch jedes neue Mitglied verändert sich die Gemeinschaft, muss sich neu sortieren und auf Neues einlassen.

Annett Schödl

Gibt es die wahre Lebens-Einheit?

Der Bruderhof – *1920

Jutta und Detlef Manke

Wir sind 1949 in Berlin und 1952 in der Nähe von Frankfurt/Main geboren und aufgewachsen. Arbeiterkinder mit einem wachen Sinn für soziale Gerechtigkeit, ganz natürlich Teil der 68er (wir haben schon als Teenager die Notstandsgesetze gelesen!) – und dann die alles umstürzende Begegnung mit dem auferstandenen Jesus der Bergpredigt und des kommenden Reiches Gottes, der uns ganz persönlich in seine Nachfolge rief. Viele Jahre der Suche folgten, WIE dieser Ruf gelebt werden kann und WOHIN er uns führt.

Fragen an das Leben

Unsere Suche hat uns immer wieder in irgendeiner Weise dazu geführt, unser Leben, all unser Hab und Gut mit anderen zu teilen. Unsere sozialen Berufe haben uns auch dazu geführt, als Großfamilie zu leben. So entdeckten wir gemeinsames Leben auch als eine Antwort auf die Entwurzelung des Einzelnen, die so oft in die Sucht und/oder psychische Krankheiten führt. Gemeinsames Leben hat uns aber auch immer wieder an die eigenen Grenzen geführt. Wo Menschen miteinander leben, wird man auch immer schuldig. Wie geht man mit Konflikten und Spannungen um? Bleibt man beieinander auch wenn es schwierig wird? Sind Familie und Erziehung Privatsache? Wie findet man eine gemeinsame Lösung? Gibt es EINHEIT wirklich? Wie findet man sie in der Ehe, in der Familie, in der Gemeinschaft? Gibt es Lebens-Einheit auch in Kirchen und Gemeinden – oder gibt es nur den Konsens zum Dogma? Mit diesen Fragen und vielen Verletzungen aus gescheiterten Gemeinschaftsversuchen haben wir es 1986 gewagt, zusammen mit unseren drei Kindern (damals 11, 9 und 6 Jahre alt) zur Bruderhof-Gemeinschaft in England zu ziehen. Damals gab es nur drei Gemeinschafts-Dörfer an der Ostküste der USA und eine Gemeinschafts-Siedlung in Süd-England.

Inspiration Urgemeinde

Als wir uns verbindlich anschlossen, hatten wir tatsächlich Menschen gefunden, die nicht nur aus verschiedenen Ländern, Sprachen, Kulturen, Religionen, Konfessionen und persönlichen Hintergründen ein neues Leben mit und für Jesus und sein kommendes Reich leben wollten, sondern die ganz einfach versuchen, das Gebot Jesu, Gott und den Nächsten zu lieben, im Alltag zu verwirklichen. Als Inspiration und Vorbild dient uns hier die Urgemeinde in Jerusalem, wie sie im Neuen Testament beschrieben ist.

Weltweit gibt es nun im Jahr 2015 mehr als 20 Orte, an denen wir so verbindlich die Nachfolge Jesu in Einheit leben wollen. Ungefähr die Hälfte davon sind eigenständige Dörfer mit 150 bis 300 Einwohnern. Die Kinder gehen in die Kindergärten und Schulen vor Ort, die Erwachsenen arbeiten gemeinsam, zum Beispiel in Wäscherei, Büro, Küche, Grundschule, Garten oder Fabrik. Der Schwerpunkt jeden Tages liegt auf den Treffen zu Mahlzeiten, Gebet, Singen, Austausch und gemeinsamen Festen.

Miteinander als Kirche

Egal woher wir kommen, wir alle erkennen die Autorität der Bibel für alle Bereiche des Lebens an und bekennen uns zu der Glaubensregel, die im Apostolischen Glaubensbekenntnis ausgedrückt ist. Geschichtlich gesehen stammt die Bruderhofbewegung aus der Tradition der Täuferbewegung der Reformationszeit. Wir fühlen uns aber allen verbunden, die sich der Nachfolge Jesu verpflichtet wissen und sind uns bewusst, dass Gottes Kraft in allen Menschen zu wirken vermag, ungeachtet ihres Glaubens und ihrer Lebensumstände.

In Bruderhofgemeinschaften leben sowohl Familien als auch Alleinstehende. Jeder Erwachsene, der das 21. Lebensjahr vollendet hat und zu unserem Leben berufen ist, kann Mitglied werden. Mitglieder geloben, ein Leben in Armut, Reinheit und Gehorsam zu führen.

Miteinander der Lebensstände

Gern haben wir ein lebenslanges Gelübde des Gehorsams und der Armut abgelegt und unser „Hab und Gut", unseren ganzen Besitz und alle unsere Gaben in die Gemeinschaft eingebracht. Unsere lange Suche hatte uns ja schon gelehrt, dass ohne Treue und die Bereitschaft sich gegenseitig unterzuordnen, kein gemeinsames Leben auf Dauer in allen Lebensbereichen möglich ist. Wir sehnten uns nach Menschen, die das um der Nachfolge Jesu auch so sehen und leben wollten.

Wir glauben, dass Familien die Grundlage einer gesunden Gesellschaft sind und verstehen Heirat als lebenslange, heilige Bindung eines Mannes mit einer Frau. Wir sehen in jedem Kind ein Geschenk Gottes, das wir lieben und respektieren wollen. Eltern haben bei der Erziehung ihrer Kinder die Hauptverantwortung und die Familien leben in einem geschützten und von allen Gemeinschaftsmitgliedern respektierten Privatbereich. Jedes Kind weiß, wo es zu Hause ist. Die Gemeinschaft sorgt für Kinderbetreuung und schulische Bildung. Die eigenen Kindergärten und Schulen stehen in der Regel nicht nur Kindern der Gemeinschaft, sondern auch Kindern aus der Umgebung offen.

Unsere staatlich anerkannten Schulen möchten jedem Kind eine glückliche und konstruktive Kindheit bieten und dabei das Kind ganzheitlich erziehen. Dies umfasst sowohl die klassischen Schulfächer als auch handwerkliche und praktische Fähigkeiten, Gesang und Kunst, freies Spiel und Sportsgeist sowie die Erfahrung der Natur. Am Wichtigsten aber ist es, dass die Kinder lernen, mit offenem Herzen für andere zu sorgen und ihnen zu helfen. Deswegen waren unsere Schulen schon immer inklusiv, jeder ist Teil des Ganzen, jeder kann seinen Platz finden – und jeder braucht irgendwo und irgendwie Hilfe. Im Anschluss daran gehen viele Schüler auf weiterbildende Schulen oder Universitäten, andere machen Berufsausbildungen oder einen Freiwilligendienst.

Miteinander der Lebensalter

Wir erwarten von den Kindern unserer Gemeinschaften, dass sie verantwortungsvolle Bürger werden, die ihren Teil zur Gesellschaft beitragen, egal welchen Lebensweg sie einschlagen. Junge Erwachsene werden ermutigt, außerhalb des Bruderhofs Erfahrungen zu sammeln und Gottes Willen für ihr Leben zu suchen. Wer sich verpflichten möchte, Jesus lebenslang in Gemeinschaft zu dienen, muss dazu berufen sein, und es auch einzig um Jesu Willen und um des Dienstes für das Reich Gottes tun. Eine solche Entscheidung kann nur als Erwachsener getroffen werden.

Ältere sowie behinderte Menschen sind ein geschätzter Teil der Gemeinschaft, nehmen an gemeinschaftlichen Aktivitäten und Veranstaltungen teil und erhalten die für sie notwendige Betreuung und Pflege. Wir sind dankbar, dass sie in unserer Mitte leben und auch arbeiten können. Wir wissen uns gerufen, jedem unter uns sinnvolle Arbeit und Beschäftigung zu ermöglichen; denn wir sehen jeden Aspekt unseres täglichen Lebens als gelebte Verkündigung unseres Glaubens, und Arbeit bildet dabei keine Ausnahme.

Miteinander teilen

Jeder trägt zum Unterhalt der Gemeinschaft bei, so viel er oder sie kann. Niemand wird für seine Arbeit bezahlt. Arbeit ist ein Dienst für das Reich Gottes und keine Karriereleiter oder Mittel zur Selbstverwirklichung. Sie ist ein Ausdruck unserer Hingabe an Jesus und unseres Dienstes aneinander. Unsere Firmen tragen unsere Gemeinschaften finanziell und sorgen außerdem dafür, dass wir solche gemeinsame Arbeit haben. Wenn wir mehr haben, als wir zur Versorgung aller, auch der Kinder und Kranken, brauchen, dann nutzen wir diese Mittel, um unsere Dörfer und Umgebung aufzubauen oder wir geben es an Projekte weiter, die unseren Werten entsprechend Menschen helfen und dienen.

Neben der Zusammenarbeit auf vielen verschiedenen Gebieten vor Ort arbeiten wir u.a. mit Hilfsorganisationen wie *Oxfam, Save the Children, Ärzte ohne Grenzen, Mennonite Central Committee, World Vision* und den *Maryknoll-Missionaren* zusammen und unterstützen sie im Kampf gegen Armut, Krankheit und die Folgen von Naturkatastrophen.

Diese Unterstützung findet nicht nur finanziell statt, sondern besonders auch in der Katastrophenhilfe. Denn wir haben ja auch in unseren Dörfern eigene Ärzte, Zahnärzte,

Krankenschwestern und Pfleger, Physiotherapeuten und Hebammen. Immer wieder werden aber auch unsere Handwerker angefragt: Elektriker, Maurer und Zimmerleute kommen dort zum Einsatz.

Miteinander dienen

Community Playthings ist unsere älteste Firma und stellt seit mehr als 50 Jahren weltweit strapazierfähige Schulmöbel und pädagogische Spielgeräte für Kinderkrippen, Kindergärten und Grundschulen her. *Rifton Equipment* entwickelt und produziert Rehabilitationsgeräte für Kinder und Erwachsene mit Behinderungen und liefert auch in alle Welt. Immer wieder auch in ehemalige Kriegsgebiete, wenn es um den Wiederaufbau geht.

Seit seiner Gründung 1920 hat der Bruderhof seinen eigenen Verlag und bietet Bücher zu verschiedenen Themen (Ehe und Familie, Kindererziehung, soziale Gerechtigkeit, Jesus-Nachfolge und vieles andere) an. Bisher war es uns auch möglich, Bücher zu Themen wie Vergebung, Angst, Erziehung und Altern in großen Mengen für Veranstaltungen zur Verfügung zu stellen.

Ein wichtiger Teil unseres gemeinsamen Lebens war schon immer, mit anderen Menschen in Verbindung zu treten und so unserem Verlangen praktischen Ausdruck zu verleihen, mit anderen Gruppen und Einzelnen zusammen für eine gerechtere und liebevollere Welt einzutreten.

Miteinander in Wahrhaftigkeit

Zum Schluss ein Gedanke von Eberhard Arnold (1883-1935), Mitbegründer des Bruderhofes:

Wir können nicht alle Probleme der Welt lösen, und deshalb sehen wir darin auch nicht unsere Aufgabe. Unsere Aufgabe ist ganz einfach diese: In einer Welt der Zwietracht wollen wir einträchtig leben; in einer Welt voll Feindschaft wollen wir für Frieden und Freundschaft leben; in einer Welt der Ungerechtigkeit wollen wir für die Gerechtigkeit einer liebenden Gemeinschaft von Brüdern und Schwestern leben.

Dabei freuen wir uns über jeden Besucher und jede Gelegenheit, mit anderen das zu suchen, was uns diesbezüglich verbindet. Auch da, wo wir unterschiedlicher Meinung sind, kann der Austausch für alle eine fruchtbare Bereicherung sein.

Oft werden wir gefragt, welche Regeln wir befolgen. Hier die Hausregel, die seit den Anfangsjahren unserer Gemeinschaft immer wieder Richtschnur ist:

Es gibt kein Gesetz als das der Liebe (2. Joh 5,6). Die Liebe ist die Freude an den anderen. Was ist also der Ärger über sie? Das Weitergeben der Freude, die das Hiersein der anderen bringt, bedeutet: Worte der Liebe.

Deshalb sind Worte des Ärgers und der Sorge über Glieder der Gemeinschaft ausgeschlossen. Es darf niemals deutlich oder versteckt gegen einen Bruder oder eine Schwester – gegen ihre Charaktereigenschaften – geredet werden, unter keinen Umständen hinter ihrem Rücken. Auch das Reden in der eigenen Familie bildet hierfür keine Ausnahme.

Ohne das Gebot des Schweigens gibt es keine Treue, also keine Gemeinschaft. Die einzige Möglichkeit ist die direkte Anrede, der unmittelbare Liebesdienst an dem, gegen dessen Schwächen etwas in uns aufsteigt.

Das offene Wort direkter Anrede bringt Vertiefung der Freundschaft und wird nicht übel genommen. Die liebevolle gemeinsame Aussprache beider mit einem Dritten, dem man vertrauen kann, dass er zur Lösung und Einigung im Höchsten und Tiefsten führt, wird nur dann notwendig, wenn man sich auf direktem Wege unmittelbar nicht gefunden hat (Mt 18).

Jutta und Detlef Manke

So vergnügt und doch so anständig

Michaelsbruderschaft – *1931

FRANK LILIE

„Und wie hast du Gott erfahren?"

Diese Frage war ich nicht gewöhnt aus kirchlichen Kreisen oder Pfarrkonferenzen. Meist wurde man belehrt oder als Stichwortgeber gebraucht. Aber ein Austausch über geistliche Erfahrungen? Das war mir so noch nicht begegnet. Doch dem ergrauten Michaelsbruder war es ernst, als er das von dem jungen Gast beim Bibelgespräch des Konventstreffens wissen wollte. Es hat mich tief berührt und letztlich dann auch für die Bruderschaft gewonnen.

Miteinander

Warum eigentlich eine *Bruderschaft*? Weil Männer sie nötig haben. Auch wenn die Kirchenleitungen durch Jahrhunderte männlich dominiert waren, können Frauen auf eine reiche Tradition des geistlichen Gesprächs zurückschauen. Männer müssen das erst einüben. Ihnen fehlt die Kultur des spirituellen Austauschs. Eine Bruderschaft kann dafür den geschützten Raum einer nicht durch die erotische Spannung zwischen den Geschlechtern beeinflussten *Koinonia*, einer Gemeinschaft, stellen. Mehrmals im Jahr finden mehrtägige Konvente statt, man trifft sich im Kleinkreis und beim jährlichen Michaelsfest. Dort stehen die Messen und Stundengebete, Bibelgespräche und Aussprachen im Mittelpunkt, ein dichtes Programm mit einem festen Ablauf. Schon in den ersten Jahren spielte die Meditation eine bedeutende Rolle; sie wurde zum wichtigen Element vieler bruderschaftlicher Treffen. Die Bruderschaft ist in zehn regionale Konvente unterteilt; einer von ihnen ist die Jungbruderschaft, in der Männer und Frauen in der Zeit ihrer Ausbildung oder ihres Studiums eine geistliche Lebensgemeinschaft finden können. Jedem Bruder wird ein Helfer zugewiesen, der ihm Beichtvater und geistlicher Begleiter sein will und dem er einmal im Jahr einen meist schriftlichen Rechenschaftsbericht über seine geistlichen, beruflichen und familiären Entwicklungen ablegen soll. Der Helfer berät sich mit dem Bruder darüber, wie er in seinem Alltag zu einem Regelmaß für sein Gebet und seine Bibellese kommen kann. Heute gehören zur Bruderschaft Brüder aus acht verschiedenen Konfessionskirchen (lutherisch, reformiert, uniert, römisch-katholisch, alt- bzw. christkatholisch, baptistisch, anglikanisch, methodistisch) und leben, mit einem Schwergewicht im deutschen Sprachraum, in acht europäischen Ländern (Österreich, Schweiz, Frankreich, Deutschland, einzelne Brüder in Island, Polen, Rumänien und Ungarn). Zwei Drittel sind Laien, ein Drittel Pfarrer. An jedem Samstagabend, nach Möglichkeit um 21 Uhr, beten die Brüder das Brudergebet, allein oder mit anderen.

Zuerst bin ich der Bruderschaft beim Studium in Marburg an der Lahn begegnet. Nach den Messfeiern blieb man noch zusammen in der alten Sakristei der Universitätskirche. Gravitätisch muteten die Umgangsformen den Neuling zunächst an. *„Wir hören aus der Regel"* hieß es, wonach sich dann alle erhoben, um einem Satz aus der Lebensregel der Bruderschaft zu lauschen. Nach *„Wir haben aus der Regel gehört"* setzten sich alle. Und dann folgten Kurzberichte über die abwesenden Brüder, was manchmal wie ein Krankenregister wirkte. Jemand hatte ein Referat vorbereitet oder eine Bibelarbeit. Doch ich merkte allmählich, dass Verbindlichkeit hier nicht bloß ein Wort war, sondern gelebt wurde, und dass Anteilnahme und Anteilgabe in den Brüdern ein Gesicht bekam. Als ich meine erste Pfarrstelle im Marburger Land antrat, wurde es wieder möglich, regelmäßig zu den bruderschaftlichen Verabredungen zu kommen. Wir trafen uns hin und her in den Häusern, mitunter wöchentlich. Es war ein starker Kontrast zur Erfahrung der gemeindlichen Wirklichkeit. 1992 bat ich um Aufnahme in die Probezeit, zwei Jahre später erfolgte die Vollaufnahme. Zehn Jahre später wurde ich zum Ältesten der Gesamtbruderschaft berufen, ein Amt, das ich bis 2013 ausgeübt habe. Freilich erfuhr ich im Laufe der Jahre allmählich, wie unterschiedlich die Brüder es mit der Verbindlichkeit halten. Ich merke auch, dass, entgegen der geistlichen Perspektive auf die eine Kirche, die Versuchung groß bleibt, in der Bruderschaft eine Ersatzgemeinde zu sehen. Die Altersstruktur macht uns mitunter zu schaffen. Und es beruhigt nur wenig, dass es anderen Gruppen ähnlich geht. Doch dann kommt der nächste Konvent und ich sehe: Nicht wir tragen die Bruderschaft, sondern die Bruderschaft trägt uns. Die eingegangene Verbindlichkeit wiegt mehr als die Unterschiedlichkeit in Herkunft und Spirituralität. *„Ich will den Brüdern in Achtung und Liebe zugetan sein"* versprechen wir bei der Vollaufnahme. Das Gefühl, das mich beim Sprechen dieses Satzes durchzog, war nur vergleichbar mit dem, was ich bei meinem Trauversprechen und meiner Ordination erlebt habe. Es hält noch an.

Ein Brief aus Bern

2004 erreichte den Rat der Evangelischen *Michaelsbruderschaft* ein Brief aus Bern. Ich war soeben beim Michaelsfest auf dem Kirchberg in das Amt des Ältesten eingeführt worden. Der Briefschreiber, Lukas Vischer, war langjähriger Mitarbeiter des *Ökumenischen Rates der Kirchen* in Genf und als Beobachter des 2. Vatikanischen Konzils nach Rom entsandt worden. Er lehrte reformierte Theologie in Bern und war der Bruderschaft als Kurator des Schweizer Konventes, also als geistlicher Visitator, verbunden. Vischer beschrieb mit großer Sorge die Kontroversen zwischen den orthodoxen und den mehrheitlich evangelischen Vollmitgliedern des Ökumenischen Rates.

Denn 2004 gab es wieder einmal Auseinandersetzungen. Einige der orthodoxen Kirchen waren nicht länger bereit, sich, wie sie meinten, ungeistlichen Mehrheitsentscheidungen in den Abstimmungen zu beugen und verlangten eine stärkere Berücksichtigung ihrer Vorstellungen, etwa im Blick auf die Ordination von Frauen. Anderenfalls drohten sie mit Austritt. In dieser Situation wandte sich Vischer an die Bruderschaft und fragte, ob sie denn in diesem Konflikt zwischen Ost und West vermittelnd eingreifen könne – die Bruderschaft sei doch mit ihrer gesamtkirchlichen Ausrichtung, die noch vor die reformatorische Spaltung zurückgreife, geradezu als Moderator prädestiniert!

Woher dieses Zutrauen? Die Bruderschaft, eine letztlich ja kleine geistliche Gemeinschaft von wenigen hundert Mitgliedern, wäre schon rein zahlenmäßig nicht das Gewicht, das in dieser Kontroverse gebraucht wurde. Der Rat der Bruderschaft war ein wenig sprachlos – ähnlich wie ich es war, als ich in Kiew 2004 von einer jungen chinesischen Baptistin gefragt wurde: *„Was kann die Bruderschaft für China tun?"* Aber Vischer hatte sich an etwas erinnert, das zum Selbstverständnis der Bruderschaft konstitutiv dazu gehört – ihre Orientierung an der einen Kirche Jesu Christi vor allen historischen Spaltungen und Konfessionsbildungen, mithin als der Kirche in ihrer Katholizität.

Gott feiern

„Ich bin Paul." Schlichter kann man sich nicht vorstellen. Doch der Achtzigjährige, der mir, dem fast fünfzig Jahre Jüngeren, beim Sakristeiabend die Hand hinstreckte, hatte eine keinesfalls schlichte Biografie. Mit elf Jahren stand es für Paul Schwarz (1911-1997) fest: Er würde römisch-katholischer Priester werden. Die Faszination des Heiligen war es, die ihn anzog, dessen *„Anwesenheit im Gebet, in der Liturgie, in der gottesdienstlichen Feier."* Der gebürtige Saarländer studierte katholische Theologie, wurde 1936 in Salzburg geweiht und in Wien zum Dr. theol. promoviert. Im Dritten Reich eckte der junge Kaplan immer wieder an, er konnte seine Ablehnung des Regimes nicht zurückhalten, auch nicht im Religionsunterricht. Festnahme, Verhöre, Gestapohaft folgten, bis er als unbelehrbar aus dem Reichsgau Salzburg ausgewiesen wurde. Er wurde Pfarrer in Paderborn und Krankenhausseelsorger in Bitburg. Unerbittlich, so heißt es über ihn, konnte er werden, wenn Institutionen versuchten, Herrschaft über das Gewissen auszuüben; das galt für das NS-Regime ebenso wie für seine Trierer Diözese. 1949 gab er darum sein Amt auf und heiratete. Nach dem Bruch mit seiner Kirche wurde er Lehrer für alte Sprachen und Sozialkunde, zuletzt in Marburg. Doch *„nach meinem Auszug aus der römisch-katholischen Kirche konnte ich zunächst keine geistliche Heimat finden"*, berichtete er. Er lernte die Messen der Marburger Universitätskirche kennen. Nach anfänglicher Zurückhaltung (*„Evangelische Pfarrer, die nicht in der apostolischen Sukzession stehen, äffen nur die Messe nach, da gehe ich nicht hin."*) erkannte er, dass auch hier mit Ernsthaftigkeit Gottes Schönheit gefeiert wurde: *„Apostolische Sukzession hin oder her, hier gehörst du hin. Von da an kam ich immer. Es währte nicht mehr lange, da stand ich an dem Altar, der bald meine geistliche Heimat werden sollte."* 1963 wurde Paul Schwarz in die evangelische Kirche aufgenommen,

1965 in die Bruderschaft. Denn hier entdeckte er, dass das Verbindende der Kirchen schwerer wiegt als das Trennende, er erfuhr Evangelische Katholizität.

Katholizität – das ist ein Begriffsschwergewicht. Gemeint ist aber nichts anderes als die Bitte Jesu nach dem Johannesevangelium: *„Ich bitte für die, die durch ihr Wort an mich glauben werden, auf dass sie alle eins seien, wie du, Vater, in mir und ich in dir"* (Joh 17, 21). Die Einheit der Gläubigen mit Christus und durch ihn untereinander – der Artikel VII des grundlegenden Bekenntnisses der Reformatoren in Augsburg von 1530 gibt ihr nun eine bezeichnende Pointe: *„Es wird auch gelehrt, dass alle Zeit müsse eine heilige, christliche Kirche sein und bleiben, welche ist die Versammlung aller Gläubigen."* Von unterschiedlichen Kirchen oder Abspaltungen ist hier keine Rede: eine Kirche sei die Versammlung aller Gläubigen, eine umfassende Gemeinschaft mit Christus. Das griechische Wort für *umfassend* lautet *katholisch*.

Christus bekennen

Die *Evangelische Michaelsbruderschaft* hat im Jahr 1931 bei ihrer Gründung nun nicht den Anspruch gehabt, die Kirchentrennungen rückgängig zu machen. Und es ist auch eine kirchengeschichtliche Fiktion, dass es eine anfängliche Zeit der Einheit vor allen Richtungskämpfen gegeben habe. Schon das Neue Testament belehrt uns darüber, dass die unterschiedliche Deutung von Tod und Auferstehung Jesu geradezu das Ferment der frühkirchlichen Entwicklung gewesen ist. Doch dass es um nichts anderes als Tod und Auferstehung Jesu gehen solle, das stand für alle Beteiligten fest. Um Wie und Wozu mochte man ringen, um das Dass nicht. Christ war, wer sich zum gekreuzigten und auferstandenen Christus bekannte. Und die Kirche war die Gemeinschaft derer, die das bekennen konnten. Katholisch bedeutet darum nichts anderes als die Gemeinschaft derer, die dies glauben und bekennen: Dass Jesus der Christus ist, also der ermordete und auferstandene Herr.

Das war die geistliche Erfahrung von Paul Schwarz: Die Feier des Heiligen in der abendländischen Grundform des Gottesdienstes, der Messe, wird auch in der Bruderschaft bewusst gepflegt. Die Bruderschaft will gleichsam die eine Kirche in den vielen Kirchen entdecken, die *katholische*, also umfassende und allgemeine Kirche in den Landeskirchen, Bistümern, Gemeinden, Freikirchen und Denominationen. Und gerade dies war es, was sie dann auch für Lukas Vischer zum Adressaten machte. Die Bruderschaft hat damals seiner Bitte um Vermittlung in Genf nicht folgen können. Aber auch wenn die Aufgabe für sie viel zu groß gewesen ist, so traf sie doch ihr Selbstverständnis als einer geistlichen Gemeinschaft, der das Gemeinchristliche über das Konfessionelle geht.

Katholizität: die Kirche in den vielen Kirchen

Dies kommt schon in ihrer Stiftungsurkunde zum Ausdruck. Am 1. Oktober 1931 schlossen sich in der Kreuzkapelle der Universitätskirche in Marburg/Lahn 22 Männer aus unterschiedlichen beruflichen und kirchlichen Herkünften zu einer verbindlichen geistlichen Lebensgemeinschaft zusammen, die sie *Evangelische Michaelsbruderschaft* nannten. Im Gründungsdokument heißt es: *„Wir glauben daran, dass den Kirchen der Reformation ein Beruf verliehen ist an der ganzen Christenheit. Wir glauben daran, dass alle Einzelkirchen Glieder sind der einen Kirche Christi und ihren Beruf im gegenseitigen Empfangen und Dienen erfüllen."* Dieses Bekenntnis zur Katholizität stand in seiner Zeit wie ein Solitär in der Landschaft. Die Spaltung der kirchlichen Landschaft in fest gefügte Konfessionen wirkte wie in Stein gemeißelt. Kirchen gab es eben viele. Was sie verband und ob diese Spaltung gar dem Ursinn von *Kirche* (kyriakon – dem Herrn gehörig) entsprach, war kein Gegenstand der Theologie. Wenn nun in diesen Jahren von der einen Kirche Christi gesprochen wurde, deren Glieder die Konfessionskirchen seien (in Übernahme des Bildes, das Paulus 1. Kor 12, 12ff. von der Kirche als dem Leib Christi malt), so war diese Auffassung ein einsamer Hinkelstein. Dabei machte sie nur Ernst mit dem, was das Glaubensbekenntnis von Nizäa-Konstantinopel von 381 n. Chr. im dritten Artikel sagt: *„Ich glaube an die eine, heilige, katholische und apostolische Kirche."* Die Reformationszeit hatte, in der wohlmeinenden Absicht einer

Vereinfachung der traditionellen Begriffe, für ‚katholisch' ‚christlich' eingesetzt. Die Reformatoren legten entschiedenen Wert darauf, zu der einen katholischen Kirche zu gehören und diese eben zu reformieren. Indem nun die römische Kirche den ursprünglichen Begriff beibehielt, wurde er zum Unterscheidungsmerkmal zwischen den entstehenden Konfessionen. Rom reservierte ‚katholisch' gleichsam für sich – Wittenberg und die Schweiz verzichteten darauf. Aber statt durch das Adjektiv ‚christlich' eine umfassende Perspektive zu gewinnen, verloren die reformatorischen Kirchen den Anspruch auf Katholizität. Und so konnte Rom sich als Weltkirche präsentieren, als allgemeine, umfassende, eben katholische Kirche, wohlwissend, dass es neben ihr zahlreiche Kirchen gibt, die ebenfalls den Anspruch auf Katholizität erheben und ihn auch in ihren Übersetzungen des Glaubensbekenntnisses führen. ‚Katholisch' ist heute zum Abgrenzungsbegriff zwischen den Kirchentümern verkommen. Gemeint ist aber etwas Wunderbares, nämlich das Bekenntnis zu der einen Christenheit, die, wie eine Familie in einem Haus mit verschiedenen Räumen, unter dem Dach der einen, heiligen, alle Getauften umfassenden und auf die Tradition der Apostel zurückführenden Kirche lebt. Wer der Katholizität vertraut, vermag Christus noch an sehr versteckten Orten zu entdecken! Und das sucht die Bruderschaft zu leben. Evangelisch nennt sie sich, weil sie sich in dieser Suche am Evangelium der Einheit in Christus orientieren möchte. Die Katholizität wird dabei zum Kriterium der Zugehörigkeit zur Bruderschaft. Denn die christliche Ökumene ist nicht bloß das Ziel, sie ist die Herkunft der Kirche; nicht die Suche nach der Einheit, sondern die faktische konfessionelle Trennung muss sich rechtfertigen.

Für den Nächsten

Der alte Herr sitzt in seinem Stuhl vor einem kleinen Tisch. Er deutet auf die Tageszeitung: *„Das ist nicht mehr wichtig."* Und dann zeigt er auf die Bibel, die daneben liegt. *„Das ist wichtig."* Der das sagt, war Landwirt, Offizier, Angehöriger der Widerstandsgruppe um Henning von Tresckow, Jurist und Volkswirt, Bundestags- und Europaabgeordneter. Aber die Wertung, die Philipp von Bismarck (1913-2006) vornimmt, ist eindeutig: *„Das ist nicht mehr wichtig – Das ist wichtig."* 1951 wurde er in die Evangelische Michaelsbruderschaft aufgenommen. Als heimatvertriebener Pommer hätte er in der Nachkriegs-Bundesrepublik zu denen gehören können, die dem Revisionismus das Wort reden. Doch war ihm die Versöhnung zwischen Polen und Deutschen wichtiger: Im September 1995 übergab er sein ehemaliges Gut Külz/Kulice, das zu einer deutsch-polnischen Lehr- und Tagungsstätte ausgebaut worden war, nach einem ökumenischen Gottesdienst im Beisein von Altkanzler Helmut Schmidt der Stiftung *Fundatia Europea Pommerania (Europäische Akademie Külz-Kulice)*. Ich habe seine eindrucksvolle hochgewachsene Gestalt noch von meinem ersten Besuch eines Konventes als Gast in Erinnerung.

Diakonia, Dienst am Nächsten – einer der Grundvollzüge des christlichen Glaubens (neben *Leiturgia*/Gottesdienst, *Martyria*/Zeugenschaft und *Koinonia*/Gemeinschaft). Bruder von Bismarck widmete sich der sozialpolitischen Diakonie. Als ihr diakonisches Werk unterhält die Bruderschaft (zusammen mit dem aus der gemeinsamen Tradition stammenden *Berneuchener Dienst* und der *Gemeinschaft St. Michael*) seit 1956 das Berneuchener Haus Kloster Kirchberg bei Sulz am Neckar. Die dortige Hausgemeinschaft pflegt das tägliche Stundengebet und die Messe und lädt die Gäste dazu ein, die zu Tagungen, Kursen, Freizeiten und Symposien angereist sind. *„Ein Haus für andere"* – so hat der vormalige Älteste der Bruderschaft, Reinhold Fritz, den Kirchberg genannt. Die Brüder sollen Mitglied im Trägerverein des Hauses werden und finanzieren dessen Arbeit auch indirekt über ihr Bruderopfer mit, das eineinhalb Prozent ihres Bruttoeinkommens beträgt.

Ernsthaft vergnügt!

Für-Andere-sein bedeutet Verantwortungsübernahme. In der Urkunde der Bruderschaft klingt das so: *„Die Brüder helfen in allen Nöten des Leibes und der Seele nach bestem Vermögen. Ihr Dienst gilt allen, die ihrer Hilfe bedürfen. Sie tun in Gebet, Wort und Tat alles, um den Frieden zwischen Ständen und Völkern zu fördern, Hass und Ungerechtigkeit in der Kraft* *der Liebe Christi zu überwinden."* Was kann der Bruder an dem Ort, wo er lebt, diakonisch tun? Oder auch: Wer ist mein Nächster? Das ist die Leitfrage der Glaubenspraxis. Sie ist nicht zu lösen von der Praxis der Frömmigkeit in Gebet und Schriftgebrauch, sondern nur ihre nach außen gewendete Seite.

Glaube drängt zur Praxis. Auch wenn wir Brüder nicht an einem Ort leben, so erleben wir uns als betende Gemeinschaft, die ihre stabilitas loci (die Beständigkeit des Lebenswandels der Benediktiner) in ihren Konventstreffen verwirklicht. Die Evangelische Kirche in Deutschland hat seit 2006 viel Kraft darauf verwendet, sich als ‚Kirche der Freiheit' darzustellen, die an bestimmten Orten in Deutschland spezielle Angebote (etwa auf dem Gebiet der Kirchenmusik) macht. Dies wird neben der bisherigen volkskirchlichen geistlichen Flächenversorgung gewiss für eine notwendige Bewegung in der kirchlichen Landschaft sorgen, allerdings eher in funktionaler Hinsicht. Geschwisterschaften (Bruderschaften und Schwesternschaften) als Lebensgemeinschaften verstehen sich daneben (nicht dagegen) als geistliche Zellen gelebten Glaubens. Sie sind Zusammenschlüsse, deren Glieder sich unter eine bestimmte Ordnung der Lebensweise stellen, zu der sie sich verpflichtet haben.

Ist das Christsein, ist das Brudersein eine ernste Angelegenheit? Wenn die Brüder in ihren schwarzen Chormänteln zum Stundengebet in eine Kirche einziehen oder schweigend vor den Mahlzeiten hinter ihren Stühlen auf das Tischgebet warten, könnte der Eindruck entstehen. Aber dabei geht es nur um verschiedene Ausdrucksformen des Glaubenslebens: Bei den Agapefeiern des Michaelsfestes oder anderen Zusammenkünften wird man rasch belehrt, dass die Sammlung nicht das Gegenteil von Humor und Ironie ist. *„Sowas hab ich meidag nich erlebt, so vergnügt und doch so anständig"*, soll eine Schwäbin gesagt haben, nachdem sie einen Konvent der Bruderschaft erlebt hatte. Nicht das schlechteste Urteil.

Frank Lille

Kann man mit Stille dienen?

Ordo Pacis – *1953

Sr. Renate Kersten

„Und, was macht ihr so?" – „Wir tun nichts. Wir beten nur."

Das antworte ich gern, wenn ich nach Ordo Pacis gefragt werde. Wie, nur beten? Machen das nicht alle irgendwie? Und – tut nicht jeder Mensch noch vieles andere, hoffentlich nicht nur für sich allein? Das alles stimmt. Doch unser Auftrag, unser einziger gemeinsamer Auftrag ist das Gebet. Es gab immer wieder Phasen, in denen wir gefragt haben, ob es nicht ein gemeinsames Engagement nach außen hin im Rahmen unserer Berufung gibt. Wir haben immer wieder gemerkt, dass es nicht so ist. Unsere gemeinsame Berufung ist das Gebet. Das zu erkennen – und für die Einzelne zu erkennen, dass sie in *dieser* Gemeinschaft richtig ist, ist immer wieder ein Weg.

Der lange Anfahrtsweg zur Gründung

Begonnen hatte es nicht mit der Gründung 1953. Angefangen hatte der 1931 mit der Gründung der Evangelischen Michaelsbruderschaft als Männergemeinschaft. Zum Vorläufer der Bruderschaft, dem Berneuchener Kreis, gehörten Frauen und Männer. Der engere Zusammenschluss zur Gemeinschaft erfolgte 1931 unter Männern – was der Bruderschaft ab Rundbrief Nr. 2 die „Frauenfrage" bescherte. Für die Brüder war die Gründung der festen Gemeinschaft ein deutlicher Ausdruck dessen, dass sie Verantwortung für die aktive Gestaltung kirchlichen und gottesdienstlichen Lebens im deutschen Sprachraum übernehmen. Die Selbstkonzeption in der Anfangszeit ist die einer Reformbewegung. Und die Frauen? Die Verantwortung allein den Männern zu überlassen schien ebenso wenig angemessen wie die Idee, dass die Bruderschaft doch einfach eine Gemeinschaft für Männer und Frauen werden könne. Dazu waren die Ausgangspunkte zu verschieden. Die Brüder damals waren allesamt akademisch gebildet, Kreative in ihren Berufen, mit Positionen, in denen sich Kirchenreform vorantreiben ließ. Ähnliche Bildung, ähnlicher Hintergrund, alle verheiratet und mit Familie. Kirchlich aktive Frauen waren *entweder* Familienfrauen *oder* berufstätig – und damit nicht verheiratet – *oder* Diakonissen. Die Frauen hatten sehr verschiedene Lebenswelten, die allesamt ganz anders waren als die der Männer. Natürlich konnten sie sich an ihren Orten, beruflich oder ehrenamtlich, für das kirchliche Leben engagieren. Und doch war für sie alles anders.

Im Vorfeld der Gründung war die Frage zu klären, für welche Frauen eine Schwesternschaft offen sein sollte. Für Ehefrauen, für alleinstehende Berufstätige, für Diakonissen? Die Korrespondenzen zeigen sofort Einwände und Bedenken, hauptsächlich von Seiten der Brüder. Die Mitgliedschaft in einer Schwesternschaft könne das Leben in Ehe und Familie gefährden, die Alleinstehenden seien häufig doch sehr labil, und die Diakonissen hätten jetzt schon Probleme, Nachwuchs zu finden, weil Frauen zunehmend ihre eigenen Wege gehen wollten und immer weniger in der Lage seien, sich einzufügen. Aufsätze, Briefe und Lebenshilfe-Literatur der 1930er bis 50er Jahre zeichnen ein lebendiges Bild: Verweigerung des von Gott vorgesehenen Platzes an der Seite eines Mannes, ungehemmte Selbstverwirklichung im Beruf, krasser Egoismus und psychische Labilität wurden Frauen, die keine Familie gründeten, unterstellt. Unsere Gründungsschwestern, unter denen solche Berufstätige waren, hielten fest: Unsere Gemeinschaft soll offen sein für Frauen aller Lebensformen.

Eine Gemeinschaft für alle möglichen Frauen – was sollte die gemeinsame Berufung sein, wenn so Verschiedene darin Platz haben sollten? Sollten Männer diese Gemeinschaft für Frauen gründen? Der Prozess, in dem diese Fragen Antworten fanden, dauerte mehr als 20 Jahre.

Nach der Gründung gab es bald die Idee einer eigenen Kommunität innerhalb der Schwesternschaft. Allen Frauen gemeinsam war die Berneuchener Prägung, alle beteten das Stundengebet und lebten im Kirchenjahr. Alle hatten eine begleitende Schwester. Alle engagierten sich in ihren Ortsgemeinden. Drei Schwestern lebten ab 1956 als „Gemeinsames Leben", als kleine Kommunität in Ehelosigkeit, Gütergemeinschaft und zeichenhaftem Gehorsam.

Wie geht geistliches Leben?

„Es gab ja nichts", sagte eine unserer alten Schwestern einmal. Das mag für pietistische Inseln anders gewesen sein, doch das ist nicht der Hintergrund unserer Gemeinschaft. Eine andere erzählte von einer „Offenbarung", als sie in den 20er Jahren eine Anregung zum Mittagsgebet las. Wie man selbst ein waches Leben des Gebetes führen könne, dazu gab es tatsächlich lange nichts. Heute finden sich die Ratgeber zum Thema „Spiritualität" schon im Antiquariat. Doch damals gab es nichts. Es wurde gesucht, gestaltet und erprobt.

Das formalisierte Stundengebet bot und bietet einen guten Rahmen, sich von Herzen Gott zuzuwenden. Die Begleitung durch eine andere Schwester, Seelsorge durch externe geistliche Begleitung der Gemeinschaft oder durch einen Seelsorger, eine Seelsorgerin freier Wahl, das alles half und hilft sehr, den eigenen Weg und den der Gemeinschaft zu gehen. Über die Communauté des Grandchamp entdeckte unsere Schwesternschaft die Retraite, Tage in völligem Schweigen und Beten. Jährlich gibt es zwei in Ordo Pacis, an einer davon sollte jede teilnehmen.

Jede findet heraus, welche Art des Betens ihr entspricht – und im Lauf des Lebens verändert es sich auch. Das Gebet ganz in der Stille, auch gemeinsam, hat zugenommen. Einflüsse der ganzen Bewegung um Spiritualität und Meditation wurden z. T. aufgenommen. Einzelne sind im Jesus-Gebet verwurzelt. Doch bei uns heißt es „Beten", nicht „Sitzen in der Stille". Technik ist nichts, was Wichtigkeit erlangt. Jede ist für ihr Gebet verantwortlich. Es geht darum, in Gottes Gegenwart zu leben, und das ist etwas anderes, als ein Regelwerk abzuarbeiten. So fällt das geistliche Leben der einzelnen äußerlich durchaus verschieden aus – was auch mit den verschiedenen Lebenssituationen zusammenhängt. Für Treffen ist es eine Herausforderung, das gemeinsame Gebet so zu gestalten, dass die verschiedenen Stile vorkommen und niemand bevorzugt wird. In den letzten Jahren haben die begeisterten Psalmsängerinnen und die Freundinnen langer Zeiten in Stille eng zueinander gefunden, in unseren gemeinsamen Gebeten haben Stille und Elemente des traditionellen Stundengebetes ihren Platz.

Geistliches Leben nach Prägung unserer Gemeinschaft erfordert einen hohen Grad an Selbständigkeit. Gemeinschaft heißt nicht, dass ich meine Verantwortung vor Gott abgeben kann, mich an einen „Meister" anlehne, in der Gemeinschaft den zweiten Mutterschoß finde. Im Verhältnis der Begleitung innerhalb der Gemeinschaft hat die Begleitete die Aufgabe, den Kontakt zu gestalten; einzige feststehende Aufgabe der Begleiterin ist die Fürbitte.

... und der Frieden?

Der Name der Gemeinschaft ist „Ordo Pacis", Friedensorden. Latein wurde gewählt, weil die Schwestern zur Zeit der Gründung aus zwei politischen Systemen, der DDR und der alten Bundesrepublik kamen. Ein deutsches „Frieden" im Namen hätte es der jungen Gemeinschaft unnötig schwer gemacht.

Um den Frieden Jesu Christi geht es – Gabe und Aufgabe zugleich. „Wir können diesen Frieden nur betend empfangen", heißt es in unserer Regel. In einem wöchentlichen Gebet bitten wir, dass Gott uns zu *Zeichen* seines Friedens mache. Wir erfahren den Frieden Christi. Wir können ihn weder herstellen noch verwalten. Diese Erfahrung führt zu einer hörenden Grundhaltung Gott und anderen gegenüber. Als eine Gruppe sehr verschiedener Frauen hören wir Gott und einander zu. Natürlich gibt es Beschlüsse, die mit Mehrheiten gefasst werden. Doch vor allem gibt es Prozesse, in denen nicht eine Seite eine andere zu überzeugen versucht, sondern in denen wir alle zu begreifen versuchen, was zu diesem Zeitpunkt unser gemeinsamer Weg ist. Der konkrete und greifbare Frieden beginnt als Aufgabe in unserem Miteinander.

Die meisten von uns sind als einzelne in vielfältiger Weise engagiert. Im Beruf, in Kirchengemeinden und Projekten. Als Schwestern erleben wir uns, wenn sich das Engagement mit dem Gebet und dem Hören auf Gott verbindet.

Der Weg geht weiter

Die Gemeinschaft wuchs. Nach dem Start mit acht Schwestern sind wir derzeit 45 Frauen im deutschen Sprachraum.

Es gibt Muster jenseits des Geplanten: Die meisten kommen nach ihrem 40. Geburtstag zu uns. Es gibt mehr Schwestern im Norden als im Süden Deutschlands. Fast alle von uns sind in ihrem Leben mobil, kaum eine hat ihr Leben an einem Ort, in einer Region verbracht. Wir sind als einzelne präsent. Bei manchen unserer Treffen sind Angehörige als Gäste dabei, aufs Ganze gesehen ist das eher selten.

Frauenleben haben sich seit der Gründung von Ordo Pacis stark verändert. Aus der anfänglichen Wahl zwischen Familie *oder* Beruf wurde eine Familie *und* Beruf. Statt der einen Lebensform fürs ganze Leben, das unsere Gründungsschwestern vor Augen hatten (entweder allein lebend oder verheiratet oder in einer Kommunität) haben wir heute eine Vielfalt vor Augen, die so neu nicht ist: Auch früher haben schon Frauen die Kommunität verlassen und allein Lebende nach ihrem Eintritt geheiratet. Was es nicht gab, aber mit voller Zustimmung der Gemeinschaft heute gibt, ist ein diskriminierungsfreies Miteinander von alten und neuen Lebensformen. Einige sind verheiratet, einige leben in eingetragener Partnerschaft, einige leben allein. Manche Schwestern sind geschieden, manche ein zweites Mal verheiratet. Unsere Kommunität, die Cella St. Hildegard, hat sich 2004 aufgelöst. Ihr Haus führen einige von uns als „Haus der Stille und Begegnung" weiter. Die Schwestern, die kommunitär gelebt haben, sind davon weiter geprägt. Viele von uns bewegt der Eindruck, dass es „so etwas wie eine Kommunität" geben sollte. Wir sind dafür offen.

In der Gemeinschaft sehen wir auf die konkrete Situation und tragen einander. Wie beim Gebet gilt es auch in der konkreten Lebenssituation nicht, etwas korrekt zu erledigen, sondern den eigenen Weg zu finden und zu leben – und der führt jede von uns auch in überraschende Gegenden.

Lebenslang

Im Unterschied zur Gründungszeit von Ordo Pacis gibt es heute ein breites Spektrum an Theorie und Praxis geistlichen Lebens. Wer etwas sucht, kann vieles finden. Schwester von Ordo Pacis zu sein, ist inzwischen eine von vielen Möglichkeiten, ein geistliches Leben zu führen. Heute gewinnt bei uns die Kontinuität, das auf ein ganzes Leben ausgelegte Dazugehören an Bedeutung, und darin auch der Umgang mit Veränderungen, das Hören im Wandel des eigenen und gesellschaftlichen Lebens und daraus das aktive Mitgestalten. Lebenslang heißt auch: Wir haben Zeit und lassen uns und einander Zeit. Ein Kennenlernjahr und mindestens zwei Jahre Probezeit bis zur Aufnahme – und es kann auch gerne länger dauern. Das tut uns allen gut. Es geht nicht um Ergebnisse, sondern um das Lebensganze. Es geht nicht darum, was wir tun und leben, sondern um Jesus Christus. Wir richten uns so gut wir es können, auf ihn aus.

Kontemplativ, aktiv, kontemplativ...

Schwestern von Ordo Pacis sind chronisch aktiv. Zum Zeitpunkt der Gemeinschaftsgründung 1953 gab es drei Schwestern in der Leitung: eine Familienfrau in Hamburg, die in verschiedenen Zusammenhängen ehrenamtlich arbeitete, eine Unverheiratete in Ost-Berlin, die die Diakonie in der DDR mit aufbaute und eine Diakonieschwester in Bayern. Ausgelastet war jede von ihnen auch ohne eine neue Schwesternschaft.

Ich denke an die vielen, die danach kamen. Einsatz für ökumenisches Stundengebet, Menschen pflegen als Helferin oder als Pflegedienstleitung, Pfarrerin im entkirchlichten Mecklenburg, einen Verein für sozial Benachteiligte gründen, Haupt- und Ehrenamtliche unterrichten, Angehörige pflegen, Meditationstage anleiten, sich gegen Folter engagieren, Menschen seelsorglich begleiten. Es ist so viel, was wir tun. Das alles steht im Zusammenhang mit unserer Berufung, zweifellos. Aber es ist das Zweite, das „auch", das andere. Um zu Ordo Pacis zu gehören, muss man nichts von all dem tun. Wenn ich gefragt werde, was wir tun, sage ich wahrheitsgemäß: *Wir tun nix. Wir beten nur.*
Wir sind eine kontemplative Gemeinschaft. *Wir* beten nur. Das ist unsere Berufung und unser Dienst.

Sr. Renate Kersten

Die Tür steht offen – das Herz weit mehr!

Familiaritas des ev.-lutherischen Zisterzienserklosters Amelungsborn – *1135/1960

Tobias Leutritz

Trotz behütetem Aufwachsen in einem christlichen Elternhaus verlor ich in meiner Jugend den Kontakt zum Glauben, bis mich der Religionsunterricht in der Oberstufe wieder auf neue Weise dafür öffnete. Mit dem Studienbeginn in Magdeburg suchte ich Anschluss in der Ev. Studentengemeinde (ESG) und so konnte die Religiosität neu in mir wachsen.

Nachdem ich im August 2009 der gemeinsamen Einladung der Bundes-ESG und der Familiaritas des Klosters Amelungsborn gefolgt war, hatte ich dort eine neue geistliche Heimat gefunden. Von Anfang an spürte ich Vertrautheit – zu den Menschen dort, aber auch in gewisser Weise zu den Ritualen. Gesang, Bibelarbeit, persönlicher Austausch – das alles war für mich Auslöser für den Wunsch, dieser klösterlichen Gemeinschaft beizutreten. Schon lange schlummerte diese Vorstellung in mir, ins Kloster zu gehen – der Welt zu entfliehen. Dass dies nicht vollkommen möglich ist und mir selbst auch nicht die Erfüllung brächte, war mir klar. Da erschloss sich mir die Familiaritas als „goldener Mittelweg" und ich möchte hier schildern, wie sich dadurch in meinem Leben eine neue Quelle der Ruhe, der Besinnung und der Spiritualität erschließt.

Es ist Freitag Nachmittag. In Magdeburg werde ich vor meiner Haustür von einem Mitbruder abgeholt, der mit dem Auto aus Berlin kommt. Zusammen fahren wir weiter in Richtung Südwesten, hinter den Harz, ins Wesergebirge. Nach einer schnellen, gehetzten Fahrt über Autobahnen und Bundesstraßen erreichen wir zwischen Negenborn und Stadtoldendorf, umgeben von Feldern, Wald, Steinbrüchen und einem Bächlein, das Zisterzienserkloster Amelungsborn, gegründet vor 881 Jahren. Plötzlich tauche ich in eine andere Welt ein, das Auto wird abgestellt, langsame Schritte lenken mich vorbei an der Klosterkirche zur Abtei. Andere Brüder sind schon da und nehmen uns freudig in Empfang. Männer aus ganz Deutschland, die sich der Familiaritas des Klosters angeschlossen haben. Eine Gemeinschaft, deren Mitglieder sich zu täglichem Bibelstudium und Gebet, zur Fürbitte und (ehrenamtlichen) Arbeit im Dienst der Kirche verpflichten. Jeden Monat führt das gemeinsame Gebet und die thematische Arbeit alle im Kloster zusammen, denen es möglich ist.

Die Stundengebete (Ev. Gesangbuch Nr. 783 ff.) beginnen im Kreuzgang mit der Statio: fünf Minuten stehen wir in aller Ruhe, in Doppelreihe nebeneinander; jeder im Gewand des Klosters. Während wir dort stehen, sammeln wir uns, werden still, finden einen festen Standpunkt, von dem aus wir dann in die Klosterkirche einziehen können – so wie wir von dort aus am Sonntag wieder gestärkt nach Hause fahren. Im romanisch/gotischen Kirchbau singen und beten wir die alten gregorianischen Weisen. Die Mauern der Kirche hallen wieder, schwingen mit – wir werden eins mit dem Haus Gottes, mit der langen Tradition derer, die schon Generationen vor uns dort zu Gott gebetet haben. Viel Ruhe begleitet unsere Zusammenkünfte – Schweigen in der Nacht, Stille während der Stundengebete, Zeit für mich oder Gespräche mit anderen in den Pausen. Es ist eine wohltuende Ruhe, die mich nachdenken lässt. Die Ohren öffnen sich für Gottes Wort, für die Anderen, für die Stimme in mir. Aber es bleibt nicht bei der Einkehr in sich selbst, sondern die Gemeinschaft lässt den Geist Gottes spüren, wenn von Persönlichem gesprochen und andere Themen lebhaft diskutiert werden. Da wird jeder angehört, alles wird mit offenem Herzen und wachem Verstand angenommen, egal wie kontrovers die Meinungen sind.

„Die Tür steht offen, das Herz weit mehr" lautet ein Leitsatz des Klosters. Das spüre ich und es fordert mich auch auf, mich nicht zu verschließen vor der Welt, Unterschiede auszuhalten, Liebe zu üben. So den Weg zu beschreiten zu Gott, zu mir selbst und zu meinem Nächsten. Bei der gemeinsamen Beichte, Sündenvergebung und dem Abendmahl erfahren wir leibhaftig, wie Gott uns beschenkt mit seiner reichen Gnade, obwohl wir noch immer auf dem Weg zu ihm sind. Manchmal auch mit dem Rücken zu ihm oder mit verschlossenem Herzen. Und so steht die Ermahnung zum täglichen Gebet und zur Lektüre der Bibel dem Rückfall entgegen, der das Bewusstsein für Gott aus dem Alltag zu verdrängen scheint. Es ist ein ständiges sich wieder Aufrappeln auf dem Weg zu mehr Liebe – zum Nächsten, zu Gott und mir selbst.

Kloster Amelungsborn: Ein Sonderfall der Reformation

Hans-Jörg Dietsche

Das evangelisch-lutherische Zisterzienserkloster Amelungsborn ist heute ein „Kloster auf Zeit". Abt, Prior und Konvent sowie die Familiaren leben ein „normales" Leben in der Welt, mit oder ohne Familie, an ihren Wohnorten und kommen zu den allmonatlichen Wochenendtagungen im Kloster zusammen. Dennoch ist das 1135 gegründete Kloster nach wie vor Kloster und in seiner Form einmalig, da es nie säkularisiert worden ist und noch heute eine eigenständige Körperschaft unter einem Abt bildet. Trotz Reformation und vielen Wandlungen, die auch den Verlust des kommunitären Lebens mit sich brachten, gab es nie einen Abbruch, und das Kloster besteht bis heute in Kontinuität als Teil des evangelisch gewordenen Zweiges des Zisterzienserordens fort.

Seit 2002 steht Landessuperintendent Eckhard Gorka dem Kloster als 59. Abt vor. Er leitet zusammen mit den Konventualen das Kloster. Um den Konvent, der aus dem Abt und acht von der Landeskirche berufenen Geistlichen besteht, gruppiert sich die (Laien-)Bruderschaft der Familiaritas. Daneben trat später noch ein eigenständig organisierter Ökumenischer Frauenkreis. Als ihre Aufgabe betrachtet diese klösterliche Gemeinschaft die Fortführung des Auftrags der Mönche für diesen Ort: das Stundengebet als absichtsloses Lob Gottes. Und so führen wir bei unseren Wochenendtagungen miteinander ein Klosterleben auf Zeit mit Gottesdienst und Stundengebet, Bibelarbeit und Austausch sowie Zeiten des Schweigens. „Nach außen" wirken wir mit dem Angebot von Gäste- und Berufsgruppentagungen und der Betreuung von Pilgern auf dem Pilgerweg Loccum-Volkenroda; jeder Familiare verpflichtet sich bei seiner Annahme, sich seiner Kirchengemeinde am Wohnort mit seinen Gaben zur Verfügung zu stellen.

Im Zuge der Reformation nahmen 1568 Abt und Konvent der Zisterzienserabtei Amelungsborn das lutherische Glaubensbekenntnis (Confessio Augustana) an und das Kloster bestand als evangelische Kommunität weiter. Dies war gerade in Niedersachsen bei einigen Klöstern und Stiften ähnlich, doch überlebte – im Unterschied zu mehreren Damenstiften – außer Amelungsborn und Loccum kein einziges dieser Männerklöster den Dreißigjährigen Krieg. Zwar ging das kommunitäre Leben vor Ort nach 1750 verloren, das Kloster mit einem Abt an der Spitze ist jedoch niemals aufgehoben worden.

Geschichtliches

Die Abtei Amelungsborn, am Rande des Odfelds im Weserbergland gelegen, wurde 1129 von den Grafen von Northeim-Boyneburg als zweites Zisterzienserkloster in Norddeutschland gestiftet. Die Besiedlung – und formelle Gründung – erfolgte zu Lebzeiten Bernhards von Clairvaux im Jahr 1135 durch das Kloster Kamp am Niederrhein, der ältesten deutschen Ordensniederlassung. Damit ist Amelungsborn Enkel der Primarabtei Morimond und Urenkel von Citeaux, dem Stammkloster der Zisterzienser. Eine gewisse Bedeutung erlangte Amelungsborn in der Missionierung Mecklenburgs. So wurde die Zisterzienserabtei Doberan 1171 von Amelungsborn aus gegründet und – nachdem sämtliche Mönche von heidnischen Wenden erschlagen worden waren – 1176 von hier aus erneut besiedelt. Auch der erste Bischof des Bistums Schwerin, Berno, war ein Amelungsborner Mönch.

Nach Einführung der Reformation 1568 erwirkte der Abt die herzogliche Erlaubnis, dass das Kloster fortbestehen und eine Klosterschule zur schulischen Heranbildung von

Theologennachwuchs eröffnen durfte. Die Konventualen – ihre Zahl wurde nunmehr auf fünf beschränkt – waren nun lutherische Pastoren und keine Mönche mehr. Sie betreuten die umliegenden Kirchengemeinden, unterrichteten die Klosterschüler und lebten im Klostergebäude nach der Art von Stiftsherren. Sie feierten täglich den Gottesdienst in der Klosterkirche und führten mit ihren als „Novizen" bezeichneten Schülern das Stundengebet der Mönche weiter – wie Luther es in seiner „Deutschen Messe" gerade für die Schulen empfohlen hatte. Verschiedene herzogliche Klosterordnungen benennen neben der Besorgung der Pfarreien und Klosterschulen vor allen Dingen die Fortführung des gemeinschaftlichen geistlichen Lebens mit dem Stundengebet als Hauptaufgabe des Klosters und fordern von den Konventualen, „sich der weltlichen Geschäfte zu entschlagen" und ein „zurückgezogenes Leben" zu führen. Dies zeugt von einer Fortsetzung des klösterlichen Lebensmodells im evangelischen Raum.

Mit der Verlegung der Klosterschule nach Holzminden 1754 – sie besteht dort heute im Campe-Gymnasium fort – übersiedeln bis auf den Klosterpfarrer auch die Konventualen in die Stadt und teils an andere Orte; das kommunitäre Leben der Konventualen mit dem Stundengebet wird aufgegeben, sie kommen jedoch zweimal jährlich im Kloster zusammen.

Unter Napoleon wurde Amelungsborn zwar nicht, wie fast alle anderen deutschen Klöster, säkularisiert, aber die Konventualen wurden entlassen und ihre Präbenden eingezogen und der Konvent des Klosters besteht in der Folge nur noch aus dem vom Konsistorium eingesetzten Abt; das geistliche Leben ist damit vollständig zum Erliegen gekommen. Aber als Körperschaft, die die Klostergebäude, die Ländereien sowie die Patronatsrechte über die Kirchengemeinden der einstigen „Klosterdörfer" besitzt, bleibt das Kloster unverändert bestehen.

1960 ist der geistliche Vizepräsident des Landeskirchenamtes Hannover und „Vater" des Evangelischen Kirchengesangbuchs, Prof. Dr. Christhard Mahrenholz, zum 55. Abt berufen worden. Sein größtes Anliegen war es, das Kloster wieder mit geistlichem Leben zu erfüllen. In der Folge hat die Evangelische Landeskirche Hannover wieder einen achtköpfigen Konvent aus Pastoren aus allen Teilen der Landeskirche eingesetzt, der unter dem Vorsitz des Abtes das Kloster leitet. Zeitgleich zur Wiedereinsetzung des Konvents hat Abt Mahrenholz die Familiaritas gegründet, die sich als erweiterte Laienbruderschaft um den Konvent gruppiert.

Evangelische Zisterzienser

Die Verbindungen zum – katholischen – Zisterzienserorden sind mit Einführung des lutherischen Bekenntnisses nicht abgerissen, man bemühte sich, das Ordensleben unter den neuen Bedingungen weiterzuführen. Noch 1629 attestiert der Zisterzienserorden gegenüber dem Herzog von Braunschweig Kloster Amelungsborn die Zugehörigkeit zum Orden, auch nach Annahme des lutherischen Bekenntnisses im Jahr 1568; erst mit der Einsetzung des „evangelischen Laien" (Pastor) Theodor Berckelman 1625 zum (vierten evangelischen) Abt sei das Kloster dann dem Zisterzienserorden entfremdet worden.[1] Es fällt zudem auf, dass unter den nach der Reformation im Herzogtum Braunschweig weiterbestehenden evangelischen Klöstern und Stiften die drei Zisterzienserklöster Amelungsborn, Riddagshausen und Marienthal eine Vorreiterstellung einnahmen, was Annahme und Umsetzung der „neuen Lehre" samt Einrichtung mustergültiger Klosterschulen betraf, aber auch durch ihren besonderen Zusammenhalt; so setzten sie ein – zisterziensisches – System der gegenseitigen Visitationen aller evangelisch gewordener Klöster im Herzogtum durch. Dies zeugt von einem koordinierten Vorgehen der braunschweigischen Zisterzienserklöster.[2]

---

[1] Mahrenholz, Christhard: Studien zur Amelungsborner Abtsliste IV, in: Gesellschaft für niedersächsische Kirchengeschichte: Jahrbuch, 66. Band, Blomberg 1968, S. 149 Fn 40

[2] Vgl. Mahrenholz, Christhard: Studien zur Amelungsborner Abtsliste II, in: Gesellschaft für niedersächsische Kirchengeschichte (Hrsg.): Jahrbuch, 63. Band, Blomberg 1965, S. 113 m.w.N.

Die Generation der Mönche während der Reformationszeit hat sich hier in ihrer spezifisch zisterziensischen Spiritualität – die ja auch für Luther maßgeblich war – jedenfalls als sehr „anschlussfähig" an die reformatorischen Ideen erwiesen; hier wirkte auch das Erbe als Reformorden nach. Gerade der erste evangelische Amelungsborner Abt Andreas Steinhauer ist allmählich zu einem vehementen Verfechter reformatorischen Gedankenguts geworden. Der Zisterzienserorden betrachtete Amelungsborn jedenfalls als weiterhin zum Orden gehörig. Nach der Wiederbelebung des Klosters ab 1960 sind auch die Kontakte zum Orden wieder aufgelebt und herzlich und innig geworden. So lädt der Zisterzienserorden heute Äbte und Äbtissinen der lutherischen Zisterzienserklöster und Damenstifte aus Niedersachsen als Gäste zum Generalkapitel ein und der Generalabt des Zisterzienserordens hat sogar vor ein paar Jahren in Amelungsborn eine Visitation durchgeführt.

Amelungsborn heute

Mit der Wiedererrichtung des Konvents unter Abt Mahrenholz ist 1960 wieder geistliches Leben ins Kloster eingekehrt. Seitdem werden die zum Teil erhaltenen historischen Klostergebäude als kirchliche Tagungsstätte betrieben und vorrangig von Konvent und Familiaritas für ihre Wochenendtagungen genutzt. Daneben stehen die Räume für Tagungen und Gruppen offen, für Einzelgäste und Pilger steht eine Pilgerwohnung zur Verfügung.

1984 ist noch ein Ökumenischer Frauenkreis zur klösterlichen Familie hinzugekommen, der sich am Gemeinschaftsleben der Familiaren orientiert und dessen Glieder gleichfalls unter der Regel leben. Wie die Familiaritas kommt der Ökumenische Frauenkreis ebenfalls zu eigenen Wochenendtagungen mit Stundengebet, Bibelarbeit und Austausch im Kloster zusammen. Dem Kloster verbundene Persönlichkeiten, die nicht unter der Regel leben, versammeln sich im Kapitel des Klosters. Beim jährlichen Kapiteltag treffen sich alle Zweige der klösterlichen Familie mit dem Abt im Kloster.

Konvent und Familiaritas arbeiten in der „Gemeinschaft Evangelischer Zisterziensererben" mit und haben auch schon Jahrestagungen in Amelungsborn ausgerichtet. Ein reger Austausch besteht hier vor allem mit dem Konvent und der Münsterfamilie in Bad Doberan, der einstigen Tochtergründung von Amelungsborn, sowie dem Konvent im fränkischen Heilsbronn. Ferner besteht ein enger brüderlicher Austausch mit dem – katholischen – Zisterzienserkloster Bochum-Stiepel, verbunden mit gegenseitigen Besuchen und einer gemeinsamen Tagung in jedem Jahr.

Die Familiaritas

Leitbild bei Wiederbelebung war das „Kloster auf Zeit", in Anknüpfung an Tradition und Gemeinschaftsleben der früheren Konventualen und deren Selbstverständnis als evangelische Zisterzienser. Im Bewusstsein des „Elements der Laienbeteiligung im Zisterzienserorden" (so Abt Mahrenholz) und in Anlehnung an die Familiaren des Mittelalters, die dem Konvent verbunden waren und das Kloster u.a. materiell unterstützten, sollten außerdem Familiaren Leben und Arbeit des Konvents teilen und geistlich unterstützen.

Die Familiaritas organisiert sich selbstständig unter einem Ältestenkreis, einen Konventualen bestellt der Abt zum Spiritual der Familiaritas. Inzwischen ist die Familiaritas, die die allmonatlichen Wochenendtagungen im Kloster und das Stundengebet durchführt, zum Träger des geistlichen Lebens im Kloster geworden. Die Familiaren führen die Einkehr-, Berufsgruppen- und „ora-et-labora"-Tagungen durch und betreuen Pilgergruppen – in den Sommermonaten sogar mit wechselnder Präsenz im Kloster. Durch den Zuzug einzelner älterer Familiaren in Wohnungen auf dem Klostergelände und zusammen mit in der Umgebung wohnhaften Familiaren konnte in den letzten Jahren das täglich viermalige Stundengebet in der Klosterkirche das ganze Jahr über fast durchgängig durchgeführt werden.

Die Konventualen tragen als sichtbares äußeres Zeichen ein Kreuz mit Emblem des Konvents an einer Kette und zu den Gottesdiensten und zum Stundengebet einen schwarzen

Chormantel. Er erinnert an die schwarzen Pastorenröcke der alten Konventualen und folgt mit seinem weißen Schulterkragen der Farbgebung des Zisterzienserhabits. Der Abt trägt ein Brustkreuz und zu besonderen Anlässen den Abtsstab. Während die Familiaren zu den Stundengebeten den Chormantel der Konventualen tragen, tragen die Novizen ein weißes Skapulier.

Zur Familiaritas zählen zur Zeit etwa 40 Männer aller Altersklassen und Berufe aus allen Teilen Deutschlands. Sie ist offen für jeden interessierten evangelischen Christen. Nach einem in der Regel dreijährigen Noviziat erfolgt am Altar der Klosterkirche die Annahme des neuen Familiaren durch den Abt.

Bei ihrer Annahme verpflichten sich Konventuale und Familiare:
- Gott zu danken und um Führung durch den Tag zu bitten
- täglich ein Schriftwort zu bedenken
- sich mit seinen Gaben seiner heimatlichen Kirchengemeinde zur Verfügung zu stellen
- sich so häufig wie möglich im Kloster aufzuhalten

Diese Lebensregel wird ausgefüllt durch das Leben des zisterziensischen Charismas im Alltag: Suche nach Einfachheit, Authentizität und Ganzheitlichkeit in Glauben und Leben im Sinne der zisterziensischen Spiritualität mit dem Kreuz Christi im Zentrum. So versuchen wir miteinander in unserem Klosterleben auf Zeit das zisterziensische Ideal des Klosters als „Schule der Liebe" zu verwirklichen.

Gelebte Liturgie im Kloster und daheim

Den Kern des klösterlichen Lebens bilden die monatlichen Wochenendtagungen der Familiaritas, gegliedert durch das Stundengebet. Die vier *Horen Mette* (Matutin), *Sext* (Mittagshore), *Vesper* und *Komplet* werden im Chor der Klosterkirche gebetet und folgen mit gregorianischem Psalmengesang und liturgischen Gesängen der Ordnung der Stundengebete des Evangelischen Kirchengesangbuchs (EG 783 bis 786). Hierzu zieht die klösterliche Gemeinschaft nach einer Statio im Kreuzgang jeweils gemeinsam in die romanisch-gotische Klosterkirche ein. Dazwischen finden Bibelarbeiten und Vorträge zu einem Jahresthema sowie geistlicher Austausch ihren Platz. Im Rahmen jeder Wochenendtagung werden freitagabends die Beichtfeier und samstagmorgens die Feier des Herrenmahls gehalten. Von der Komplet bis zum Glockenzeichen nach der Mette am Morgen herrscht Silentium, ebenso während der Mittagsmahlzeiten, die von einer Lesung begleitet werden. Samstagabends wird ein Kapitel aus der Regel Benedikts vorgelesen. In der täglichen Andacht zuhause verbindet das „Amelungsborner Brevier" alle Glieder der klösterlichen Gemeinschaft.

Tobias Leutritz
Hans-Jörg Dietsche

VERBINDLICH IN WAHRHAFTIGKEIT

**Leiblichkeit ist das Ende
der Werke Gottes.**

Friedrich Christian Oetinger, 1702-1782

Versöhnte Verschiedenheit

Lebensgemeinschaft für die Einheit der Christen in Craheim – *1968

ANNEGRET BOSSEMEYER

"Annegret, lass Hurlach los und lass Jugend mit einer Mission los."
"Herr, das kann ich nicht, das ist doch mein Leben."
"Nein, Annegret, ich bin dein Leben!"

Ich sitze in einem bequemen Sessel in meinem gemütlichen Zimmer und schaue aus dem Fenster. Seit einigen Wochen lebe ich nun schon in der „Herberge", einem kleinen Seelsorgehaus unweit von Imst (Österreich), auf einer kleinen Anhöhe gelegen, etwas abseits von dem Ort Sautens. Immer noch ist es etwas unwirklich für mich, hier zu sein, und doch ist es ein Ort, an dem meine aufgeschreckte Seele zur Ruhe kommt und wieder Hoffnung schöpfen kann.

Aber was, so frage ich mich, haben diese Gedanken zu bedeuten? Gerade war ich auf dem Weg aus der kleinen Hauskapelle die Treppe nach oben in mein Zimmer gegangen, als ganz unerwartet dieser kleine Dialog in meinen Gedanken „passierte".

Natürlich hatte ich in den vergangenen Monaten mit Gott geredet. Verzweifelt genug war ich ja gewesen. Aus mir unerklärlichen Gründen steckte mein Leben in einer Sackgasse. Seit Jahren erlebte ich dieses Auf und Ab – nach einigen Schritten vorwärts landete ich regelmäßig in tiefen Gefühlen von Einsamkeit, innerer Leere und Verzweiflung, versank in Grübeleien und war motivationslos. Mein Leben konnte so nicht mehr weitergehen. Alles, was ich bis dahin versucht hatte, war erfolglos geblieben. Weder meine Versuche, in einem anderen Arbeitsbereich meinen Platz zu finden, noch seelsorgerliches Gespräch und Gebet hatten an meinem Zustand etwas geändert. Und dabei wollte ich doch von ganzem Herzen für Gott leben, mein Leben IHM ganz zur Verfügung stellen. Dieser tiefe Wunsch hatte mich ja neun Jahre vorher dazu bewogen, meinen Beruf als Krankenschwester zu kündigen und „vollzeitlich" als Missionarin bei „Jugend mit einer Mission" (internationales, interkonfessionelles Missionswerk) einzusteigen. ...

Und jetzt das: „Annegret, lass Hurlach los und lass Jugend mit einer Mission los!" Mir ist augenblicklich klar, dass in diesem Satz Gott sehr deutlich zu mir redet, aber ich reagiere spontan abwehrend: „Nein, das kann ich nicht. Das ist doch mein Leben!" Ich bin von meiner eigenen Reaktion überrascht. Es war mir nicht klar gewesen, dass ich das so mit mir und Jugend mit einer Mission empfunden hatte. Doch während ich noch über mein „Nein" nachdenke, erreicht der letzte Satz dieses kurzen Dialoges mein Inneres. „Annegret, ICH bin dein Leben!" Erst ganz allmählich trifft mich die Wucht dieser freundlich-liebevollen Korrektur. Ich habe mir ja sehr gewünscht, dass Gott mir zeigt, wie ich mein Leben endlich in den Griff und damit auf die Reihe bekomme, was es mit meiner Berufung auf sich hat. Aber wie mir das jetzt in meiner akuten Krise weiterhelfen soll, ist mir überhaupt nicht klar ...

Ich sitze auf dem Sofa in meinem Wohnzimmer in Craheim und genieße den Blick aus dem Fenster in die wunderschöne weitläufige, mit Hügeln durchsetzte Landschaft Unterfrankens, die in herbstlicher Farbenpracht erstrahlt. Seit fast achtzehn Jahren lebe und arbeite ich an diesem Ort. Ich bin Glied der „Lebensgemeinschaft für die Einheit der Christen", die seit 1978 die Tagungsarbeit in der Begegnungsstätte Schloss Craheim verantwortet. Vieles ist in den vergangenen Jahren geschehen. Mein Leben hat sich sehr verändert. Ich konnte meinen Platz und meine Berufung finden. Mein Wunsch, von ganzem Herzen für Gott zu leben und IHM mein Leben ganz zur Verfügung zu stellen, ist geblieben.

Ende Januar 1998 wechselte ich meinen Arbeitsplatz und zog von Schloss Hurlach, einem alten Fuggerschloss aus dem 16. Jahrhundert, nahe Augsburg, nach Schloss Craheim in Unterfranken, dem jüngsten Schloss Bayerns aus dem 20. Jahrhundert. Etwa sieben Monate zuvor war ich zum ersten Mal zum Kennenlernen der Lebensgemeinschaft persönlich in Craheim gewesen. Und ab da hatte alles seinen Lauf genommen: Probearbeiten im Büro – Telefonate – Absprachen – persönliches Vorstellen in der Lebensgemeinschaft – Zugfahrten hin und her – eine letzte Seelsorgewoche in der

„Herberge" – Zusage der Craheimer: Du darfst kommen! – Kisten packen – tränenreiche Abschiedsfeier in Hurlach ... Ein neuer Lebensabschnitt begann und damit auch das Einwurzeln in eine neue Gemeinschaft.

„Hast du nicht Lust, mal eine Andacht zu halten?"

Das, was ich vorher so allgemein gehört hatte über die Gestaltung des gemeinsamen geistlichen Lebens, wurde jetzt sehr konkret.

Die morgendlichen Andachten, zu denen sich die Gemeinschaft von Dienstag bis Freitag morgens um 8 Uhr für eine halbe Stunde in der Schlosskapelle trifft, werden von verschiedenen Personen aus der Gemeinschaft gestaltet. Im Laufe der Jahre haben wir viel miteinander experimentiert. Momentan feiern wir sowohl eine liturgische Andacht nach orthodoxer Tradition, treffen uns in Kleingruppen zu einem Bibelgespräch und feiern eine Lobpreisandacht mit neuen Liedern und anschließender Fürbittezeit. Wenn wir Gastgruppen im Haus haben, werden häufig von den Seminarmitarbeitern thematische Andachten gehalten, und manchmal gibt's dann auch den „Prayer walk" – einen Gebetsspaziergang, d. h. mit einem Bibelwort in der Natur spazieren und es im wahrsten Sinne des Wortes „bewegen".

„Segne Israel, Jeschua!"

Auf dem festlich gedeckten Abendbrottisch wird gerade die Menorah, der siebenarmige Leuchter, entzündet, und wir singen und beten um Gottes guten Segen für Israel, das Land, die Menschen, das Volk des ersten Bundes, unsere messianischen Geschwister.

Einmal in der Woche treffen wir uns zu unserem Gemeinschaftsabend; wir beginnen um 18 Uhr mit der Feier des Abendmahls, singen, beten und hören auf den Bibeltext, über den am darauffolgenden Sonntag gepredigt wird. Nach einer Zeit der Stille tauschen wir uns über den Text aus. Das erleben wir immer wieder als große Bereicherung und haben schon so manche Schätze, die in den Texten stecken, gehoben. Im Anschluss daran essen wir und genießen die Tischgemeinschaft. Seit einigen Jahren formulieren wir für uns ein Jahresthema. Im zweiten Teil des Abends beschäftigen wir uns inhaltlich damit.

„Christus in uns – Quelle des Lebens": so lautet unser Jahresthema für 2015. „Sein Wort lieben – Sein Mahl feiern – Seinem Volk begegnen – Seine Heilung empfangen". Wir haben uns inhaltlich an diesen vier Unterthemen „entlang gehangelt". So war es z. B. möglich, dass wir unter dem Stichwort „Sein Mahl feiern" an einem Abend den katholischen Priester unserer Gemeinde bei uns zu Gast hatten. Er hat uns auf eindrückliche Weise das katholische Eucharistieverständnis nahe gebracht.

Was bedeutet es eigentlich, das Wort Gottes zu lieben? Und wie drückt sich das ganz praktisch aus? Für diese und ähnliche Fragen haben wir uns in unserer Frühjahrsklausur intensiv Zeit genommen. Denn zweimal jährlich geht die Gemeinschaft für ein bis zwei Tage in „Klausur". Praktisch bedeutet das, die Arbeit einmal ruhen zu lassen, Zeit zu haben für- und miteinander, Ungeklärtes zu klären und einander zu genießen. In den letzten Jahren haben wir die Erfahrung gemacht, dass es uns sehr gut tut, eine dieser Klausuren „außer Haus" zu verbringen. Wir sind dankbar, dass wir auf diese Weise Geschwister von anderen Werken und Gemeinschaften kennenlernen konnten. Besonders bereichernd ist für uns, dass wir dann immer auch an ihren Gebetszeiten teilnehmen können.

„Gibt es am Sonntag einen Gottesdienst?"

Ich schaue von dem vor mir liegenden Übersichtsplan auf. Wir sitzen mit achtzehn Personen im Kreis, vom Rand her ertönt ein leichtes Quietschen und vor mir krabbelt eines unserer kleinen Kinder und zeigt mir, was es gerade auf der Erde gefunden hat. Wochenbesprechung. Die empfinde ich so ähnlich wie ein „Nervenzentrum", denn hier läuft unheimlich viel zusammen. Von Mittwoch bis Mittwoch steht auf dem Plan – unglaublich, was da so los ist. Welche Seminare und Gastgruppen haben wir am kommenden Wochenende im Haus? Welche sonstigen Termine gibt es? Findet die Andacht wieder in der Kapelle im Franziskushof statt oder sind wir doch im Schloss? Wer ist wann und wo außerhalb unterwegs? Wer sucht eine Mitfahrgelegenheit? Gibt es Grüße auszurichten? Was war am vergangenen Wochenende? Welche Seminare haben stattgefunden? Was ist gut gelaufen, wo war's schwierig? Was haben wir erlebt? Immer wieder hören wir hier auch, wie Gott Menschen in und durch unsere Seminare angesprochen hat, wie Heilung geschehen ist, welche großen und kleinen Wunder uns im Alltag widerfahren.

Apropos Gottesdienst, ja, es findet an diesem Sonntag ein Gottesdienst im Haus statt. Und damit kommen wir zu einem weiteren Höhepunkt der Woche. Viele, viele Gottesdienste haben wir in diesen Jahren miteinander gefeiert, mal im kleinen Kreis als Gemeinschaft ganz unter uns, mal mit unseren Gästen in der Schlosskapelle, mal im ganz großen Kreis in unserer Kuppelhalle in der Silvesternacht, mal in Form einer Prozession auf unserem wunderschönen Schlossgelände, mal als Gottesdienst unterwegs für Groß und Klein vorbei an Feldern und Wiesen. Ich empfinde unser gottesdienstliches Leben als reich und vielfältig.

„Betet ohne Unterlass!"

Es ist 11 Uhr und gerade treffen die Letzten in der Schlosskapelle ein. Bis um 12 Uhr werden wir hier zusammen sein, miteinander singen, beten, schweigen, auf Gott hören... und das die ganze Woche hindurch. Vier- bis fünfmal jährlich verabreden wir uns als Gemeinschaft zu einer solchen Gebetswoche. Jede dieser Stunden gestaltet sich anders – wir erleben aber, wie sie mehr und mehr unser geistliches Fundament stärkt, wir tiefer in Gott verwurzelt werden und Ermahnung, Trost, Zuspruch und Weisung für unseren Weg bekommen. Das Besondere: alle Worte, Bilder und Eindrücke, die wir bekommen, werden aufgeschrieben. An einem der folgenden Gemeinschaftsabende schauen wir die Aufzeichnungen miteinander an, um den roten Faden des Gehörten herauszufinden. Inzwischen haben wir einen ganzen „Ordner" voller Aufzeichnungen. Er ist eine sehr lohnende Quelle der Ermutigung und Wegweisung, gerade auch für schwierige Zeiten.

Betet ohne Unterlass – das wurde noch einmal aktuell für uns, als wir vor etwa zwei Jahren den Impuls hatten, ein „Gebetshaus" in Craheim zu starten. Seither treffen wir uns zunächst in einem kleinen Team, um zu hören, was Gott mit uns vorhat. Daraus sind im Jahr 2015 erste Gebetsabende für die Region entstanden.

Einwurzeln in eine neue Gemeinschaft

– das bedeutet mehr, als nur an den Treffen teilzunehmen. Es bedeutet auch, sich mit hinein nehmen zu lassen in eine größere Geschichte, die schon viele Jahre vor meinem Kommen begonnen hatte. Und ich brachte natürlich auch meine eigene Lebensgeschichte mit, meine Erfahrungen, Vorstellungen, Prägungen – und die krachten auf die Lebensgeschichten, Erfahrungen, Vorstellungen und Prägungen der anderen.

In den gut vier Monaten, die ich in der „Herberge" in Österreich gelebt hatte, begann Gott mit mir zu den Wurzeln meiner Geschichte (meiner Lebensgeschichte und meiner geistlichen Geschichte) zurückzugehen. Durch seelsorgerliche Begleitung begann ich zu verstehen, wie es zu meiner Krise gekommen war und wie sie mit meiner Lebensgeschichte in Verbindung stand. So manches Buch von gläubigen Katholiken gab mir ein Verständnis von Gottes heilsamem Wirken in der Geschichte seiner Kirche. Ich wurde mir meiner protestantischen Überheblichkeit bewusst. Der Glaube hatte nicht erst mit Luther begonnen, das begriff ich nun und begann, die Schätze der großen und kleinen Heiligen für mich zu heben. Mein Weg führte mich dann für einige Monate in die charismatische Gemeinschaft in Kloster Maihingen, und auch hier wurden mir Monate geschenkt, die mir ein tieferes Verständnis meiner Lebensgeschichte gaben und mich vorbereiteten für den nächsten Schritt.

Angefüllt mit diesen Erfahrungen traf ich in Craheim ein und versuchte, meinen Platz zu finden. Ich hörte von den Geschichten aus der Zeit der Gründung des „Lebenszentrums für die Einheit der Christen", den Menschen, ihren Plänen und Visionen. In diesen Erzählungen war das Wehen des Heiligen Geistes zu spüren, die Kraft des Aufbruchs und eine tiefe Liebe zwischen den sich annähernden Konfessionen. Das spornte mich an, warf aber auch die Frage in mir auf, welche Bedeutung das für uns, gut 30 Jahre später, noch hatte, waren doch die Gräben zwischen den Konfessionen nicht mehr so tief ...

„Das habe ich mir anders vorgestellt."

– so würde ich meine Landung in der Lebensgemeinschaft überschreiben.

In Einheit leben – sollte es da nicht weniger Konflikte geben? Versöhnte Verschiedenheit – wo bleibt da das Verständnis für die Andersartigkeit des anderen? Der eine Leib Jesu – sollte es da nicht mehr Aufgeschlossenheit für noch unbekannte und ungewohnte Ausdrucksformen persönlicher Frömmigkeit geben?

Immer wieder reden wir über diese und weitere Fragen, die zu unserer Gründungsgeschichte gehören. Je länger je mehr werde ich erfasst von dem hohepriesterlichen Gebet Jesu: „Aber nicht für diese allein bitte ich, sondern auch für die, welche durch ihr Wort an mich glauben, damit sie alle eins seien, wie du, Vater, in mir und ich in dir, dass auch sie in uns eins seien, damit die Welt glaube, dass du mich gesandt hast. Und die Herrlichkeit, die du mir gegeben hast, habe ich ihnen gegeben, dass sie eins seien, wie wir eins sind – ich in ihnen und du in mir – dass sie in eins vollendet seien, damit die Welt erkenne, dass du mich gesandt und sie geliebt hast, wie du mich geliebt hast." (Joh 17, 20-23, rev. Elberfelder Übersetzung)

Und je tiefer ich eintauche in dieses Leben, desto enttäuschter werde ich. Ich werde meine Täuschungen endlich los – die ganz persönlichen über mich und mein Leben, aber auch die über die Craheim-Saga und darüber, was es heißt, in Gemeinschaft zu leben. Das ist sehr befreiend. Denn nur, wenn auch das Schwierige und Dunkle, das, was ich lieber verschweige und verdränge, seinen Raum bekommt, entsteht ein Ganzes, ein vollständiges Bild. Dann erkennen wir mehr und mehr, wie groß Gottes Barmherzigkeit, Liebe, Langmut und Geduld mit uns ist. Darauf kommt es an, das ist das tragfähige Fundament für unser Leben.

„Das habe ich mir aber anders vorgestellt!" – Ich weiß nicht, wie oft ich diesen Satz so und ähnlich von Menschen gehört habe, die ich in den vergangenen Jahren seelsorglich und therapeutisch begleitet habe. Wie gut kann ich das verstehen! Es ist ja wirklich nicht einfach, den Blick in den Spiegel zu riskieren und sich schonungslos der eigenen Lebensgeschichte, dem eigenen Geworden-Sein zu stellen. Nicht wenige erfahren das als zutiefst beängstigend. Schaue ich zurück, dann bin ich Gott sehr dankbar, wie er mich durch meine Krise geführt hat. Der ehrliche Blick in den Spiegel hat wesentlich dazu beigetragen. Gerade die Tiefen haben mich gelehrt, die Wahrheit über mich, so schmerzhaft oder hässlich sie ist, in die liebevolle und heilsame Gegenwart Gottes zu halten. Denn nur so geschieht Heilung und Erneuerung, nur so werden wir die Liebe und Barmherzigkeit Gottes in der Tiefe spüren können. Auf diesem Weg wird unser Glaube gestärkt. Und so lernen wir, in und als Gemeinschaft, in allem auf Christus hinzuwachsen. So werden wir mehr und mehr verändert in Sein Bild.

Gemeinschaft – das Geschenk der Einheit

„Leben in Gemeinschaft – das bedeutet geballte Erbsünde und geballte Gnade." Diese Worte von Jean Vanier, dem Gründer der Arche-Gemeinschaft, entfalten mir ihre Wirklichkeit immer mehr. Es stimmt: im Zusammenleben offenbaren sich unsere Vorurteile und Einstellungen ganz schonungslos, und wir können vor unserem Verhaftet-Sein in der Sünde nicht die Augen verschließen. Aber es stimmt auch, dass im Zusammenleben die ganze Schönheit, Vielfalt, Freundlichkeit und Liebesfähigkeit unseres Menschseins zum Ausdruck kommt.

Als Jesus das Abendmahl am jüdischen Pessachfest stiftete, wusste er, dass es die einzige Antwort auf die „geballte Erbsünde" der ganzen Menschheit sein würde. Und er wusste auch, dass sein darauf folgendes Leiden, Sterben und Auferstehen die größte Offenbarung der „geballten Gnade" Gottes für diese Welt ist. Als Jesusgläubige gehören wir schon zu dieser „Einheit des Leibes Jesu". Nicht ich oder wir stiften sie; sie ist schon da und wir treten hinein. Damit werden alle konfessionellen, kulturellen und sonstigen Grenzen zweitrangig, denn so wie ich Jesus im Abendmahl begegne, begegne ich auch meinem Bruder und meiner Schwester. Wie Jesus in mir lebt, lebt er in jedem anderen Jesusgläubigen auch, und damit gehöre ich mit ihm zu demselben Leib. Das gilt für meine Geschwister hier auf dem Craheimer Hügel wie auch für alle anderen, die Bekannten und Unbekannten auf der ganzen Welt, und die Bekannten und Unbekannten der Geschichte.

Annegret Bossemeyer

Unterwegs und ganz daheim

Kommunität Imshausen – *1955

Br. Georg

W er sind wir denn?

eine kleine Schar,
Männer und Frauen,
jüngere, ältere und alte
geordnet
kein Orden
eine Familie eher
doch nicht vertraut-familiär
immer wieder gesammelt in Stille, Gebet
und offen zugleich, weit offen

ortsfest im hessischen Dorf
mit Freunden weltweit
ein Gasthaus für viele
selber auf dem Weg
Pilger, Pilgerinnen – ganz konkret
Pilger auch sonst, „sesshafte Sucher"
das Ziel im Auge
ohne Regel in der Hand
engagiert, verbindlich
und dabei frei

beständig
im Wandel
unter dem Anruf vom Anfang
dem Anruf je neu
durch Ereignisse, Menschen, die „Zeichen der Zeit"
horchen, gehorchen wir?
antworten auf Sein Wort?
mit unseren Gaben
und dem, was wir nicht haben
bereit, was hindert, zu lassen
und zu bleiben an dem Einen
durch Höhen und Tiefen
Wachsen und Abnehmen?
so ein Wandel
wie soll das gehen?
unmöglich – und doch!
immer wieder am Ende

dürfen wir alles von Gott erwarten
und empfangen täglich neu
wie sollten wir Ihm nicht danken?!

Mit diesem Text, von einer Schwester und einem Bruder im Wechsel gesprochen, haben wir uns einmal bei einem Kommunitätentreffen vorgestellt. Und wenn ich ihn jetzt wieder lese, kann ich freudig zustimmend sagen: ja, darin drückt sich viel von unserem Leben aus, von dem Weg, den wir geführt worden sind und den wir – offen für die Führung Gottes – gerne weiter gehen möchten.

„Anhänger des (neuen) Weges", so werden die Christen in der Apostelgeschichte genannt, und wenn es auch zutreffen mag, dass „der Weg" hier die christliche Lehre bezeichnet (so die Anmerkung in der Einheitsübersetzung), ist es doch kein Zufall, dass gerade dieses Bild dafür gewählt wird. Es geht um eine konkrete Lebenspraxis in der Nachfolge dessen, der selber als Pilger auf unserer Erde gewandert ist und uns nun weiter vorangeht (vgl. Mk. 16,7 Mt. 28,7.10). Ja, er ist uns immer voraus und lockt uns zu neuen, österlichen Erfahrungen.

Ständige Grenzüberschreitung

Das Wegmotiv spielt in allen vier Evangelien eine Rolle, ganz besonders aber bei Lukas. Jesus wird nach seinem Bericht unterwegs geboren, so wie viele in den Flüchtlingsströmen unserer Tage. Als Erwachsenen sehen wir ihn dann predigend und heilend durch Galiläa ziehen – „von Stadt zu Stadt und von Dorf zu Dorf" (Lk 8,1) – bis zu der Wende, wo er sich entschließt, nach Jerusalem zu gehen. Jesus weiß es als Bestimmung: „Ich muss heute und morgen und am kommenden Tag wandern" (Lk 13,13). Und er ruft Männer und Frauen, ihm auf seinem Weg zu folgen, wo es keine feste Bleibe gibt (vgl. Lk 9,58). Und dann, als sein Weg mit der Kreuzigung endgültig zu Ende scheint und seine Jünger nur noch resigniert zurückschauen können, begegnet er ihnen neu – als Wanderer, der mit ihnen unterwegs ist (Lk 24,13ff). Nur Lukas erzählt diese wunderbare Weggeschichte und führt dann am Ende seines Evangeliums fast nahtlos über zu seinem zweiten Werk, wo es, von Jerusalem ausgehend, um den Weg „bis an die Grenzen der Erde" geht. – Am Ende des Matthäusevangeliums lautet der Auftrag des Auferstandenen so: „Darum geht hin und nehmt alle Völker in eure Gemeinschaft auf" (Mt 28,19 nach Jörg Zink).

Was bedeutet das anderes als eine ständige Grenzüberschreitung?! Und das nicht nur in einem äußeren Sinn, sondern im Öffnen und Ausweiten der eigenen Gemeinschaft. „Ausweiten" – dieses Wort steht am Ende eines Satzes, den Frère Roger, schon müde und schwach, am Tag seines Todes einem Bruder diktiert hat. Es ist nun zum Vermächtnis geworden, und Frère Alois, sein Nachfolger, fragt sich: „Was verstand Frère Roger darunter? Wahrscheinlich wollte er sagen: Alles tun, damit jeder einzelne leichter die Liebe wahrnehmen kann, die Gott ausnahmslos jedem Menschen, allen Völkern entgegenbringt. Er wollte, dass unsere kleine Gemeinschaft durch ihr Leben dieses Geheimnis in schlichtem Vertrauen zusammen mit anderen Menschen ins Licht rückt."[1]

Zusammenwachsen der Menschheitsfamilie

Ohne dass die Verbindung direkt hergestellt wird: geht es hier nicht genau um den Auftrag, den der Auferstandene seinen Jüngern gibt?! Wir in Imshausen gehen nicht hinaus in die Welt, sondern leben weiter „ortsfest im hessischen Dorf" wie in unserer ganzen Geschichte. Und doch: im Dienst der Gastfreundschaft sind auch wir immer wieder gefragt, über die eigenen Grenzen zu gehen, uns ausweiten zu lassen und zu öffnen für andere, uns vielleicht fremde Menschen, und damit etwas beizutragen zum Zusammenwachsen der Menschheitsfamilie in ihrer ganzen bunten Verschiedenheit. Zielt darauf nicht letztlich die Intention Gottes?! Und wie schön ist es, wenn wir ihre Verwirklichung manchmal schon anfangshaft erfahren! Anfangshaft, denn es ist klar, dass sie nur in einem längeren Prozess geschehen kann, in einer Öffnung zur je „nächst größeren Gemeinschaft", wie Frau Vera v. Trott es gerne ausdrückte, die unsere Gemeinschaft begonnen hat.

„Wegbereiterin" nennen wir sie, und sie ist es gewiss zuerst in dem Sinn, dass sie selber den Weg gegangen ist ohne festes Programm, sondern „unter dem Anruf vom Anfang, dem Anruf je neu". Er ergeht durch „Ereignisse, Menschen und die Zeichen der Zeit", und wir sind gefragt, ob wir ihn heute vernehmen und beantworten – so z. B., wenn es um die Aufnahme von Flüchtlingen geht oder um einen auch uns möglichen Beitrag zum Klimaschutz. Der lebendige Gott selber fragt uns da an, und wenn wir uns darauf einlassen, bedeutet es immer auch, Veränderung zuzulassen. Manchmal ein schwieriger, schmerzlicher Prozess, aber ein Prozess voller Verheißung.

Dabei geht es nicht nur um äußere Veränderungen, sondern im Grunde um eine persönliche Umgestaltung entsprechend dem Wort des Apostels Paulus: „Gleicht euch nicht dieser Welt an, sondern wandelt euch und erneuert euer Denken" (Röm 12,2). Mir ist in dem Zusammenhang wichtig geworden, worauf unser Bruder Hans einmal hingewiesen hat: dass die Wendung im griechischen Urtext eigentlich mit „lasst euch umgestalten" zu übersetzen ist.

Schön, dass mein Plan durchkreuzt wird!

Mit meinem eigenen Bemühen würde ich kläglich scheitern. Aber hier ist ein anderer am Werk, und ich kann mich seinem verwandelnden Wirken öffnen. Der kommunitäre Alltag bietet viele Gelegenheiten dazu mit seinen kleinen und manchmal auch großen Überraschungen, seinen Spannungen und Störungen. Wie oft passiert es, dass der schön zurecht gelegte Plan für den Tag durchkreuzt wird.

So bin ich schon mehrmals in die Stadt gefahren und wegen der verschiedenen Wünsche von Schwestern und Brüdern gar nicht zu dem gekommen, was ich dort für mich eigentlich erledigen wollte. Nur ein kleines Beispiel, aber sind es nicht oft gerade die kleinen Dinge, durch die etwas konkret wird?!

---

[1] Jean-Claude Escaffit, Moïz Rasiwala : *Die Geschichte von Taizé.* Freiburg 2009, S.221

„Beständig im Wandel" – wirklich? Ist es nicht etwas zu kühn, wenn wir das von uns aussagen? Wir kennen doch nur zu gut die tief sitzende Beharrungstendenz, das Festhalten an Vertrautem, Gewohntem, manchmal noch mit frommen Argumenten verteidigt. Da trifft für uns zu, was Papst Franziskus in einer Rede gesagt hat: „Der Heilige Geist ist eine Belästigung für uns. Er bewegt uns, er lässt uns unterwegs sein, er drängt die Kirche weiterzugehen. Aber wir sind wie Petrus bei der Verklärung: ‚Ah, wie schön ist es doch, gemeinsam hier zu sein'… Es ist dieses ‚Vorwärtsgehen', das für uns so anstrengend ist. Die Bequemlichkeit gefällt uns viel besser."[2] Ja, die Bequemlichkeit ist angenehmer, aber tiefer noch möchten wir nicht sitzen bleiben, sondern uns vom Heiligen Geist bewegen lassen, weiterzugehen – nach vorne. Und das heißt doch: Ihm entgegen, Ihm, der selber auf uns zukommt, nicht erst am Ende der Tage, sondern in jedem Heute, wie es auch sein mag… Madeleine Delbrel sagt es uns so: „… und wisst, dass Gott unterwegs zu finden ist und nicht erst am Ziel."[3]

Br. Georg

---

[2] *hier zitiert nach Martin Werlen: Heute im Blick. Freiburg i.Br. 2015, S.42*
[3] *Madeleine Delbrel: Gebet in einem weltlichen Leben. Einsiedeln 1974, S.32*
[*] *Porträtfoto © Nicolaus Raßloff*

Konfrontation mit dem Schutzengel

Offensive Junger Christen – OJC e.V. *1968

Hanna Epting

Kürzlich saß ich in entspannter Feierrunde im Kreis einiger Studenten. Es war die Hochzeit meines zweitjüngsten Bruders. Das Ambiente war geschmackvoll alternativ, die Gäste witzig und intelligent, der Smalltalk charmant und heiter. „Und, was geht bei Euch so? Ihr lebt doch in so 'ner Gemeinschaft mit?" Die Frage ging an mich, und ich entschied mich für den unverblümten Weg: „Ja, genau. Wir sind jetzt seit sechs Jahren bei der Offensive Junger Christen in Reichelsheim. Und wir werden im Oktober in diese Gemeinschaft eintreten. Verbindlich und lebenslänglich." Das traf. Nach der ersten Schockstarre kam ein verhaltenes „wow" und „krass".

Inzwischen ist es wahr geworden. Mein Mann Gerd und ich haben die Fragen, die uns in das verbindliche Leben im Kreis der Gemeinschaft eingeladen haben, mit „Ja, ich will, und Gott helfe mir" beantwortet. Wir wurden herzlich aufgenommen in den Kreis der Gefährten und mit einem rauschenden Fest willkommen geheißen. Noch ist der neue Ring, den wir am Finger tragen, ungewohnt, aber wir tragen ihn mit Freude und Stolz. Aber wir sind uns auch durchaus bewusst, dass das tatsächlich ganz schön „krass" ist, auf was wir uns da eingelassen haben.

Auch bevor wir in die Gemeinschaft kamen, war unser Leben nicht sehr gewöhnlich gewesen. Als blutjunges Ehepaar hatten wir uns in das windige und weite Patagonien rufen lassen um dort, im Süden Argentiniens, den Aufbau einer Arbeit unter Alkoholikern zu unterstützen. Horizonterweiterungen und Grenzerfahrungen waren unsere täglichen Begleiter. Drei wunderbare Kinder sind uns dort geschenkt worden. Insgesamt fast acht Jahre Leben in dieser ganz anderen Welt oder zwischen den Kontinenten lagen hinter uns, als die Frage laut wurde: Wie geht es weiter bei uns? Wofür schlägt unser Herz, wohin zieht uns unsere Sehnsucht?

Für uns unmissverständlich und überwältigend klar bekamen wir die Antwort: Es geht zur OJC nach Reichelsheim. In eine ökumenische Lebensgemeinschaft, entstanden in den bewegten 68ern, die ihren Auftrag darin sieht, insbesondere jungen Menschen in Jesus Christus Heimat, Freundschaft und Richtung zu geben, und deren Stärke das Miteinander von gemeinsamem Leben, geistig-geistlicher Reflexion und gesellschaftlichem Engagement ist.

Der Aufprall ließ nicht lange auf sich warten

Das gemeinschaftliche Leben hatte uns schon seit vielen Jahren gelockt und wir hatten einzeln und miteinander verschiedene Gemeinschaftserfahrungen gesammelt. Jetzt knüpfte Gott an diese alte Sehnsucht an.

Nach den kräftezehrenden Pionier-Jahren in der Suchtarbeit kamen wir mit einem großen Bedürfnis nach Zugehörigkeit, nach Heimat und Gemeinschaft bei der OJC an. Wir freuten uns auf geistlichen Input und geistiges Futter. Noch nie hatten wir als 5-köpfige Familie richtig in Deutschland gelebt. Und wir hatten die riesige Gewissheit im Gepäck, dass Gott uns an genau diesen Platz gerufen hatte. Freudig und herzlich wurden wir empfangen und aufgenommen und genauso freudig gaben wir uns sofort in den neuen Lebens-Rhythmus hinein: Mittagsgebet, Austausch, Abendmahl, Lebensgruppenabend, Kommunitätstage und -wochen waren einige der regelmäßigen Termine auf unserer Agenda. Dazu kamen etliche Essensgäste und Einladungen an andere Tische. Der neue und gut gefüllte Alltag wurde außerdem ständig ergänzt durch zahlreiche Besonderheiten und besondere Ausnahmen. Ob zu Festzeiten, Tagungen, Gottesdiensten oder einfach zwischendurch gab und gibt es hier viele Gäste aus aller Welt, Besucher von nah und fern, die Begegnung und Gemeinschaft suchen.

Der Aufprall ließ nicht lange auf sich warten. Das dichte Gemeinschaftsleben mit den unterschiedlichen Menschen, die mich umgaben, verursacht heftige emotionale Turbulenzen und rüttelt unsanft an meiner freundlichen „ich-bin-kompetent-und-hab's-im-Griff" Fassade. Ein altes Bonhoeffer-Wort kam mir in den Sinn: „Wer seinen Traum von einer christlichen Gemeinschaft mehr liebt als die christliche Gemeinschaft selbst, der wird zum Zerstörer jeder christlichen Gemeinschaft, ob er es persönlich noch so ehrlich, noch so ernsthaft und hingebend meint."

Spielwiese innerer Konflikte

Altbekannte Themen tauchten aus der Versenkung auf: Vergleichen, Neid, die Angst, zu kurz zu kommen, und immer wieder die Frage nach meinem Raum und meinen Grenzen. Gespiegelt wurde das oft an meinen Ängsten um die Kinder und der großen Sorge, ob sie ihren Raum finden und bekommen. Dabei war unser gemeinsamer Garten, in dem sich neben Kater, Hund und Kaninchen insgesamt acht Erwachsene, acht Kinder, deren Freunde und mit ihnen unsere unterschiedlichen Erziehungsstile tummelten, so etwas wie die Spielwiese meiner inneren Konflikte.

„Der Nächste steht uns in Wahrheit nicht im Wege, sondern er steht am Rand des Abgrunds, als Schutzengel, der uns hindert, aus den Realitäten hinaus in die Illusion zu treiben." – Dieser Satz von Paul Schütz war hier irgendwie allgegenwärtig. Wie gern hätte ich so manchem „Schutzengel" ab und an gern einen kleinen Tritt verpasst, damit er mir nicht so im Weg rumsteht. Die Unausweichlichkeit der Konfrontation mit mir selbst und meinen „Schutzengeln" empfand ich als unglaublich mühsam.

Bei der Mentorin, die mir zur Seite gestellt war, hatte ich einen Platz des Gehört- und Verstandenseins. Das war überlebenswichtig für mich in den ersten Jahren. Ich übte zaghaft, mich zuzumuten mit allem, was ich mitbringe – auch und gerade mit den nicht so gefälligen Seiten und streitenden Kindern. Ich durchlitt die ersten Konflikte und wagte vorsichtig, mich verletzlich zu machen. Gleichzeitig versuchte ich, meine eigenen Grenzen klarer wahrzunehmen und sie vor allem auch wahr sein zu lassen.

Dabei ist mir unser wöchentlicher Abendmahlsgottesdienst ein wertvoller Alltagsbegleiter geworden. Ich liebe es, Freitagmorgens still den Schlossberg hochzulaufen und all die Dinge und Menschen im Herzen mitzubringen, die mich beschäftigen und beschweren, und sie zu Ihm zu tragen. Schuld und Verletzung einzutauschen gegen Vergebung und Seinen Frieden. Das ist tatsächlich das, was uns im Tiefsten zusammenhält. Und wenn wir uns einander diesen Frieden weitergeben, ist das viel mehr als ein frommer Gruß. Woche für Woche erlebe ich es als spürbar gelebte Versöhnung. „Im Abendmahl empfangen wir, was wir sind: Leib Christi ; und werden, was wir empfangen: Leib Christi." (Augustinus) Dass dies nicht nur ein schönes Nebenprodukt, sondern Teil unseres gemeinschaftlichen Auftrags ist, empfinde ich als einen großen Schatz des gemeinsamen Lebens.

Frauenaustausch

Auch unser wöchentlicher Austausch ist so ein Herzstück unseres Miteinanders. Dienstagmorgens tauschen wir Frauen aus unserer Lebensgruppe aus. Lebensgruppen sind die kleinen Gemeinschaftszellen in Hauskreisgröße, in die wir uns aufgeteilt haben, um einander im großen Gemeinschaftsgetümmel besser im Blick zu haben. Wir sind sieben Frauen, die in direkter Nachbarschaft leben. „Frauenaustausch" nennt man das dann. Ein französischer Freund von uns hat uns anfangs leicht irritiert darauf angesprochen: Er kenne nur Frauentausch und Schüleraustausch, aber was wir denn bitte bei einem „Frauenaustausch" machen.

Auch wenn wir nur ganz harmlos beieinander sitzen, kann das anfangs schon befremdlich sein, wenn man frühmorgens sein Innerstes mit einem Grüppchen Menschen teilt, die nicht mal eine Reaktion zeigen. Es gehört nämlich zu den „Austauschregeln", das Gesagte nicht zu kommentieren. Für intuitive Anpassungskünstler wie mich, war das eine echte Lernzone. Wie finden die das, was ich sage? Haben sie's überhaupt verstanden? Müsste ich mich nicht noch mehr erklären? Ich meinerseits verstand oft nicht die Hälfte von dem, was die anderen sagten.

Inzwischen möchte ich diesen vertrauten Raum längst nicht mehr missen. Wo sonst habe ich Gelegenheit, so dicht Anteil zu nehmen am Leben und der Jesus-Beziehung der anderen? Und was für ein schöner Übungsraum, zu meiner Stimme zu finden, das stehen zu lassen, was gesagt ist, ohne es zu bewerten, zu korrigieren oder zu beschönigen. Und dabei freier zu werden von der Reaktion und dem Verständnis der anderen. Der Satz aus dem Assoziiertenkurs, in dem wir die Frage einer Berufung auf Lebenszeit prüfen: „Erst wenn wir uns und die anderen als Licht und Finsternis annehmen, ist Gemeinschaft möglich", war so etwas wie meine Grundlektion im Gemeinschaftsleben. Und zum Glück darf ich ja noch weiterüben...

Unberechenbarer aber liebenswerter Haufe

Als Familie in Gemeinschaft leben heißt auch, die kleine Familiengemeinschaft und die große Gemeinschaft im Blick zu haben. Manchmal berühren sie sich und befruchten sich gegenseitig, wie bei unseren schönen und bunten Gottesdiensten oder Festen. Manchmal fühlen sie sich auch wie zwei völlig unterschiedliche Planeten an. Eine typische Planetenkollision sieht ungefähr so aus: Auf dem Familienplanet tobt der Bär, die Kinder haben ihr Engelwesen kurzzeitig an den Nagel gehängt, kommen geladen von der Schule, und einzelne müssen emotional aufgebaut werden. Die Kartoffeln wollen nicht weich werden, weil die Mutter des Hauses zu spät aus irgendeiner Teamsitzung nach Hause kam und der Boden klebt. Da öffnet sich die unverschlossene Glastür und der Gemeinschaftsplanet tritt ein in Form von lieben Nachbarn, die das Auto, ein Ei oder eine Auskunft brauchen und von FSJ-lern, die zum Mittagessen angemeldet sind. Und Piratenkater Mio legt vom Katzenplaneten noch eine tote Maus dazu. Der Vollständigkeit halber.

Ja, dann... müssen wir uns daran erinnern, dass es das ungeschönte, echte Leben ist, das wir teilen und dass Jesus hier wie dort mittendrin ist. Und wir erinnern uns daran, dass unsere Kinder nicht einfach auch noch „hineinpassen" müssen in unseren dynamischen Alltag, sondern, dass sie geschützte Räume und Prioritäten-Plätze brauchen und einfordern dürfen. Und dass wir gefragt sind, darin beweglich und hörend zu bleiben. Denn morgen kann alles schon wieder ganz anders sein.

Wir haben uns auf Lebenszeit mit einem ziemlich unberechenbaren, teilweise chaotischen, höchst heterogenen aber auch äußerst liebenswerten Haufen Menschen verbunden. Darunter sind in die Jahre gekommene Alt-68er, und Leute wie wir, die noch nicht einmal geboren waren zur Zeit der hitzigen Diskussionen und feurigen Aufbrüche. Es gibt bei uns evangelische Landeskirchler, so wie Katholiken und Freikirchler, Singles, Ehepaare und Familien. Wir haben Menschen mit unterschiedlichen kulturellen Backgrounds und Vorerfahrungen. Es gibt unter uns Hitzköpfe und Vermittler, Pioniere und Bewahrer, gewandte Redner und geduldige Hörer, Lobpreiser und Hoch-Liturgen. Und jetzt gibt es da auch noch uns ...

An sich ein schier unmögliches Unterfangen, gemeinsam auf dem Weg zu sein und vor allem zu bleiben. Und gleichzeitig ein sichtbares Zeugnis für den, der unsere Mitte ist, der uns trägt, erträgt und im Tiefsten verbindet, weil wir uns an Ihn gebunden haben: Jesus Christus.

Hanna Epting

Mitten in der Welt, nicht von der Welt

Gethsemanebruderschaft / Koinonia – *1963

BRIGITTE THEOPHILA SCHUR

Der Schritt über die Schwelle

Sie ahnte nicht, dass sie gleich einen entscheidenden Schritt über die Schwelle tun würde. Bisher hatte sie sich den christlichen Glauben aus einiger Distanz angeschaut, neugierig, aber auch kritisch fragend. Ein Jahr war es nun her, dass sie mehr oder weniger zufällig mit einer evangelischen Jugendgruppe auf eine Freizeit nach Südfrankreich gefahren war. Mit von der Partie waren auch junge Theologiestudenten aus einem Missionsseminar in Hermannsburg, die glaubwürdig erzählten, sie würden jeden Morgen für sich in der Stille eine halbe Stunde lang beten. Das hatte sie beschäftigt und nachdenklich gemacht. Beten – so lange, geht das überhaupt? Wie macht man das? In ihrer Familie wurde nicht gebetet. Und in die Kirche ging man höchst selten, meist nur zu Weihnachten, zu Hochzeiten, Taufen und Beerdigungen. Ach ja, und zur Konfirmation, ihre eigene Konfirmation lag ja noch nicht lange zurück, gut zwei Jahre. Daher kannte sie auch das Vaterunser. Aber das war schnell gebetet und dauerte keine halbe Stunde, sondern höchstens eine Minute. Was also steckte dahinter, hinter dem Beten? Sie wollte es rauskriegen.

Jetzt also, ein Jahr später, war sie wieder mit der Jugendgruppe verreist, diesmal in ein Benediktinerinnenkloster in der Nähe von Florenz, wo die Jugendlichen im Gästetrakt untergebracht wurden. Von hier aus wollten sie die Kunstschätze der Stadt erkunden. Aber das Kloster war mehr als eine Jugendherberge oder ein Hostel, es war vor allem ein Ort des Gebetes. Wieder stand sie vor dem Geheimnis des Betens. Und dann tat sie den ersten Schritt über die Schwelle, verließ den lichtdurchfluteten Vorplatz und trat in das Halbdunkel der Kirche ein. Die Schwestern sangen gerade das Chorgebet. Sehen konnte man sie nicht. Es war ein streng klausuriertes Kloster mit einem großen, schmiedeeisernen Gitter, das den seitlichen Chorraum der Nonnen vom Hauptschiff der Gemeinde trennte. Aber der Gesang erfüllte den ganzen Raum bis in die hinterste Ecke, wo sie stand. Er erschien ihr schwerelos, zeitlos, der Welt, die sie kannte, enthoben. Und es geschah etwas Seltsames. Auf einmal zog sie die Schuhe aus, oder genauer: Es zog ihr die Schuhe aus, wie von selbst. Sie spürte: Hier ist ein besonderer, ein heiliger Ort, den ich nicht in Straßenschuhen betreten kann, mit denen ich draußen in der Welt herumlaufe. Das hier ist ganz anders! So stand sie da mit ihren nackten Füßen und verstand selbst nicht, warum und was sie tat. Erst viel später las sie in der Bibel die Geschichte von Mose und dem brennenden Dornbusch, der doch nicht verbrannte, weil Gott, der Heilige und Ewige, darin Mose begegnete. „Gott sprach: Tritt nicht herzu, zieh deine Schuhe von deinen Füßen; denn der Ort, darauf du stehst, ist heiliges Land!" (2 Mose 3,5)

Die Berührung mit dem Heiligen, so verschieden sie bei den Einzelnen sein mag, erfahren wir als einen Schritt über die Schwelle, die die Welt unserer Normalerfahrung trennt von der Erfahrung der Wirklichkeit und Gegenwart Gottes. Daher sind auch unsere Antworten und Reaktionen nicht mit normalen Kriterien zu verstehen. Sie sind vielmehr Ausdruck einer Ergriffenheit, in der sich die jenseitige Welt, Gott selbst, zu Wort meldet und ruft. Auch wenn solch eine Erfahrung nicht einfach wiederholbar ist, so hat sie doch einen neuen Raum eröffnet, der nicht mehr ignoriert werden kann. Das ganze Leben steht auf einmal unter der Frage, wie es sich zu dieser Wirklichkeit Gottes verhält, oder anders ausgedrückt: Wofür es sich zu leben lohnt?

Besonders junge Menschen stellen diese Frage mit großer Radikalität. Aber auch in Grenzsituationen des Lebens kann die Sinnfrage mit Macht aufbrechen. Sicherheiten kommen ins Wanken und konventionelle Lebensentwürfe verlieren ihre selbstverständliche Plausibilität. So erging es auch unserem jungen Mädchen. Fortan besuchte sie, wann immer es die Freizeitplanung der Gruppe zuließ, das Chorgebet der Schwestern, nahm wahr, wie die Gäste liebevoll in allem umsorgt wurden, und manchmal hatte sie den Eindruck, dass die Schwestern am Fenster standen und lauschten, wenn die Jugendlichen zu Bibelarbeiten zusammen kamen und ihre Lieder sangen. So wuchs ein Empfinden tiefer Verbundenheit mit ihnen, und sie erkannte: So will ich auch leben! Durch mein Leben und Beten, einfach durch meine Existenz, möchte ich dazu beitragen, dass sich in anderen

Menschen die Frage nach Gott entzünden kann. Das ist ein Ziel, für das es sich zu leben lohnt! Wie von einem Holzscheit, das brennt und nah bei anderen Holzscheiten liegt, leicht ein Funke überspringt, wenn der Wind hineinbläst, so wird das innere Feuer, die Sehnsucht nach Gott, immer größer, wenn Menschen den Mut haben, der Gottessehnsucht ihr Leben zu schenken. Aber, und das wusste sie mit gleicher Klarheit, mein Platz ist nicht hinter Klostermauern und Gittern, sondern mitten unter Menschen, mitten in der Welt!

Berufen zum Gebet

Berufungsgeschichten sind immer individuell. Und doch hat jede geistliche Gemeinschaft ihr eigenes Profil, in dem sich ihre Mitglieder wiedererkennen. Die Jugendgruppe, von der die Rede war, gehörte zur Schülerarbeit der Koinonia. Die *Koinonia* wiederum ist eine evangelische Bruderschaft, die 1963 von P. Dr. Olav Hanssen, dem Leiter des Missionsseminars in Hermannsburg, gegründet wurde. In ihr schlossen sich einige Missionsseminaristen zusammen, die erkannt hatten, dass ihr späterer, oft recht einsamer Dienst in Afrika oder Lateinamerika nur dauerhaft Frucht tragen kann, wenn er aus einem lebendigen Gebetsleben erwächst. Ihr besonderes Interesse galt dem betrachtenden Gebet auf der Grundlage einer kontinuierlichen Lesung des Evangeliums, ergänzt durch die Meditation der Schönheit und „Herrlichkeit Gottes in allen Landen" (Psalm 8,2). Darum heißt es in ihrer Bruderschaftsregel: „Die Koinonia versteht sich als eine Bruderschaft des Gebetes. Sie hat eine kontemplative Berufung. Sie weiß, dass das kein Verzicht auf die Tat, die actio, sein darf, aber sie weiß auch mit unerschütterlicher Gewissheit, dass nur solche actio fruchtbar ist, die aus der contemplatio erwächst. Ihre Regel lautet deshalb: *„Widme dem betrachtenden Gebet so viel Zeit, dass dein übriges Tun aus einer lebendigen Erfahrung der Gegenwart Gottes erwächst."* Neben der Betrachtung und Meditation gewann noch das Herzensgebet an Bedeutung, da es in besonderer Weise geeignet ist, den ganzen Tag und alles Tun im Gebet zu begleiten und zu durchdringen.

Im Zentrum der Spiritualität und Verbindlichkeit stand also das persönliche Gebet in der täglichen Stillen Zeit mit Betrachtung, Meditation und Herzensgebet. Dort, wo es die äußeren Umstände erlaubten, nämlich während des Studiums, bei regelmäßigen Stillen Tagen und Einkehrzeiten sowie auf Konventen, trat neben das persönliche Gebet auch das gemeinschaftliche liturgische Psalmengebet zu den drei Tagzeiten am Morgen, Mittag und Abend und die Feier des Heiligen Abendmahls. Am Anfang der Koinonia – Koinonia heißt übersetzt Gemeinschaft – stand also nicht gleich das kommunitäre Leben, wie man es von der Namensgebung her vermuten könnte, sondern die innere, von Gott gestiftete Einheit, die aus dem Gebet erwächst auch über große Entfernungen und Weiten hinweg. In diese Einheit sind nicht nur die Geschwister der Bruderschaft hineingenommen, sondern durch Betrachtung und Meditation auch die ganze Welt und Schöpfung.

Mitten in der Welt – nicht von der Welt

Das Leben Gottes mit uns steht nie still. Der Schritt über die Schwelle markiert den Anfang des geistlichen Weges, aber er ist noch nicht am Ziel. Wie weiß man, wohin der Weg führt? Woran erkennt man die spezifische Gestalt seiner Berufung?

Für das kontemplative Leben gibt die Regel der Koinonia einen Hinweis:
„Wer ist denn nun in besonderer Weise zu einem Leben des Gebetes berufen? Es ist der Mensch, den seine Sehnsucht und Leidenschaft weit über das hinaustreiben, was Heimat und Besitz, Freundschaft und Ehe, Wissen und Reisen, ja selbst christliche Aktivitäten ihm zu bieten vermögen. Es ist der Mensch, der von einer geradezu *metaphysischen Unzufriedenheit* ergriffen ist, die nur in der Ewigkeit, in der Gegenwart Gottes zur Ruhe kommt. Er *muss* beten, oder er verliert den Boden unter den Füßen; er *muss* beten, oder er ist zum Leerlauf und zur Unfruchtbarkeit verurteilt. Er ist der Mensch, der sich schon in seiner Jugend nicht mit diesem oder jenem abspeisen lässt, sondern der beharrlich *alles* haben will oder gar nichts, der dementsprechend vom

Leben nicht dies oder das, sondern *alles* erwartet. Es ist der Mensch, der auf der Suche nach der Ewigkeit *alles* zu bezahlen bereit ist, wenn er nur sein Ziel erreicht. Einem solchen Menschen steht es nicht frei, auf ein Leben des Gebetes zu verzichten, denn er hat keine andere Möglichkeit, seine tiefste Sehnsucht zu stillen."

Kontemplation erwächst aus der Liebe und der Hingabe. Sie liebt und betrachtet die Schönheit, das Gute und Wahre, wo immer sie zu finden sind: in der Natur, in der Gemeinschaft der Menschen, in Kunst und geistiger Erkenntnis. Doch sie kommt darin nicht zur Ruhe. Denn in nichts und niemandem findet sie volles Genügen. Das Schöne bleibt nicht ewig, sondern welkt. Gutes kann sich in sein Gegenteil verwandeln, macht man es zum starren Gesetz. Und was heute als wahre und gesicherte Erkenntnis gilt, ist vielleicht morgen schon überholt. Je mehr jemand liebt, desto mehr leidet er an der Vergänglichkeit und Unvollkommenheit, an seiner eigenen und dessen, was er liebt. Die Welt ist ihm nicht genug. Das ist der Grund tiefer Unzufriedenheit, die wie im Mythos von Sisyphos zu immer neuer und letztlich doch aussichtsloser Anstrengung führt oder irgendwann in Resignation endet. Wenn wir darum von „metaphysischer" Unzufriedenheit sprechen, so soll das zum Ausdruck bringen, dass darin zugleich eine positive Triebkraft liegt, das Vollkommene und Ewige zu suchen hinter und jenseits (*meta*) alles dessen, was die Welt uns bieten kann, nämlich in Gott, wo es allein zu finden ist. „Was nennst du mich gut? Niemand ist gut als Gott allein" (Markus 10,18). Die Antwort auf unsere nicht zu stillende Sehnsucht liegt in der Gotteshingabe. Den Weg dorthin weist das Gebet.

Das geistliche Leben kennt zwei Bewegungsrichtungen, die wie Einatmen und Ausatmen nicht voneinander zu trennen sind: aus der Welt hin zu Gott und von Gott her wieder zur Welt, ein sich immer wiederholender Rhythmus. Nur gemeinsam sind sie im Gleichgewicht. Unsere Zeit aber ist so kurzatmig und primär vom Ausatmen bestimmt, von der Verstrickung im Innerweltlichen und fehlender Sensibilität für das Göttliche und Heilige, dass das Einatmen wieder gewonnen werden und ihm besondere Aufmerksamkeit zuteil werden muss. Viele Menschen spüren das. Das zeigt ihr Interesse an Stille, Einkehr und Meditation. Und es begründet auch die besondere Berufung evangelischer Bruderschaften und Kommunitäten zum kontemplativen Leben. Das ist kein Widerspruch zu unserer protestantischen Tradition. Hier geht es nicht um Weltflucht, sondern um die Ermöglichung rechter, gelingender Weltzuwendung. Sonst geht uns und der Welt der Atem aus.

Aus der Welt hin zu Gott: Die radikale Gotteszuwendung wird in der Bibel in besonderer Weise durch die Gestalt Johannes des Täufers veranschaulicht. Sein Gang in die Wüste und sein Ruf zur Umkehr, zur meta-noia, steht für eine entschiedene Sinnesänderung: alles hinter sich zu lassen und niemand zu kennen als Gott allein. „Solo Dios basta!" wie die große Teresa von Avila sagte. Zeichenhaft wird diese Berufung durch das Mönchtum gelebt. Darum heißt es in der Regel der Koinonia: „Ehelosigkeit ist Gottes Ordnung für die ewige Welt" (Matthäus 22,30).

Von Gott her in die Welt: In keiner biblischen Gestalt ist diese Bewegung stärker verkörpert als in Maria, der Gottesmutter. Sie trägt das, was sie von Gott empfangen hat und was in ihr zunächst im Verborgenen lebt und wächst, hinein in die Welt. Darum soll sie „ihm den Namen Immanuel geben, das ist übersetzt: Gott mit uns" (Matthäus 1,23). Damit verbindet sich auch über Maria hinaus die Verheißung: Wer sich ganz Gott zugewandt und ihm überlassen hat, wird nicht unfruchtbar bleiben. Was Gott in ihm und durch ihn wirkt, wird er in diese Welt hineintragen, auch wenn es ihm und anderen vielleicht verborgen ist. Der Segen Gottes geht mit: Gott mit uns! Aus dieser Verheißung leben besonders die Menschen, die sich mit ihrer kontemplativen Berufung einlassen auf die vielfältigen Beziehungen in Ehe, Familie und Beruf. In der Regel der Koinonia heißt es dazu: „Die Ehe ist Gottes Ordnung für diese Welt."

Einatmen und Ausatmen, zu Gott hin leben und von Gott her: Beides gehört zusammen, im Leben des Einzelnen wie im Leben der Gemeinschaft. Darum sind in der Koinonia die Berufung zu einem kontemplativen Leben in Ehelosigkeit oder Ehe zwei gleichberechtigte Wege, die zeichenhaft gegangen werden. Denn unser Leben gleicht einer Pilgerfahrt zur Ewigkeit, zu Gott, die nur gelingen kann, wenn Gott schon hier in dieser Welt mit uns ist. Der erste Schritt auf diesem Pilgerweg führt über die Schwelle, die die Welt unserer Normalerfahrung trennt von der Erfahrung der Wirklichkeit Gottes. Der letzte Schritt führt durch das Tor des Todes, durch den wir in die Fülle des Lebens eintreten, das Gott selbst ist. Dort finden wir, was wir hier in dieser Welt bei aller Unvollkommenheit in unserem Lieben und Sehnen immer suchten. Dann erst sind wir am Ziel.

Koinonia: Ein Stamm – verschiedene Zweige

In der Geschichte der Bruderschaft entwickelten sich verschiedene Ausprägungen. Bei ihrer Gründung 1963 war sie zunächst ein Zusammenschluss von Brüdern am Missionsseminar. Doch das änderte sich bald, und die Koinonia öffnete sich auch für Frauen. Nicht nur weil der Gründer der Bruderschaft, Olav Hanssen, verheiratet war und seine Frau Barbara den geistlichen Weg in gleicher Weise mitging und teilte, sondern weil die Missionare zumeist als Eheleute ihren Dienst antraten und ein intensives Gebetsleben in einer Ehe nur gemeinsam bejaht und gepflegt werden kann. Dennoch blieben Betrachtung und Meditation für sie keine Privatsache. Durch ihre Arbeit in den jungen Kirchen in Afrika inspirierten sie viele angehende Theologen und Mitarbeiter auf gemeinsamen Einkehrzeiten für diese Gebetsformen und unterstützten sich gegenseitig auf ihrem Weg. Das war insbesondere zu Zeiten der Apartheid ein zeichenhaftes Bekenntnis zur Brüderlichkeit. Die Auseinandersetzung mit den Herausforderungen durch die Studentenrevolution Ende der sechziger Jahre prägte das theologische und philosophische Profil der Bruderschaft. Gegen eine falsche kirchliche Selbstbezogenheit suchten sie nach Formen der Betrachtung und Meditation, um Gottes Wirklichkeit auch in der Welt zu erkennen und zu erfahren. Damals wählte sich die Bruderschaft den Namen *Koinonia*, das bedeutet: Gemeinschaft. Auch nach Öffnung für andere Berufe blieben ihnen Mission und Einkehrarbeit in Deutschland wie in Übersee wichtige Anliegen. Seit 1982 nennen sich diese Geschwister *Epiphaniaskreis* der Koinonia.
Junge Menschen aus evangelischen Jugendarbeiten, die

mit der Koinonia befreundet waren, suchten verbindliche geistliche Gemeinschaft, die sie in studentischen Wohngemeinschaften, Betrachtungskreisen und auf Freizeiten lebten. Sie taten sich 1965 zunächst zu einer regionalen Bruderschaft zusammen. Als sie sich 1968 der Koinonia anschlossen, nannten sie ihre Gemeinschaft *Blaue Koinonia*, nach der Farbe ihres Rundbriefes. Als Pastoren, Pädagogen, Ärzte, Naturwissenschaftler suchten sie im gemeinschaftlichen Austausch nach Erneuerung und Vertiefung eines zeitgemäßen christlichen Lebensstils und Menschenbildes. Neben das persönliche Gebet traten gelebte Gemeinschaft in Regionalgruppen, auf Konventen und Freizeiten und die geistige Auseinandersetzung mit drängenden Fragen und Problemen der Zeit.

In besonderer Weise verbanden sich Mission und Gemeinschaft, als sich 1976 einige Geschwister dauerhaft zur *Communität Koinonia* zusammenschlossen. Konvente der *Communität*, in die sowohl Eheleute als auch Einzelpersonen eintreten können, bildeten sich in Hermannsburg, in Mafikeng/Südafrika, in Heidelberg sowie im Kloster Germerode. Die Geschwister verstehen gelebte Gemeinschaft als eine Form der Verkündigung in einer immer mehr zur Vereinzelung neigenden Gesellschaft und laden Gäste ein, um auf Zeit ihr Leben und Beten zu teilen. Sie gehen unterschiedlichsten Berufen nach, haben sich aber auf eine verbindliche Lebens- und Gütergemeinschaft verpflichtet. Aus ihrem Freundeskreis entstand 1988 die *Geschwisterschaft Koinonia*, die die geistliche Ordnung der *Communität* teilt, ohne jedoch kommunitär zusammenzuleben. *Communität* und *Geschwisterschaft* bieten gemeinsam Einkehrzeiten an.

Bereits bei Gründung der Bruderschaft war die Möglichkeit mitgedacht und erhofft, dass sich Brüder bewusst für einen monastischen Weg entscheiden und als Ehelose in kleinen Fraternitäten kommunitär zusammenleben. Einige Jahre nach dem frühen Tod seiner Frau übernahm Olav Hanssen 1975 die Leitung eines Ehelosenkreises, der sich in Anlehnung an die ersten Zusammenkünfte der Brüder in Hermannsburg *Gethsemanebruderschaft* nannte. Heute lebt eine Fraternität von Brüdern im Gethsemanekloster bei Goslar. Sie wissen sich in besonderer Weise der persönlichen Kontemplation, der Stille und einem klösterlichen Leben verpflichtet, das durch liturgische Stundengebete, Feier des Heiligen Abendmahles und Zeiten der Klausur geprägt ist. Das angeschlossene Einkehrhaus steht Gästen offen, die eingeladen sind, das klösterliche Leben auf Zeit zu teilen. In ihrem Dienst werden die Brüder durch verheiratete Geschwister unterstützt, die in ihren Berufen an verschiedenen Orten mitten in der Welt stehen, aber sich gemäß der Koinonia-Regel wie die *Gethsemanebrüder* in besonderer Weise zur Kontemplation berufen wissen. Diese Geschwister nennen sich *Koinonia Gethsemane*.

Aus einem Stamm haben sich also im Lauf von fünfzig Jahren verschiedene Zweige in unterschiedliche Richtungen entwickelt. Das war oft von schmerzhaften Prozessen begleitet, ging es doch immerhin um Berufungen und Lebenshingabe. Aber im Rückblick zeigt sich auch die Bereicherung. Denn die Koinonia-Gruppierungen setzen unterschiedliche Akzente und sind doch verbunden durch ihre Verwurzelung im persönlichen Gebet, gemeinsame Konvente und Schrifttum.

Brigitte Theophila Schur

„Höre, Tochter, und neige dein Ohr ..."
(Ps 45,11a)

Kloster Mariensee – *1207

Bärbel Görcke

Carola Faber © Marienseer Kreis e. V.

Geistliche Gemeinschaften in den Lebensläufen evangelischer Frauen

Hören ist die Urbewegung menschlichen Lebens. Aus Liebe rief Gott uns ins Leben, und gerufen sind wir, diese Liebe in der uns je eigenen Weise antwortend zu entfalten. Hören steht daher am Anfang jeden Weges mit Gott, und so ist es kein Zufall, dass die Benediktsregel mit diesem Wort beginnt: Höre. Jedes geistliche Leben findet aber auch in einer Doppelbewegung statt: den Ruf Gottes zu hören und sich auf die Suche nach ihm zu begeben. Wiederum in der Benediktsregel wird die Ernsthaftigkeit der Suche zum vorrangigen Kriterium bei der Aufnahme in die Gemeinschaft.

Auf meiner Suche habe ich den Ruf Gottes in verschiedene Gemeinschaften vernommen. In der Jugendarbeit unserer Hannoverschen Landeskirche hatten wir die Stundengebete aus dem Gesangbuch gebetet und uns mit Formen gemeinschaftlichen Lebens befasst. Seit meinen ersten Besuchen in Taizé und auf dem Schwanberg prägt mich besonders die benediktinische Tradition. Angeregt durch zwei mütterliche Freundinnen absolvierte ich zunächst eine Krankenpflegeausbildung beim Ev. Diakonieverein Berlin-Zehlendorf. Nach einer Tätigkeit in der Aidspflege war ich von 1989 bis 1994 Glied der Ev. Communität Casteller Ring. Um das geistliche Leben auch theoretisch zu vertiefen, studierte ich Theologie und Erwachsenenbildung in Göttingen und Leipzig. Meinen Lebenstraum, gemeinsam mit anderen Frauen ein Haus des Gebets, der Zuflucht und des Daseins für andere zu gestalten, erfüllte sich im Jahr 2003 mit meiner Berufung als Äbtissin in das Kloster Mariensee.

Hier lebten zunächst Frauen in der zisterziensischen Tradition. Mit der Einführung der Reformation wurde die Gemeinschaft lutherisch. Dass der Einschnitt, den die Reformation darstellte, nicht in allen Klöstern zu einem Bruch führte, ist auch in evangelischen Kreisen überraschend wenig bekannt. Dieses Phänomen des Übergangs wäre einen eigenen Aufsatz wert; ich möchte hier nur darauf hinweisen, wie sehr es mit der Nichtbeachtung eigenständigen Frauenlebens einhergeht. Noch in den 1940er Jahren leitete Roger Schutz, der spätere Prior von Taizé und ein Mann, dessen Bedeutung für das klösterliche Leben auch in den Kirchen der Reformation gar nicht hoch genug eingeschätzt werden kann, seine Überlegungen zum Zölibat mit der Bemerkung ein, es gäbe hier ein 450-jähriges Vakuum. Dabei ließ er nicht nur die Frauenklöster und Damenstifte außer Acht, in denen es eine ununterbrochene Tradition des Zölibats gibt, sondern auch das viel jüngere und breite Phänomen der Diakonissen und diakonischen Frauengemeinschaften.

Mit meiner Einführung hat sich, wie in vielen der vergleichbaren Häuser vorher, ein Generationenwechsel in der Leitung vollzogen. An dieser Entwicklung lässt sich ablesen, dass sich die Gemeinschaften in einem ständigen Dialog mit dem gesellschaftlichen Umfeld befinden und sich den daraus ergebenden Herausforderungen stellen. Die veränderte Rolle der Frau und der Zweite Weltkrieg hatten dazu geführt, dass viele Frauen erst nach dem Ende ihrer Erwerbstätigkeit in die Gemeinschaft eintraten. Nicht zuletzt durch den geistlichen Aufbruch der kommunitären Bewegung hat sich das Leben in unseren Klöstern verändert, aber auch die Erwartungen an sie. Dadurch wird es notwendig und möglich, die einzelnen Häuser vor dem Hintergrund ihrer Geschichte mit den jeweiligen Mitgliedern neu zu profilieren. Das Amt der Äbtissin wird wieder mehr zu dem, was es ursprünglich war: einer der ersten (Karriere-)Berufe für Frauen. Gleichzeitig erhöht sich die Attraktivität für jüngere Frauen, weil sie sich in einer ihrer Ausbildung entsprechenden Form in die Gemeinschaft einbringen können.

In Mariensee veranstalten wir Einkehrtage und Seminare sowie Ausstellungen zeitgenössischer Kunst, die in der Regel eigens für unsere Räume gefertigt wird. Vor allem haben wir wie viele unserer Schwesterklöster das gemeinsame Gebet intensiviert. Einige Häuser entwickeln ganz neue Formen; andere knüpfen bewusst an die klösterliche Tradition an. Im Jahr des Reformationsjubiläums möchten wir Vespern beten, die nach dem Gebetbuch unserer Äbtissin Odilie von Ahlden aus dem Jahr 1522 für die heutige Praxis angepasst wurden.

Vor einiger Zeit wurde ich gebeten, einen Beitrag darüber zu schreiben, in welchen Lebensphasen Frauen den Ruf Gottes hören und mit dem Schritt in eine geistliche Gemeinschaft beantworten. Gern stelle ich eine überarbeitete Version für diesen Band zur Verfügung.

Stationen

HERKUNFTSFAMILIE: Suche nach dem Ursprung

*Im Mutterleib hat mich der Herr gerufen,
er nannte mich beim Namen, noch ehe ich geboren war.
(Jeremia 1,5)
Darum gebe ich ihn dem Herrn zurück, weil er vom Herrn erbeten ist. (1. Sam 1, 28)*

Zwei klassische geistliche Biografien der Bibel beginnen schon vor der Geburt: Beim Propheten Jeremia ist es Gott, der ruft, bei Samuel der Wille der Mutter, die den Sohn Gott weihen möchte. Letzteres ist eine archaische Vorstellung, die nach meinen Beobachtungen heute eher im katholischen Bereich vorkommt. Weiter verbreitet scheint mir dagegen zu sein, dass das gegengeschlechtliche Elternteil dem Kind unbewusst den Wunsch vermittelt, es möge der einzige Mann, die einzige Frau in seinem, in ihrem Leben bleiben.

BILDUNG: Suche nach Prägung

Selig, wer Freude hat an der Weisung des Herrn (Psalm 1,2).

Die biblische Tradition ist vor allem in den Klöstern von jeher Inhalt und Mittel der Unterweisung. Im Hintergrund stand die Vorstellung, dass Jesus selbst anhand der Bibel lesen und schreiben gelernt habe. In unserem Kloster haben wir ein Zeugnis davon entdeckt: eine so genannte Anna-Selbdritt-Gruppe: die Großmutter Anna trägt auf den Armen die Tochter Maria und den Jesusknaben, der von seiner Mutter unterwiesen wird. Am Anfang kann man ein andersfarbiges „B" erkennen. Es ist wohl eine angedeutete Schmuckinitiale, die den Beginn des Psalters markiert: „Beatus vir qui..." – der eingangs zitierte erste Psalm. Die Künstlerin, der Künstler wollte also zeigen, dass Jesus mithilfe des Psalters unterwiesen wurde – wie die Klosterschülerinnen. Nach dem Wunsch der Reformatoren sollten sich die Klöster wieder mehr der Bildung widmen. Viele Männerklöster wurden daher zu Lateinschulen. Heute sind es die evangelischen Schulen, die diese Aufgabe übernommen haben, doch bei temporären Bildungsangeboten wie Studientagen eröffnen die evangelischen Gemeinschaften Schülerinnen und Schülern sowie Konfirmanden und Konfirmandinnen die Möglichkeit, erste Kontakte zu knüpfen. In den Frauenklöstern wurde die Bildung zunächst individualisiert, bis im 19. Jahrhundert an einigen Orten Bildungseinrichtungen entstanden.

BERUFSWAHL: Suche nach meinem Platz in der Gesellschaft

*Habt ihr nichts zu essen? (Joh 21,5a)
Werft das Netz aus zur Rechten des Bootes! (Joh 21,6a)*

Jesus erteilt den Auftrag, tätig zu werden, damit die Jünger Grundbedürfnisse befriedigen können und nicht in der Depression über seine Abwesenheit versinken. Er knüpft damit an die Berufungsgeschichten an und bereitet so den Weg für den Zusammenklang von Berufung und Beruf. Die deutschen Begriffe betonen den Aspekt des Hörens und damit den passiven Charakter stärker als die in den meisten romanischen Sprachen übliche „Profession", die sich von „profiteor" ableitet und daher eher aktiv als Bekenntnis verstanden wird.

Kommunitäten mit Ausbildungsstätten oder weiterführenden Schulen haben seltener Probleme, Nachwuchs zu finden. Weil sich aber gezeigt hat, dass beim direkten Übergang aus dem Elternhaus häufig Erfahrungen fehlen, die dann später nachgeholt werden müssen, ist heute meist eine abgeschlossene Ausbildung Eintrittsvoraussetzung. Die Möglichkeiten, sich mit den eigenen Gaben in die Gemeinschaft einzubringen, geben in den diakonischen Gemeinschaften, die sich von vornherein einem quasi beruflichen Auftrag verschrieben haben, in der Regel den Ausschlag für den Eintritt. In den Kommunitäten werden sie, besonders seit die Berufstätigkeit der Frau selbstverständlich geworden ist, oft zum entscheidenden Kriterium für das Bleiben.

KRISE: Suche nach Halt

Eva, wo bist du? (Vgl. Gen 3, 9)

Schon eine der ersten Erzählungen der Bibel berichtet davon, dass wir immer wieder aus der Liebe Gottes herausfallen und uns neu rufen lassen müssen.

Die Krise als Ausgangspunkt für den klösterlichen Weg ist der lutherischen Tradition durch das Berufungsgelübde Martin Luthers wohl vertraut. Mag es sich hier auch eher um eine Selbstverpflichtung gehandelt haben, die längerfristig tatsächlich nicht zum Gefühl des Gehaltenseins von einem rettenden, gnädigen Gott führte, so zeigen doch Berufungsgeschichten, dass krisenhafte Erfahrungen neu auf den Weg mit Gott führen können. Einzelne Gemeinschaften haben durch Krisen ihrer Mitglieder die innere Heilung als eine Aufgabe für die ganze Gemeinschaft entdeckt. Mit der Zunahme seelischer Erkrankungen in der Gesellschaft insgesamt nimmt auch die Zahl der seelisch belasteten Anwärterinnen in den Gemeinschaften zu. Hier ist eine sorgfältige Unterscheidung der Geister in der geistlichen Begleitung und nicht selten professionelle Hilfe sinnvoll und erforderlich.

VAKUUM: Suche nach Sinn

Was muss ich tun, um das ewige Leben zu ererben? (Lk 18, 18) Suchet zuerst Gottes Reich und seine Gerechtigkeit, so wird euch das andere alles zufallen. (Mt 6, 33)

Eine der intensivsten Begegnungen mit Jesus, von denen das Neue Testament berichtet, ist für mich die mit dem so genannten reichen Jüngling. Obwohl er scheinbar alles an weltlichen und geistlichen Gütern hat, wendet er sich an Jesus und erhält den Auftrag, seinen Besitz den Armen zu geben. Mag die Frage auch einem gewissen Überdruss angesichts eines materiell abgesicherten Lebens entsprungen sein, so zeigt Jesu Antwort, wie auch das Wort aus der Bergpredigt, dass es darauf ankommt, sich ganz auf ihn auszurichten.

Es ist häufig die zweite Lebensphase, in der Frauen neu nach dem Sinn ihres Lebens fragen. Nach meinem Eindruck entspringt auch der geistliche Aufbruch seit den 1980er Jahren zum Teil dieser Suchbewegung. In den Gemeinschaften reagieren wir darauf mit verschiedenen Angeboten von Einkehr und Bildung.

Motivationen

BINDUNG: Suche nach Gemeinschaft

Sie blieben aber beständig in der Lehre der Apostel, im Brotbrechen, in der Gemeinschaft, im Gebet. (Apg 2, 42)

In dieser „Magna Charta des gemeinsamen Lebens" aus dem Bericht über die Urgemeinde wird Beständigkeit als Kennzeichen des Zusammenseins dargestellt. Das Christentum kommt nicht ohne Beständigkeit in der Gemeinschaft aus, die sich im Hören des Wortes, im Teilen des Brotes und im Gebet gestaltet: „unus christianus nullus christianus" – „ein Christ ist kein Christ".

Bindung ist ein zentrales Thema der Gemeinschaften wie der einzelnen. Das Verhältnis zu ihr ist heute ambivalenter denn je. Weil es wenig verbindliche Wertesysteme gibt, müssen die einzelnen sich ständig neu erfinden. In gleichem Maß wie die Unabhängigkeit scheint mir die Sehnsucht nach Bindung zu wachsen, aber auch die Unsicherheit bei Anfragen an das selbst Konstituierte. Bindung wird dadurch schnell als Selbstaufgabe erlebt, und die Fähigkeit und Bereitschaft nehmen ab, die eigenen Vorstellungen um einer gemeinsamen Sache willen zurückzustellen.

Das Gebet und Formen, in denen sich das gemeinsame Leben gestaltet, helfen hier ebenso wie das Angenommensein vor allem durch die Älteren der Gemeinschaft. Besonders die evangelischen Frauenklöster treffen hier einen Nerv der Zeit, weil sie ein gemeinsames Leben jenseits von Single-Dasein und sehr verbindlich gelebter Gemeinschaft bieten.

VERSORGUNG: Suche nach Sicherheit

Gebt ihr ihnen zu essen. (Mt 14, 16)

Nachdem eine große Menge von Jesus geistig gespeist worden war, beauftragte er die Jünger, sie auch materiell zu versorgen. Im Diskurs über die evangelischen Frauenklöster und -stifte werden Versorgung und geistliches Leben oft eher als konkurrierende Modelle dargestellt. Jedoch handelt es sich hier nur scheinbar um einen Widerspruch: Versorgt werden und Versorgen ist zugleich Privileg der und Auftrag an die Gemeinde und die Gemeinschaften, wie umgekehrt beides auch Chance und Gefährdung für das geistliche Leben bedeuten kann.

Die diakonischen Gemeinschaften des 19. Jahrhunderts entstanden aus diesem Impuls, und auch in den lange bestehenden Konventen gab es diakonische Aufbrüche. In unserem Kloster gründete eine Konventualin eine „Warteschule", weil ihr das Schicksal der Landarbeiterkinder am Herzen lag. Als eine der ältesten nie aufgelösten Einrichtungen hat sie noch heute Bestand. Nach dem Zweiten Weltkrieg nahm der Konvent an die 200 Flüchtlinge auf.

AUSRICHTUNG: Suche nach Gott

Gott, du mein Gott, dich suche ich,
meine Seele dürstet nach dir,
mein ganzer Mensch verlangt nach dir
aus trockenem, dürrem Land, wo kein Wasser ist. (Ps 63, 2)

Dieses Psalmwort ist wohl Cantus firmus vieler, wenn nicht aller Berufungsgeschichten. Es beschreibt eine Sehnsucht, die allen Menschen innewohnt und die grundsätzlich in jeder Lebensform gestaltet werden kann. Frauen, die in eine Gemeinschaft eintreten, machen damit ihre Suche nach Gott gleichsam zum Beruf: sie entscheiden sich für ein Leben, in dem alles andere auf diese Suche hin geordnet ist; dazu dient, Freiraum für die Ausrichtung auf Gott zu schaffen. Oft wird das Psalmengebet selbst zum Vehikel dieser Sehnsucht und ist daher das Herzstück vieler Gemeinschaften.

In Mariensee beten wir im Konvent die gregorianische Vesper aus dem Gesangbuch. Für das Gebet mit Gästen haben wir eine Form entwickelt, die Taizégesänge und eine orthodoxe Psalmodie einschließt. Mit besonderen Gruppen beten wir den Psalm in der ältesten Weise: eine Vorsängerin singt die Verse und alle antworten mit dem immer gleichen einfachen Wort. Dies hat sich besonders mit kirchenfernen Menschen und Kindern bewährt, oder wenn verschiedene Muttersprachen gesprochen werden.

Evangelische Frauenklöster: Suche nach der Quelle des Lebens

Gib mir zu trinken! (Joh 4, 4b)
Wer von dem Wasser trinken wird, das ich ihm gebe, den wird in Ewigkeit nicht dürsten, sondern das Wasser wird in ihm eine Quelle des Lebens werden, das in das ewige Leben quillt. (Joh 4, 14)

Eine Frau ist es, die von Jesus gebeten wird, ihn mit dem leiblich Nötigen zu versorgen, und der er verkündigt, in ihr eine Quelle des geistlich Nötigen zu eröffnen. Die Jünger wundern sich still, und die Frau selbst wird zur Verkünderin.

Höre, Tochter, und neige dein Ohr – in dieses Wort aus dem 45. Psalm münden Berufungsgeschichten in benediktinisch geprägten Gemeinschaften, denn es wird in der Feier der Bindung gesungen. Dieses Fest stellt einen Meilenstein dar und markiert zugleich den Schritt von einem persönlichen Weg zum öffentlichen Bekenntnis.

Es ist dies ein Schritt, der eine besondere Herausforderung für die Einzelne bedeutet und zugleich eine große Chance ist: Was die Einzelne ganz persönlich mit Gott erlebt hat, wird nun zum Zeugnis für die Kirche. So ist in diesen Lebensläufen die Geschichte Gottes mit der Einzelnen und mit seinem Volk als Ganzem in exemplarischer Weise verwoben.

Höre – der erste Ton, der am Morgen an mein Ohr dringt, ist der unserer Glocken. Zuerst der Stundenschlag; dann die Glocke, die dreimal am Tag zum Gebet einlädt. Es bewegt mich immer wieder aufs Neue, dass ich an einem Ort lebe, an dem seit 800 Jahren Frauen das Wort Gottes hören und ihm betend antworten. Ich fühle mich als Glied in einer Kette und darf mit der Hilfe Gottes dazu beitragen, dass wir als Gemeinschaft Hörende bleiben und unser Kloster als Ort des Gebetes, der Zuflucht und des Daseins für andere bewahrt wird.

Äbtissin Bärbel Görcke

Literatur:
Biallas, Hans-Christian: Vorwort, in: Klosterkammer Hannover (Hrsg.): Klöster in Niedersachsen; Rostock 2014
Görnandt, Ruth: Zwischen katholischem Erbe und protestantischer Beliebigkeit? Zur Frage nach dem Wesen evangelischer Klöster in Geschichte und Gegenwart, in: Generalkonvent der Äbtissinnen evangelischer Frauenklöster und Stifte in Niedersachsen, durch: Görcke, Bärbel (Hrsg.): Kloster-Blicke. Bilder aus evangelischen Frauenklöstern, 2011
Hamann, M., Graefe, Christa: Kloster Mariensee, in: Germania Benedictina, Band XII: Norddeutschland, München 1994, 438-462

Liebe zum Heiligen Abendmahl

Ostkirchlicher Konvent: eine geistliche Gemeinschaft in der Tradition der Ukrainischen Lutherischen Kirche – *2003

Reinhard Thöle

Der Ostkirchliche Konvent ist eine Bruderschaft von Geistlichen und eine ökumenische Gemeinschaft von Männern, Frauen und Familien, deren Mitglieder miteinander und füreinander in der gottesdienstlichen Tradition der Ukrainischen Lutherischen Kirche beten.

Der Ostkirchliche Konvent besteht seit 2003 und ging aus Lehrveranstaltungen mit Studierenden und Doktoranden im Fach Ostkirchenkunde an der Theologischen Fakultät Heidelberg hervor. Wir sind auch Mitglied in der Arbeitsgemeinschaft Ökumenischer Kreise (AÖK), die in der Arbeitsgemeinschaft Christlicher Kirchen (ACK) in Deutschland vertreten ist. Unsere Gemeinschaft bemüht sich, den Reichtum ostkirchlicher Spiritualität, Liturgie und Theologie betend zu erschließen und für sich fruchtbar zu machen. Sie beschäftigt sich besonders mit den theologischen Dialogen zwischen reformatorischen und orthodoxen Kirchen und versucht, deren Erkenntnisse und Ergebnisse aufzunehmen.

Unser Gottesdienst

Die Gottesdienste, die wir feiern, gehen zurück auf die Ordnungen, die in der Ukrainischen Lutherischen Kirche (ULK) im ersten Viertel des vergangenen Jahrhunderts im Rahmen einer national-religiösen Erneuerungsbewegung in den heutigen ukrainischen Gebieten Ostgaliziens und Wolhyniens entstanden sind. Das Gottesdienstbuch, das 1933 in Stanislau erschien, enthält die Johannes-Chrysostomos-Liturgie und andere Gottesdienste, die als lutherische Bearbeitungen der griechisch-katholischen Tradition entstanden sind. Man kann diesen Gottesdienst als eine Symbiose der Schätze des byzantinisch-slawischen Ritus und reformatorischer-pastoraler Anliegen ansehen. Liturgiegeschichtlich ist dieser Gottesdiensttypus ein Unikat. Das Gottesdienstbuch von 1933 wurde seiner Zeit auch von den Evangelischen Theologischen Fakultäten Wien, Leipzig und Tübingen positiv begutachtet.

Diese besondere Tradition geriet aber in Vergessenheit, weil die Ukrainische Lutherische Kirche ähnlich wie die griechisch-katholische Kirche nach der kommunistischen Machtübernahme in der Ukraine nicht überleben konnte. Nur wenigen Pastoren gelang die Flucht in den Westen. Nach der politischen Wende wurde in der Ukraine mit Unterstützung aus Nordamerika die ULK wieder gegründet. Mit der Neuausgabe des Gottesdienstbuches durch die „Lutheran Heritage Foundation" in Kiew 2003 wurde für die Kirche die Besonderheit ihrer gottesdienstlichen Tradition wieder eingeführt. Über die liturgiegeschichtliche Bedeutung hinaus kann man heute diesen Gottesdiensttyp auch als eine geradezu passende Form ansehen, die lutherisch-orthodoxen Konvergenzen im gottesdienstlichen Bereich zu leben. Im nordamerikanischen Kontext würde man dafür den Begriff „convergent liturgies" verwenden.

Unser deutschsprachiges Gottesdienstbuch, das „Sluzhebnyk", das die Liturgie enthält, entstand im Wintersemester 2003/2004 im Zusammenhang mit einer ostkirchenkundlichen Seminarübung an der Theologischen Fakultät Heidelberg. Von Studenten kam die Anregung, diesen Gottesdienst nicht nur theoretisch zu besprechen, sondern ihn selbst auch wirklich zu feiern. Seit dieser Zeit findet die Feier dieser Gottesdienstform regelmäßig statt. Unser Gebetbuch, das „Molytvoslov", enthält die Formulare für Abend- und Morgenlob, die Feier der heiligen Taufe, die kirchliche Trauung, die in der Ostkirche mit dem Brauch der „Krönung" der Eheleute verbunden ist, und den Gottesdienst des Begräbnisses, sowie verschiedene Gesänge und Gebete. Der ukrainische Liturgiewissenschaftler Vasyl' Rudeyko hat uns bei der Veröffentlichung mit seinem Wissen, seiner Sprachkenntnis und der Bearbeitung der musikalischen Traditionen unterstützt. Der Bischof der Ukrainischen Lutherischen Kirche V'acheslav Horpynchuk ermutigte uns zur Veröffentlichung der Texte und gab uns seine Erlaubnis zur Verwendung der Gottesdienstordnungen seiner Kirche. Die Psalmen und biblischen Texte unserer deutschen Ausgabe folgen der Übersetzung der Lutherbibel von 1984. Beide Gottesdienstbücher wurden mit Unterstützung durch die „Evangelische Diasporastiftung" (Taunusstein) und den „Evangelischen Bund" (Hannover) gedruckt. Beide Studien wurden auch in das „Jahrbuch für Liturgik und Hymnologie", Göttingen 2004 und 2007 aufgenommen.

Unser Lernprozess

Wir haben mit der Feier dieses Gottesdienstes gelernt, dass die ostkirchliche theologische und gottesdienstliche Tradition als eine Bereicherung für unser Verhältnis zum Heiligen Abendmahl angesehen werden kann. Entscheidend dabei ist, dass dieser Gottesdienst nicht ein neues Format ist, mit dem man etwas besser machen oder gestalten kann, sondern dass er eine Dignität des heiligen Abendmahls zum Ausdruck bringt und bewahrt, die nicht Resultat unserer Bemühungen ist. Nicht der Gottesdienst ist das Objekt unserer Anstrengungen, sondern wir sind das Gegenüber des Gottes, der in diesem Gottesdienst handelt. Der Gottesdienst in der ostkirchlichen Tradition enthält einen geistlichen Weg, der die Gläubigen zu einer Gottesbegegnung führen will. Und er selbst wird damit zu einem Gefäß, das Teil hat am verwandelnden Geschehen des Gottesdienstes. Der östliche Gottesdienst versteht sich als Teil des Offenbarungsgeschehens in Raum und Zeit. Er ist darum vorsichtig, demütig und mit Ehrfurcht zu feiern und nicht mit einer Coaching- und Management-Haltung. Der Gottesdienst ist ganz menschlich betendes Handeln und daher auch ganz offen für die Erwartung, dass Gott in ihm verborgen begegnet. Gottesdienst ist nicht Objekt der Gestaltung oder Inszenierung, sondern Existenz in einem erlösenden Geschehen. Unter diesen Voraussetzungen kann der Abendmahlsgottesdienst als Liebesgeschehen zwischen Gott und Mensch wahrgenommen werden. Ist aber dieses Liebesgeschehen die Basis, können auch die einzelnen Elemente, die Gesänge, Bilder, Riten geliebt werden. Die Liebe zum Heiligen Abendmahl kann dann wachsen, wenn die geistliche Basis dafür stimmt. Die östliche Gottesdiensttradition stellt dafür Hilfen zur Verfügung.

Kommunitäten und Gemeinschaften

Wir sind der Meinung, dass Kommunitäten und geistlichen Gemeinschaften in der Evangelischen Kirche in Deutschland Heimat sein können für eine vertiefte und vertiefende Begegnung mit dem Heiligen Abendmahl im ökumenischen Kontext. Kommunitäten und Gemeinschaften sind die Orte, an denen das Heilige Abendmahl an Hand gewachsener Ordnungen und theologischem Profil mit persönlicher Erfahrung und Frömmigkeit verbunden werden kann. In ihnen kann das Heilige Abendmahl mehr noch als in den Kirchengemeinden zum gelebten Normalfall, kann der gelegentliche Kasus zur regelmäßigen Besonderheit werden. In den Kommunitäten und Gemeinschaften ist zudem der Ort gegeben, an dem die Liebe zum Heiligen Abendmahl eingepflanzt wird und wachsen kann. Damit leisten Kommunitäten und Gemeinschaften einen unschätzbaren Dienst für die ganze Kirche. Allein schon die Tatsache, dass bei ihnen die Chance besteht, den ganzen liturgischen Festkalender zu begehen oder eine komplette Leseordnung lebendig werden zu lassen, ist bereichernd. In den Kommunitäten und Gemeinschaften ist eine Möglichkeit gegeben, die Feier des Heiligen Abendmahls theologisch, liturgisch, musikalisch und spirituell neu zu verorten und als Erfahrungsschatz bereitzustellen.

Eine Konvergenz

Wir erleben unseren Weg als Ostkirchlicher Konvent auch als eine Art praktischer Umsetzung der Ergebnisse der Dialoge zwischen dem Lutherischen Weltbund und der Panorthodoxie. Was dort in einem ökumenischen Dokument beschrieben ist, zeigt uns wie in einer Skizze den theologischen und geistlichen Rahmen, in dem wir uns bewegen.

Im November 2006 wurde in Bratislava das gemeinsame lutherisch-orthodoxe Dokument „Die Heilige Eucharistie im Leben der Kirche" veröffentlicht, aus dem einige Grundaussagen angeführt seien. „Orthodoxe und Lutheraner verstehen das Sakrament der Heiligen Eucharistie als ‚die Erfüllung in der vollen Teilhabe der Christen am Leben Christi und seiner Kirche, indem sie in der Heiligen Eucharistie seinen Leib essen und sein Blut trinken'. Sie bekräftigen ebenfalls gemeinsam, dass die Eucharistie und die Teilhabe der Gläubigen daran ein Geheimnis bleiben und das menschliche Verstehen übersteigen. Die Heilige Eucharistie ist das Sakrament des Neuen Bundes, das von Christus selbst eingesetzt wurde. (Mt 26, 27 f.) Als solche ist sie ein unerlässlicher Teil des Lebens der Kirche, die der Leib Christi ist. Durch die Taufe wird der Glaubende wiedergeboren und mit dem Heiligen Geist versiegelt (für Orthodoxe geschieht die Versiegelung durch die Myronsalbung). In der Eucharistie empfangen die Glaubenden den Leib und das Blut des Herrn als eine heilende und geistliche Nahrung für Leib und Seele und erfahren ihre Gliedschaft am Leibe Christi. Auf diese Weise empfangen die Glaubenden Vergebung ihrer Sünden und die Gabe des ewigen Lebens. Die Eucharistie setzt das Bekenntnis des einen Glaubens der Kirche voraus und stärkt das Einssein der Gläubigen mit Christus und ihrer Einheit und Gemeinschaft untereinander auf örtlicher wie auf universaler Ebene (Mk 14, 22-26; 1. Kor 10, 16 f.) ... Orthodoxe und Lutheraner stimmen darin überein, dass die Eucharistie auch eine uns von Christus geschenkte Gabe der Gemeinschaft ist. In dieser Gemeinschaft werden wir voll mit ihm und mit den Gliedern seines Leibes vereint. Das „Wie" des Mysteriums bleibt unerklärbar, doch das „Was" wird im Glauben und in der Danksagung klar bekannt. Mit den Worten von Johannes von Damaskus: „... Wenn du fragst, wie dies geschieht, dann soll es dir genügen zu erfahren, dass es durch den Heiligen Geist geschehen ist, genauso wie der Herr selbst Fleisch annahm, das in ihm blieb und von der Heiligen Mutter Gottes durch den Heiligen Geist geboren wurde... Lutheraner und Orthodoxe halten sich wörtlich an die Worte Jesu „Dies ist mein Leib, dies ist mein Blut". Sie glauben, dass in der Eucharistie Brot und Wein zu Christi Leib und Blut werden, um von den Kommunikanten konsumiert zu werden. Wie dies geschieht, wird von beiden als ein tiefes und wahres Geheimnis betrachtet... Lutheraner und Orthodoxe bekräftigen gemeinsam die eschatologische Dimension der Eucharistie, durch die die Vergangenheit wie die Zukunft in die Gegenwart hineingebracht werden. Wenn das eschatologische Geheimnis der inkarnierte, gekreuzigte, auferstandene und erhöhte Christus ist, der in Herrlichkeit wiederkehrt, ist die Eucharistie, die uns zu ihm und ihn zu uns bringt, wahrhaft eschatologisch. Die Eucharistie bringt den Glaubenden und der Welt das Eschaton nahe. Sie bringt den Gläubigen das Heil und den Ungläubigen und den unwürdigen Teilhabenden das Gericht (1. Kor 11, 27 ff.)... Mit den Worten des alten Gebets „Maranata, unser Herr kommt!" (1. Kor 16, 22) betet die Kirche für das zukünftige Kommen des Herrn am Ende der Zeit wie auch für sein jetziges Kommen durch den Heiligen Geist in diesem heiligen Mahl. In der Eucharistie wird das Reich Gottes zu einer gegenwärtigen Wirklichkeit, da die Gläubigen, wenn sie zur Kommunion mit dem Leib und Blut Christi kommen, die immerwährende Einheit mit dem erhöhten Herrn erfahren."

Eine solch umfassende Konsensbeschreibung kann natürlich nur dann zur Geltung kommen, wenn sie durch eine entsprechend gelebte Abendmahlspraxis begleitet wird. Die Konsensdokumente bleiben nur Papier, wenn sie nicht mit Leben erfüllt werden können. Unsere Gemeinschaft hat es sich zur Aufgabe gemacht, diesen Konsens in ihrer Abendmahlspraxis mit Leben zu füllen. Dabei hat sich bereichernd ausgewirkt, dass uns die gottesdienstliche Tradition der Ukrainischen Lutherischen Kirche zur Verfügung steht.

Eine unbekannte Frage

Zur Reformationszeit war Philipp Melanchthon (1497-1560) besonders bemüht, die Verbindung zur Orthodoxie zu pflegen. Er war mit dem serbisch-orthodoxen Diakon Demetrios befreundet, der auch ein halbes Jahr bei ihm zu Gast war, und für ihn zum Zeugen und Boten einer lebendigen Orthodoxie wurde. Melanchthon sandte 1559 die Confessio Augustana Graeca an den Patriarchen Joasaph II. von Konstantinopel. Er war davon überzeugt, dass Gott auf wunderbare Weise nach dem Fall Konstantinopels 1453 die orthodoxe Kirche bewahrt hatte, wie die drei chaldäischen Männer im Feuerofen. Melanchthon entnimmt die Prinzipen seiner Theologie vom Magnus consensus (consensus et testimonium patrum) der orthodoxen Auffassungen des Konzils zu Nicaea 325.

Ein kleiner lutherisch-orthodoxer Dialog wurde auch zwischen den Tübinger Theologen Martin Crusius und Jakob Andreä und dem Patriarchen Jeremias II. von Konstantinopel von 1573-1581 in Form eines Briefwechsels geführt und allerdings ohne Erfolg beendet. Der Briefwechsel bringt eine gewisse gegenseitige Hilflosigkeit zum Ausdruck. Die Interpretation der Hl. Schrift nach reformatorischen Maßstäben und die gemeinsame Gegnerschaft zum römischen System schien trotz Berufung auf die Kirchenväter keine gemeinsame Basis zu schaffen mit der orthodoxen Interpretation der Hl. Schrift in ihrer Einbindung in die patristische und liturgische Überlieferung. Auch im Bereich des Gottesdienstes konnte man sich damals nicht verständigen. So legt Jeremias II. in seinem Traktat vom 15. Mai 1576 zum Artikel XIII der CA Graeca den Reformatoren die Frage diplomatisch formuliert vor, warum denn die Kirchen der Reformation sich nicht der östlichen gottesdienstlichen Tradition des Johannes Chrysostomos und Basilius anschließen wollten, wenn sie ihren Gottesdienst wirklich erneuern wollten. Dieses mag wie eine Marginalie aus der Kirchengeschichte wirken, für unsere Gemeinschaft kann es als ein kleiner Hinweis für unsere Existenz angesehen werden. Sie wäre damit auch ein spezieller Beitrag zu dem, was 1959 bei den „Arnoldshainer Gesprächen" gemeinsam formuliert wurde:

„Das reformatorische Erlebnis der Rechtfertigung aus Glauben findet eine weitgehende Entsprechung in der orthodoxen Liturgie und Aszetik".

Reinhard Thöle

Bildung der geistlich-theologischen Persönlichkeit

Evangelisches Exerzitium – *1999

Christel Keller-Wentorf und Stefan Kunz

Das „Evangelische Exerzitium – Zentrum für geistliche Theologie und christliche Lebensgestaltung e.V." wurde 1999 gegründet. Blicken wir auf die 17 Jahre seines Bestehens zurück, erfüllt uns, die Mitglieder, große Dankbarkeit zu allererst gegenüber unserem Gott, dann aber auch gegenüber den Menschen, die mit großem Engagement zu der Entwicklung des Lebens des Evangelischen Exerzitiums beigetragen haben.

Die Gründung

Am Anfang des Evangelischen Exerzitiums stand die Sehnsucht dreier Menschen, zweier Pfarrer und einer Pfarrerin, nach einer geistlich orientierten Kirche, die strikt nach Gottes Willen fragt, auf das biblische Wort hört und christliche Gemeinschaft lebt. Denn in unseren Arbeitsfeldern orientierte sich kirchliches Handeln hauptsächlich an Begriffen aus der Wirtschaft, wie Kundenorientierung, Dienstleistungsbetrieb, Management oder u. a. an Sozialtheorien, die ein rein funktional bestimmtes Denken forderten. Die Frage nach Gott trat in den Hintergrund und damit auch die geistlich-theologische Sicht der Gegenwartsfragen. In der Gestaltung der alltäglichen Lebenspraxis spielte die Bibel nur bedingt eine Rolle, meistens wurden ihre Aussagen an den Rand geschoben. Weithin war in den kirchlich-gesellschaftlichen Diskussionen eine Unkenntnis der Inhalte des christlichen Glaubens zu erkennen.

Doch nicht nur bei anderen Mitchristen, sondern auch bei uns selbst nahmen wir die geschilderten Defizite wahr. Aus ganzem Herzen konnten wir dem französischen Philosophen Albert Camus beipflichten, wenn er – als Atheist – sagt: „Die heutige Welt verlangt von den Christen, dass sie Christen bleiben." Diesem Wort folgend und eingedenk der Verheißung Jesu „Wo zwei oder drei versammelt sind in meinem Namen, da bin ich mitten unter ihnen" (Matthäus 18,20) begannen wir mutig das aus unserer Sicht Notwendige mit Gottes Hilfe zu tun, nämlich die entschiedene Hinwendung zu den geistlichen Grundlagen der Kirche, die intensives Bibelstudium und theologische Reflexion fordert, und die daraus resultierende Neugestaltung unseres alltäglichen Lebens wie die Neuorientierung unseres pfarramtlichen Dienstes.

Diese Aufgaben wollten wir zusammen mit Gleichgesinnten angehen. Sowohl aus kirchenleitenden Kreisen wie aus gemeindlichen Zusammenhängen als auch von Theologiestudierenden erhielten wir ein positives Echo. Besonders fördernd aber waren die Gespräche mit Pfarrer Dr. Karl Heinz Michel und Prof. Dr. Manfred Seitz, die sich beide unserem kleinen Kreis anschlossen. Mit der Zeit aber wuchs unser Kreis, so dass es schließlich zur Vereinsgründung kam. Nach intensivem Diskussionsprozess gaben wir dem Verein den Namen „Evangelisches Exerzitium – Zentrum für geistliche Theologie und christliche Lebensgestaltung e.V." (zum Vereinsnamen s. unten „Ev. Exerzitium").

1. Ziel und Inhalt des Evangelischen Exerzitiums

Langsam konkretisierte sich das von uns Beabsichtigte, es geht uns um die „Bildung der geistlich-theologischen Persönlichkeit". In diesem Prozess, der den ganzen Menschen umfasst, wollen wir einander begleiten, stärken und anregen. Der Ausdruck „Persönlichkeit" wurde absichtlich gewählt. Der Persönlichkeit liegt die Person zugrunde, die jeder Mensch ist. Person charakterisiert das, was das Wesen des Menschen ausmacht. Nicht aus sich selbst oder durch sich selbst ist der Mensch Person, sondern er ist es allein, wie Romano Guardini sagt, „indem Gott ihn anruft". Von diesem Anruf her und auf diesen Anruf hin lebt der Mensch.

Indem der Mensch sich dem unverwechselbaren, nur ihm geltenden Ruf Gottes stellt, sein Leben als Antwort auf diesen Ruf versteht und lebt, verwirklicht er sein ihm geschenktes Personsein und reift darin zur Persönlichkeit heran. Ein Verweigern der Antwort auf Gottes Lebensruf lässt die dem Personsein des Menschen innewohnende Persönlichkeit verkümmern. In unserer Gruppe wollen wir einander helfen, das Leben als Lebensantwort auf Gottes Ruf zu erkennen und zu gestalten und damit das Heranreifen der Person zur geistlichen Persönlichkeit zu fördern. Dass sich dieser Lebensprozess für Christen nur im Leben der Kirche, in der *communio sanctorum*, vollziehen kann, ist zwar selbstverständlich, muss aber gerade von uns evangelischen Christen neu geübt werden.

Diese Bildung und Reifung aber, so sehen wir es, geschieht im Miteinander der „Arbeitsfelder": Geistliche Theologie und Lebenspraxis (z. B. geistlich-theologische Bildung und Begleitung, Vertiefung des Geistlichen Lebens, Gebet etc.), Verkündigung und Liturgie (Zeugenschaft, Feier der Liturgie, Lebensgestaltung durch Liturgie, z. B. gelebtes Kirchenjahr, liturgisch gestalteter Alltag), Weltverantwortung des Christen (z. B. Zeitdiagnostik, Gesellschaftsanalyse *sub specie dei*). In allen Bereichen boten und bieten wir Veranstaltungen an, in denen sich theologische Arbeit und geistliches Leben, Theorie und Praxis durchdringen. Dieses Miteinander von Geistlichem und Leiblichem sehen wir als ein wesentliches Spezifikum unserer Arbeit an.

„Zellen" und Bezugsort

Aus den verschiedenen Veranstaltungen erwuchsen an einzelnen wenigen Orten kleine Gruppen, wir nennen diese „Zellen", die im Sinne des Ev. Exerzitiums miteinander arbeiten und sich im geistlichen Leben gegenseitig stützen. Der zentrale Bezugsort des Ev. Exerzitiums ist das Kloster Volkenroda.

Geistliche Gemeinschaft

Einige Mitglieder des Ev. Exerzitiums verlangten nach einer größeren Verbindlichkeit geistlichen Lebens. So gründeten wir die „Geistliche Gemeinschaft im Evangelischen Exerzitium". Diese Gemeinschaft gab sich eine Geistliche Ordnung, nach der sie verbindlich lebt.

Die Kurzfassung der Geistlichen Ordnung lautet:
1. Ich **lese täglich die Bibel**.
2. Unsere Zeit wird durch das **Gebet** geheiligt.
3. Ich nehme, soweit möglich, regelmäßig am **Gottesdienst** und an der Feier des Heiligen Abendmahles teil.
4. Ich bin bereit, mich verbindlich auf die **Geistliche Gemeinschaft** im Evangelischen Exerzitium einzulassen.
5. Ich bin bemüht, meinen **Mitmenschen** aufmerksam und offen zu begegnen und denen, die meine Hilfe bedürfen, uneigennützig zu dienen.
6. Ich will **mein ganzes Leben**, mein Wollen, Denken, Reden und Tun **in Verantwortung vor Gott zum Lob Seiner Herrlichkeit** leben.
7. In meiner Lebensgestaltung suche ich das **rechte Maß**.
8. Ich will **zwischen Gott und Göttern** in meinem Leben **unterscheiden** lernen.
9. Ich suche einen Menschen, der mich **geistlich begleitet**, und bin bereit, seelsorgerlichen Rat anzunehmen.

Einmal im Jahr, beim Jahreskonvent, wird die Verpflichtung zum Leben nach dieser Ordnung von den Mitgliedern in Verbindung mit einer Tauferneuerungsfeier erneuert. Es zeigt sich, dass gerade in dieser „Erneuerungsfeier" die Mitglieder der Gemeinschaft von Jahr zu Jahr zu einer tieferen geistlichen Gemeinschaft zusammenwachsen. Da die einzelnen Mitglieder recht verstreut über Deutschland wohnen und ein Treffen nicht sehr häufig möglich ist, hat sich das wöchentliche Geschwistergebet bewährt. Diesem geht ein sog. Geschwisterbrief voraus, in dem jeder mitteilt, was ihn freut, was ihn bedrückt, wofür er Fürbitte erbittet und wofür zu danken ist.

2. Die Bedeutung der Bibel für unsere Gemeinschaft

Die Bibel ist die „Ur-kunde" unseres Glaubens. Sie erzählt von der Geschichte Gottes mit seinem Volk Israel, von Jesus Christus und von den ersten christlichen Gemeinden. Sie kündet von Schöpfung, Versöhnung und Erlösung der Welt durch Gottes Gnade. Sie ist geschrieben, um Glauben zu erwecken und ihn zu stärken. In ihr haben Menschen – nicht ohne die Hilfe des Heiligen Geistes – bezeugt, welche Erfahrungen sie mit Gott machten, wie er mit ihnen redete und was sie von ihm weitergeben wollten. Die Bibel ist ein historisches Dokument, aber sie ist mehr als das: Gott redet auch heute durch sie. In der Kraft des Heiligen Geistes gebraucht Gott diese Worte, so dass sie aufleuchten, lebendig werden, in unser Leben hineinsprechen und als Gottes Wort uns ermahnen und trösten, aufrichten und befreien.

Immer wieder haben wir uns gegenseitig ermutigt, uns täglich diesem lebendig machenden Wort Gottes zu öffnen durch eine regelmäßige geistliche Schriftlesung (*lectio divina*). Dabei haben wir vorausgesetzt, dass wir es im christlichen Glauben mit einer Botschaft zu tun haben, die wir uns nicht selbst ausdenken und selbst zusprechen können, sondern die uns überliefert, erzählt, verkündet und persönlich zugesprochen wird und die wir nur mit einem „hörenden Herzen" (vgl. 1.Kön 3) – ermöglicht durch den Heiligen Geist – in uns aufnehmen können.

Das Hören auf die Heilige Schrift will geübt sein, es erfordert bestimmte Rahmenbedingungen und verlangt eine innere Haltung, die von der uns allzu vertrauten Haltung des aktiven Sich-Aneignens, des Objektivierens und rationalen zweckgerichteten „Be-greifens" sehr verschieden ist. Unser „nesselverwachsenes Ohr" (Nelly Sachs) muss wieder geöffnet werden für das reine und unverstellte Hören.

In Erinnerung an die Formen der geistlichen Schriftlesung, wie sie in den christlichen Klöstern und nicht zuletzt in den Schriften Martin Luthers entwickelt wurden, haben wir uns selbst und unseren Kursteilnehmern gezeigt, wie diese alte Weise, die Heilige Schrift zu lesen, eine große und starke Hilfe sein kann auf dem Lernweg zum gestalteten Glauben und Leben. Folgende Regeln haben sich dabei in unserer geistlichen Schriftlesung bewährt:

Ich suche mir einen ruhigen Ort, wo ich ungestört sitzen, lesen und beten kann.
Ich nehme mir eine bestimmte Zeit, die reserviert, „herausgeschnitten" ist aus dem Alltag für die Begegnung mit dem Wort Gottes.
Ich trete bewusst ein in die Gegenwart Gottes.
Ich bitte um den Heiligen Geist, wohlwissend, dass ich nur durch die Erleuchtung des Heiligen Geistes die Bibel recht verstehen kann.
Ich lese den Text in horchender Erwartung, mit einem hörenden Herzen.
Ich mache mich – wenn möglich – mit neueren exegetischen Einsichten (z. B. durch die Stuttgarter Erklärungsbibel) vertraut und versuche, den Text im Lichte dieser Einsichten zu verstehen.
Ich meditiere danach den Text in geduldiger und stetiger Achtsamkeit.
Ich versuche, möglichst unvoreingenommen herauszuhören, welcher göttliche Widerspruch, welcher göttliche Zuspruch, welcher göttliche Anspruch und welche göttliche Verheißung sich aus dem Text für die eigene Lebenssituation ergeben.
Den großen Segen dieser „*lectio divina*" haben wir oft erfahren.

3. Schätze aus der Tradition

In der Gegenwart zu leben und zu arbeiten, heißt nicht, die Vergangenheit zu vergessen. Dieses gilt im Besonderen für unseren christlichen Glauben und unser christliches Leben. Denn unseren christlichen Glauben haben wir uns nicht ausgedacht, sondern wir haben ihn durch die Überlieferung der Propheten und Apostel empfangen, wie Paulus z. B. im 1. Korintherbrief schreibt: „Denn als Erstes habe ich euch weitergegeben, was ich auch empfangen habe." Damit steht jeder Christ, jede Christin in einer Überlieferungskette des christlichen Glaubens und Lebens, die sie mit dem Grundereignis des christlichen Glaubens, d. h. dem Leben und der Geschichte Jesu Christi, seinem Wort und Werk, verbindet. Die Zwischenglieder dieser Kette aber bilden die ihren Glauben lebenden und weitergebenden Christen und Christinnen durch die Jahrhunderte hindurch.

Dieser Traditionsprozess – und das ist das Besondere – geschieht im Wirken des Heiligen Geistes. Das heißt zum einen, dass kraft des Heiligen Geistes das Leben und Wirken Christi nicht in die Vergangenheit versinken, sondern uns zur Gegenwart werden.

Die Glaubensgemeinschaft mit den uns vorangegangenen Müttern und Vätern hält für uns eine Fülle von Schätzen gelebten und erfahrenen Christseins bereit, die es zu entdecken gilt. Welchen Gewinn die Begegnung der Väter und Mütter für unser Glaubensleben bedeuten kann, erfuhren wir, als wir uns z. B. mit der Regel des Hl. Benedikt, mit Hymnen von Ephraim dem Syrer, oder Texten des größten Auslegers des 2./3. Jahrhunderts, Origenes, beschäftigten. In der Begegnung mit ihm wurde uns klar: Als Zentrum des christlichen Glaubens und Lebens sieht er uneingeschränkt die Heilige Schrift. Die tiefe Liebe zum biblischen Wort prägte sein Denken und seinen Lebensstil. In diesem strikten Bibelbezug ist er uns im Ev. Exerzitium sehr nah. Zugleich vertiefte er unser Bibelverständnis, indem er uns die geistliche Textauslegung einsichtig machte. Hintergrund seines Umgangs mit dem biblischen Wort bildete seine tiefe Gewissheit, dass Gott bzw. Christus selbst in der Heiligen Schrift spricht. ER ist im biblischen Wort gegenwärtig. Zudem schärft Origenes uns ein, dass das biblische Wort als das Wort des gegenwärtigen Gottes stets jetzt wirkt und sich als das Heute Gottes, als aktuelles Wort an uns richtet. Dieses aber bedeutet für uns, wie Origenes in einer seiner Brunnenpredigten schreibt: „Es geht um die Erziehung der Menschen und um eine geistige Lehre, die dir klarmacht, dass du täglich zum Brunnen der Schrift kommen sollst, zum Wasser des Heiligen Geistes, um zu schöpfen und ein volles Gefäß mit nach Hause zu nehmen, wie es die heilige Rebekka tat"[1]. Es fasziniert uns an Origenes, in ihm einen begeisterten Christen mit einer tiefen Liebe zu Jesus zu begegnen, die nicht nur sein Denken bestimmt, sondern seine Lebensgestaltung und Lebensführung entschieden und konsequent formt. So wird er uns in vielem zum Vorbild, vor allem in dem absoluten Ernstnehmen der Realität Gottes und in der Ausrichtung unseres Lebens auf den Himmel, der vollendeten Gottesgemeinschaft.

Für Origenes bildet auch das Martyrium des Christen ein wesentliches Thema. Dabei geht es ihm nicht nur um die theologische Durchdringung des Martyriums, sondern hauptsächlich um die Praxis des Märtyrerseins. Begleitete er doch seelsorgerlich eine Reihe von Christen, die am Ende den Märtyrertod erlitten. Anfangs galt uns im Ev. Exerzitium das „Martyrium" als ein für uns nicht relevantes Thema.

Inzwischen aber hat sich die Situation gewandelt. Martyrium wird für uns Christen heute vorstellbar, zumal wenn uns real das Leiden der Christen im Osten vor Augen steht. Damit zeigt sich uns ein Gewinn der Beschäftigung mit unserer Tradition: Wesentliche Aspekte des christlichen Lebens, die bei uns zurückgetreten oder verloren sind, treten wieder in unseren Gesichtskreis, wie z. B. die Ausrichtung unseres Lebens auf die Ewigkeit.

4. Was heißt „Exerzitium"?

Alle Bemühungen um das Wort Gottes und die geistige Erkenntnis Gottes fördern unser geistliches Leben nicht, wenn diese nicht vom praktischen Tun begleitet werden.

Starez Theophan schreibt: „Das Lesen oder Sprechen über Gott wird leicht zu einer Gewohnheit. Es ist einfacher zu philosophieren als zu beten und über sich selbst zu wachen. ... Es ist nicht gut, sich zu sehr an die Lektüre zu klammern. Das führt zu nichts Gutem und bringt die Gefahr mit sich, gleichsam eine Mauer zwischen Gott und dem Herzen aufzurichten."[2] Weil wir um die Gefahr der Errichtung einer solchen Mauer wissen, sehen wir in der Ein- und Ausübung der Praxis unseres Glaubens den Mittelpunkt unserer Arbeit. Mit der täglichen *lectio divina* verbinden sich für uns weitere Ausdrucksgestalten unseres Glaubens, die in ständiger Übung praktiziert, unser Leben mehr und mehr von unserem Glauben her geformt sein lassen. So beten wir z. B. nicht nur bei unseren Treffen die jeweiligen Stundengebete. Darüber hinaus versucht der Einzelne in seinem Tageslauf „liturgische Haltepunkte" zu setzen, wie das Beten des Vaterunsers, das Innehalten zum Lobpreis des dreieinigen Gottes (z. B. „Ehre sei dem Vater und dem Sohn und dem Heiligen Geist"), den Tagesrückblick als „Gebet der liebenden Aufmerksamkeit", das gestaltete Begehen des Sonntags. Aber auch die Gestaltung alltäglicher Verhaltensweisen, wie der Umgang mit unseren Mitmenschen, gehört hierher und bedarf des vom Glauben her geprägten Ein- und Ausübens

---

[1] Th. Heither, Schöpfen aus dem Brunnen, 1994, S.22

[2] Russischer Starez (1815-1894): Schule des Herzensgebetes. Die Weisheit des Starez Theophan, 1989², S. 104

im Alltag. Dieser Vollzug des Übens ist das bestimmende Element unserer Einrichtung. Von daher gaben wir uns den Namen „Evangelisches **Exerzitium**".

Unsere eingehende Beschäftigung mit dem Vorgang des Übens, die sich an dem Buch des Philosophen O.F. Bollnow: „Vom Geist des Übens" (1991³) orientierte, zeigte uns, dass das Üben wesentlich zum Menschen gehört, und zwar ein Leben lang. Ein Mensch, der nicht übt, verkümmert. Dieses gilt auch vom Christsein des Christen. Ein Christ, der seinen Glauben nicht im Leben gebraucht und übt, bleibt als Christ tot, sein Glaube abstrakt und ohne Erfahrung.

So spielt in unserem Grundkurs „Evangelische Spiritualität und Verantwortung" das Üben eine wichtige Rolle. Die wesentlichen Momente des Übens wie der ernsthafte Entschluss, an dem Kurs teilzunehmen, samt der Bereitstellung der Zeit, Festlegung der Struktur des Übens, Bereitschaft zur geduldigen Wiederholung, das Durchhalten auch bei Unlustgefühlen und die Hingabe an die jeweils zu übende „Sache", u. a. sind von den Teilnehmenden zu praktizieren. Die meisten Mitglieder des Evangelischen Exerzitiums beschreiben als Gewinn ihrer Zeit im Evangelischen Exerzitium vor allem die Lebensveränderung, die sie erfahren haben, und zwar hinsichtlich der Vertiefung des biblischen Wortes, der Wahrnehmung der Ökumene und besonders der Gestaltung ihres christlichen Lebens. Dafür sind wir sehr dankbar.

5. Kreative Form des Bibellesens

Zum Schluss soll nicht unerwähnt bleiben, dass uns besonders der Zugang Martin Luthers zur Heiligen Schrift immer wieder inspiriert und neues Verständnis für Gottes Wort geschenkt hat.

Wichtig wurde dabei, was Luther in seiner Vorrede zum ersten Band der Wittenberger Ausgabe seiner deutschen Schriften über die geistliche Schriftlesung sagt:

„Erstens sollst du wissen, dass die Heilige Schrift ein solches Buch ist, das die Weisheit aller anderen Bücher zur Narrheit macht, weil keines vom ewigen Leben lehrt als dieses allein. Darum sollst du an deinem Sinn und Verstand stracks verzagen. Denn damit wirst du es nicht erlangen. ... Sondern kniee nieder in deinem Kämmerlein und bitte mit rechter Demut und Ernst zu Gott, dass er dir durch seinen lieben Sohn wolle seinen heiligen Geist geben, der dich erleuchte, leite und Verstand gebe. ...

Zum anderen sollst du meditieren, das ist: nicht allein im Herzen, sondern auch äußerlich die mündliche Rede und im Buch geschriebenen Worte immer treiben und reiben, lesen und wiederlesen, mit fleißigem Aufmerken und Nachdenken, was der heilige Geist damit meint. Und hüte dich, dass du nicht überdrüssig werdest oder denkest, du habest es ein Mal oder zwei genug gelesen, gehört und gesagt und verstehest es alles bis auf den Grund. Denn daraus wird nimmermehr ein guter Theologe. Solche sind wie das unzeitige Obst, das abfällt, ehe es halb reif wird. ...

Zum dritten ist da *tentatio*, Anfechtung. Die ist der Prüfstein, die lehrt dich nicht allein wissen und verstehen, sondern auch erfahren, wie recht, wie wahrhaftig, wie süß, wie lieblich, wie mächtig, wie tröstlich Gottes Wort sei, Weisheit über alle Weisheit."

In dieselbe Richtung zielt, was Luther in seiner kleinen, bedeutsamen Schrift „Eine einfältige Weise zu beten, für einen guten Freund", die er für seinen Barbier, Meister Peter Beskendorf, verfasst hat, als sogenanntes „Vierfaches Kränzlein" vorschlägt. Er schlägt dabei vor, die Schrift mit einer vierfachen Fragerichtung zu lesen:

1. Was steht geschrieben?
2. Wofür habe ich zu danken?
3. Was muss ich bekennen?
4. Worum darf ich bitten?

Er schreibt:
„Und ich mache aus einem jeglichen Gebot ein vierfaches oder ein vierfach gedrehtes Kränzlein, so nämlich: ich nehme jedes Gebot zum ersten als eine Lehre an, wie es denn an sich ist. ... Zum zweiten mache ich eine Danksagung daraus, zum dritten eine Beichte, zum vierten ein Gebet."

Die geistliche Schriftlesung in diesem Sinne gehörte und gehört ins Zentrum unserer Bemühungen und war stets die Bedingung der Möglichkeit, die „göttliche Weisheit" und Gottes je eigenen Ruf an mich im vertrauenden Hören aufzunehmen und auf diesen Ruf mit der ganzen Existenz zu antworten, und zwar im Sinne dessen, was Paulus in die Worte gefasst hat: „Nicht, dass ich's schon ergriffen habe oder schon vollkommen sei; ich jage ihm aber nach, ob ich's wohl ergreifen könnte, weil ich von Christus Jesus ergriffen bin. Meine Brüder und Schwestern, ich schätze mich selbst noch nicht so ein, dass ich's ergriffen habe. Eins aber sage ich: Ich vergesse, was dahinten ist, und strecke mich aus nach dem, was da vorne ist, und jage nach dem vorgesteckten Ziel, dem Siegespreis der himmlischen Berufung Gottes in Christus Jesus." (Philipper 3,12ff.)

Christel Keller-Wentorf
und Stefan Kunz

Ein geschützter Raum

Pfarrergebetsbund – *1913

Werner Kenkel

Ende Januar 1995 wurde ich auf der Voständetagung in Marburg-Wehrda in den Gesamtarbeitskreis des Pfarrerinnen- und Pfarrer-Gebetsbundes (PGB) – damals hieß er noch Pfarrergebetsbruderschaft – gewählt. Einige Monate später, genauer gesagt am 11. Juni, fuhr ich zur ersten Sitzung des Leitungsgremiums. Da ich an dem Tag 40 Jahre alt wurde, machte ich mich etwas verspätet auf den Weg in Richtung Großalmerode und kam dort an, als die Sitzung schon in vollem Gange war. Als ich den Raum betrat, wurde ich mit einem freundlichen Kopfnicken begrüßt. Nach wenigen Minuten wies ein Bruder aus den neuen Bundesländern darauf hin, dass ich an dem Tag 40 Jahre alt würde. Er hatte seine Fürbittenliste, in der alle Mitglieder des PGB verzeichnet sind, vor sich liegen und hatte gleich unter meinem Namen nachgeschaut. Ich durfte mir ein Lied wünschen, später wurde auch für mich gebetet.

Eine kleine unscheinbare Begebenheit, die mich aber sehr berührt hat und die in gewisser Weise kennzeichnend für das Miteinander im PGB ist. Immer wieder habe ich es erlebt, dass Sitzungen nicht nur wie in anderen kirchlichen Gremien mit Gebet begonnen und beschlossen wurden; auch zwischendurch wurde immer wieder innegehalten, um für dieses oder jenes Anliegen zu beten.

Der Name unserer Gemeinschaft wurde des Öfteren geändert, aber das Gebet stand und steht im Mittelpunkt. Gleich zu Beginn der sogenannten Lebenslinien wird ausdrücklich betont: „Die Schwestern und Brüder des PGB bekennen sich in geistlicher Gemeinschaft zu folgenden Lebenslinien: Geistliches Leben mit Jesus Christus im täglichen Hören auf das Wort der Heiligen Schrift, im Gebet, im Zeugnis und in der Tat. Fürbitte für die Schwestern und Brüder im PGB, für unseren Weg und unseren Dienst, für unsere Kirche und unsere Welt."

Dürrezeiten im Pfarrberuf

Nun sollte man meinen, dass das Gebet bei Pfarrerinnen und Pfarrern selbstverständlich ist. Dem ist aber nicht so. Wie heftig konnte z. B. in Vikariatskursen der 70er und 80er Jahre des vergangenen Jahrhunderts darüber gestritten werden, ob zu Tisch oder während der Andachten gebetet werden sollte. In dieser Hinsicht hat sich Gott sei Dank in den letzten Jahren vieles verändert. Oder wie groß ist die Gefahr, dass jemand in seiner Rolle als Pfarrerin/Pfarrer in der Öffentlichkeit betet, das persönliche Gebet aber auf der Strecke bleibt. Auch jemand, der es gewohnt ist, persönlich zu beten, ist nicht davor gefeit, Dürrezeiten zu erleben, in denen er einfach nicht die Kraft zum Beten findet.

Ich gestehe, auch ich habe diese Zeiten erlebt. Wie froh und dankbar war ich da, dass andere für mich gebetet haben. Wie froh und dankbar war und bin ich, dass ich zu einer Gemeinschaft gehöre, in der man Anteil am Ergehen des anderen nimmt und füreinander betet.

Wenn ich hier von der Bedeutung des Gebets im persönlichen Leben wie im Leben des PGB schreibe, komme ich nicht umhin, auf den Mann hinzuweisen, der mein großväterlicher Freund war und entscheidend mit dazu beigetragen hat, dass ich den Weg zum PGB fand. Ich meine Erich Schnepel, der bereits als junger Pfarrer dem 1913 in Halle gegründeten Pastorengebetsbund – wie er ursprünglich hieß – beitrat. Er vertrat nach 1945 entschieden den Gedanken der Bruderschaft und regte an, nicht nur zu den jährlichen Tagungen, sondern regelmäßig auch zu sogenannten Kleinkreistreffen zusammenzukommen, um sich über die Dinge auszutauschen, die die Einzelnen bewegen, miteinander die Bibel zu lesen und füreinander zu beten. Beim gemeinsamen Bibellesen sollte es nicht in erster Linie um das rechte Verständnis des Textes gehen, sondern jeder sollte die Gelegenheit haben, den anderen mitzuteilen, was ihm persönlich beim Betrachten des Bibelabschnitts aufgegangen ist.

Brüderliche Handreichungen

Auch in anderer Hinsicht hat Erich Schnepel dem PGB neue Impulse gegeben. Er pflegte Kontakt zu den theologischen Fakultäten. Ihm lagen insbesondere die Theologiestudierenden am Herzen, die durch das Aufkommen der Bultmannschen Theologie stark verunsichert waren. So fanden ab

1961 sogenannte Ferienseminare – später umbenannt in Intensivseminare – statt. Gleichzeitig wurde auch der Weg gebahnt für eine theologische Zeitschrift, die sogenannten Brüderlichen Handreichungen, aus denen 1970 die Theologischen Beiträge hervorgegangen sind. Jeder Theologiestudierende hat bis heute die Möglichkeit, diese Zeitschrift für die Dauer von zwei Jahren kostenlos zu beziehen. Einen Großteil des Spendenaufkommens verwendet der PGB für diese Arbeit.

Erich Schnepel war zudem ein begnadeter Seelsorger, der unzähligen Menschen wegweisende Impulse gegeben hat, so auch mir und meiner Frau. Während unseres Studiums in Marburg geschah es immer wieder, dass er mitten im Gespräch auf einmal innehielt und zu beten anfing. Das Gespräch, das wir miteinander geführt hatten, führte unmittelbar in das Gespräch mit dem lebendigen Gott. Dazu musste man nicht erst eine andächtige Haltung einnehmen; für Erich Schnepel war der auferstandene Herr ohnehin stets anwesend.

Als wir 1983 nach dem Vikariat in die uns zugewiesene Pfarrstelle nach Halver-Oberbrügge wechselten, besuchten wir Erich Schnepel noch einmal in Biedenkopf, wo er inzwischen mit seiner Frau in einem Seniorenheim lebte. Wir mussten ihm auf der Landkarte zeigen, wo dieser Ort liegt. Und wir waren uns gewiss, dass wir in ihm einen treuen Beter hatten, der uns auf unserem Weg in die neue Aufgabe fürbittend begleiten würde.

Das war 1983. Inzwischen bin ich nach 32 Jahren Pfarrdienst in den Ruhestand verabschiedet worden. Zu meiner Verabschiedung waren auch etliche Weggefährten aus dem PGB gekommen. Der Gemeinde gegenüber wurde damit signalisiert, dass ich all die Jahre nur durchstehen konnte, weil ich mich von treuen Betern in der Gemeinde und im PGB getragen wusste.

Gebet und mehr

Das Gebet steht betont an erster Stelle. Es sind aber noch andere Dinge, die mir durch den PGB sehr wichtig geworden sind. So habe ich z. B. stets darauf geachtet, mir immer wieder eine Auszeit zu nehmen, um innerlich zur Ruhe kommen und Gott neu begegnen zu können. Dies hatte mir Erich Schnepel zum Ende meines Studiums mit auf den Weg gegeben: „Werner, denke daran, einen Tag in der Woche Sabbat zu halten!" „Such dir einen Kreis, in dem du nicht der Herr Pastor, sondern der Werner bist." In seiner seelsorgerlichen Art hatte er damit das formuliert, was die Lebenslinien des PGB so zum Ausdruck bringen: „Verbindliches Teilnehmen am Regionalkreis zur gegenseitigen Begleitung und Ermutigung im Leben, Glauben und Dienen. Bereitschaft, im PGB Seelsorge und Beichte zu empfangen und zu üben."

Ich suchte zunächst in der Gemeinde solch einen Kreis, in dem ich nicht nur der Herr Pastor war. So fing ich 1984 mit der Hauskreisarbeit an, ein Anliegen, das mir Erich Schnepel ebenfalls ans Herz gelegt hatte. In diesen Hauskreisen versuchte ich zu verwirklichen, was mir wichtig geworden war, nämlich die Bibel persönlich zu lesen, über das Erkannte auszutauschen, füreinander zu beten und Gemeinschaft miteinander zu haben. In den letzten Monaten meines Dienstes in Halver-Oberbrügge wurde mir von verschiedenen Seiten signalisiert, wie viele gerade durch diese Hauskreise zum Glauben geführt und im Glauben gestärkt worden sind. Ich selber fühlte mich in diesen Kreisen auch zuhause. Und dennoch blieb ich der Herr Pastor, auch wenn wir nach und nach zum Du übergegangen waren.

1985 wurde ich zusammen mit einem Nachbarkollegen in den PGB aufgenommen. Gemeinsam sammelten wir Geschwister aus dem Kirchenkreis Lüdenscheid, um uns „im Leben, Glauben und Dienen" gegenseitig zu ermutigen. Hier hatte ich nun endlich den Kreis gefunden, in dem ich nicht nur der Herr Pastor, sondern der Werner sein durfte. Ohne diese Gemeinschaft wüsste ich nicht, wie ich all die Anforderungen, auch Spannungen und Konflikte hätte durchstehen sollen. Wenn jemand ein besonderes Anliegen hatte oder es ein aktuelles Problem gab, hier war der Ort, wo wir offen darüber sprechen und es ins Gebet vor Gott bringen konnten.

Verbindliche Weggemeinschaft

Immer wieder begegneten und begegnen mir Amtskollegen, die sich zwar nach solch einer Gemeinschaft sehnen, aber beklagen, sie hätten keine Zeit für einen zusätzlichen Termin im Monat. Ich kann aus meiner persönlichen Erfahrung heraus nur dazu ermutigen, nie aufzugeben, sich Freiräume für persönliche Auszeiten und solche Gemeinschaft zu suchen. Der PGB pflegt kein kommunitäres Leben, was für Pfarrerinnen und Pfarrer, die in der Gemeindearbeit stehen, auch schwer möglich wäre. Dennoch ist es wichtig, Pfarrerinnen und Pfarrer zu einem verbindlichen Miteinander zu ermutigen.

Neben dem Gebet und der verbindlichen Gemeinschaft mit Geschwistern ist mir, vermittelt durch den PGB, auch die theologische Weiterarbeit wichtig geworden. Dabei muss ich gestehen, dass ich mich in den ersten Amtsjahren vorwiegend auf die praktische Arbeit konzentriert habe. Für das Lesen theologischer Literatur habe ich mir anfangs nur wenig Zeit genommen. Das änderte sich jedoch im Laufe der Jahre. Mir wurde immer mehr bewusst, dass ich die Anstöße aus der Beschäftigung mit theologischer Literatur brauche, um geistlich lebendig zu bleiben und im Amt nicht zu „versauern".

Bei den Veröffentlichungen des PGB gehörte es von Anfang an dazu, dass immer wieder Neuerscheinungen im Bereich der Theologie besprochen wurden. Auch wurde dazu angeregt, in den Kleinkreisen ab und zu ein theologisches Buch gemeinsam zu besprechen. Dieses Anliegen ist in die Lebenslinien des PGB unter Punkt 7 eingeflossen, wo es heißt: „Verantwortliche Arbeit in den theologischen, kirchlichen und gesellschaftlichen Fragen der Gegenwart."

Regelmäßig lädt der PGB zu Tagungen ein. In seinem Namen werden die Theologischen Beiträge herausgegeben. Ein Bruder, der jahrelang Korrektor dieser Zeitschrift war, sagte mir einmal, dass ihnen während des Studiums gesagt worden sei, im Pfarramt sollten sie regelmäßig eine theologische Zeitschrift lesen; er sei diesem Rat gefolgt, indem er von Anfang an die Theologischen Beiträge gelesen habe.

Aktuell wie eh und je

Inzwischen ist der PGB in die Jahre gekommen. Nicht wenige Geschwister haben die Pensionsgrenze überschritten. Und dennoch bleibt das Anliegen des PGB auch für nachwachsende Generationen von Pfarrerinnen und Pfarrern aktuell. Wir brauchen die Möglichkeit, in einem geschützten Raum offen über die Dinge sprechen zu können, die uns bewegen. Wer anderen die Kraft des Evangeliums weitergeben möchte, muss selbst täglich den Umgang mit dieser Kraftquelle pflegen. Das Gebet mit- und füreinander ist wie eine Schutzwand, die uns umgibt und uns ermutigt, getrost unseren Weg zu gehen, auch wenn es nicht immer leicht ist. Der PGB weiß sich von der Verheißung, die Jesus seiner Gemeinde gegeben hat, getragen: „Wo zwei oder drei versammelt sind in meinem Namen, da bin ich mitten unter ihnen" (Matth 18, 20).

Werner Kenkel

Abenteuer einer Neugründung

Communität Kloster Wülfinghausen – *2013

Sr. Reinhild von Bibra

© Christine Raczka

Gebet des Klosters am Rande der Stadt

Jemand muss zuhause sein,
Herr,
wenn du kommst
Jemand muss dich erwarten,
unten am Fluss
vor der Stadt.
Jemand muss nach dir Ausschau
halten
Tag und Nacht.
Wer weiß denn wann du kommst.
Jemand muss wachen
unten an der Brücke,
um deine Ankunft zu melden,
Herr,
du kommst ja doch in der Nacht
wie ein Dieb.
Wachen ist unser Dienst,
wachen.
Auch für die Welt.
Sie ist so leichtsinnig,
läuft draußen herum
und nachts ist sie auch nicht
zuhause.
Denkt sie daran,
dass du kommst?
Dass du ihr Herr bist
und sicher kommst?
Herr,
durch meine Zellentüre
kommst du in die Welt
und durch mein Herz
zum Menschen.
Was glaubst du, täten wir sonst?
Wir bleiben, weil wir glauben.
Zu glauben und zu bleiben,
sind wir da, –
draußen
am Rande der Stadt.

Herr,
jemand muss dich aushalten,
dich ertragen,
ohne davonzulaufen.
Deine Abwesenheit aushalten,
ohne an deinem Kommen
zu zweifeln.
Dein Schweigen aushalten
und trotzdem singen.
Dein Leiden, deinen Tod mit aushalten
und daraus leben.
Das muss immer jemand tun
mit allen anderen.
Und für sie.
Und jemand muss singen,
Herr,
wenn du kommst,
das ist unser Dienst:
Dich kommen sehen und singen.
Weil du Gott bist.
Weil du die großen Werke tust,
die keiner wirkt als du.
Und weil du herrlich bist
und wunderbar wie keiner.

Silja Walter

Am Rand der Stadt Hannover liegt das Kloster Wülfinghausen. Hier lebe ich mit einer kleinen neu geborenen Kommunität von fünf Frauen im Alter zwischen 40 und 80 Jahren. Eine 26-jährige Masterabsolventin lebt seit fünf Monaten mit uns im Rahmen von Kloster auf Zeit.

Jemand muss hier zuhause sein, Ihn täglich erwarten, Ausschau halten, wachen, hier bleiben, sein Kommen erleben und sein Schweigen aushalten, – auch wenn's manchmal zum Davonlaufen ist. Und singen dreimal am Tag und öfters, Ihn kommen sehen und singen... Das macht das Klosterleben aus. Und dafür bauen wir unsere „Communität Kloster Wülfinghausen" auf. Sie wurde am 3.3.2013 gegründet, eine Neugründung aus der Communität Christusbruderschaft Selbitz.

Wie kann zeitgemäßes Ordensleben im 21. Jahrhundert aussehen? Das wollen wir herausfinden mit den Frauen, die das „Abenteuer Kloster" mit uns probieren und für kürzere oder längere Zeit mit uns experimentieren.

Die Restauration der Kirche kommt gewiss aus einer Art neuen Mönchtums, das mit dem alten nur die Kompromisslosigkeit eines Lebens nach der Bergpredigt in der Nachfolge Christi gemeinsam hat. Ich glaube, es ist an der Zeit, hierfür Menschen zu sammeln. – Dietrich Bonhoeffer (14.01.1935)

Neue Dynamik in alten Klostermauern

Seit 1994 beleben wir als ein kleiner Konvent ein altes ehemaliges Augustinerinnen-Kloster (gegr. 1236), das der Klosterkammer Hannover gehört und in das uns der damalige Präsident aus dem Süden angelockt hatte, um ein „Haus der Stille" zu führen. Eine kleine dynamische Kommunität, alte geschichtsträchtige Klostermauern mit einer spätromanischen Krypta und die wunderschönen großzügigen Klostergärten haben sich gegenseitig inspiriert und verändert und schließlich zu einer fruchtbaren Synthese zusammengefunden. Ich will von unseren Erfahrungen im Kloster Wülfinghausen erzählen.

Hören, was am Ort klingt

Es waren aufregende, abenteuerliche Pionier-Jahre, die uns alles abverlangten. Es dauerte, bis wir hier wirklich zu Hause waren. Wir mussten lernen, zu „hören, was am Ort klingt" und sensibel werden für den Klang der Stille in diesem Gemäuer! Es war für uns auch wichtig, auf die Geschichte dieses Ortes zu hören und auf die Menschen, die hier gelebt hatten. Und auf die Nachbarn und die Natur, in die das Kloster eingebettet ist.

Individualität und Gemeinschaft

Wir mussten uns als Lebensgemeinschaft und als Arbeitsteam zusammenfinden und haben uns miteinander auf Entwicklungen und Supervisionsprozesse eingelassen. Wir sind hautnah mit unserer Verschiedenheit konfrontiert, mit unterschiedlichen Bedürfnissen, Lebensweisen, Familien- und Frömmigkeitsprägungen. Und wir müssen lernen, das auszusprechen und konstruktiv damit umzugehen. Wir erleben, dass neue Energien und Lebensimpulse frei werden, wenn jede und jeder von uns zu sich steht. Damit sind wir offen füreinander und für das Evangelium.

Zuhause sein bei mir selbst und in der Gegenwart Gottes. Zugleich in einer klösterlichen Gemeinschaft und in einem alten Gebäude, in dem die Geschichte Gottes Stein geworden ist. Das ist vielleicht das Geheimnis, warum Klöster für viele Menschen heute so anziehend sind: Zuhause sein, Geborgenheit, Umfriedung, Stille, gelebte Religion.

Christiane Steins berichtet über ihren Weg ins Kloster: Ich in ein Kloster? Eingebunden in eine verbindliche Lebensgemeinschaft? Vielleicht sogar als „Schwester"? Das mag vielleicht für andere Menschen eine Perspektive sein, die dazu besonders berufen sind – aber nicht für mich! Da war ich mir völlig sicher, als ich mich 2014 für ein halbes Jahr von meiner sächsischen Landeskirche beurlauben ließ. Mögliche Überlegungen an einen Eintritt habe ich weit von mir gewiesen. Ich wollte einfach nach über 13 Jahren als Gemeindepfarrerin innehalten, im Rahmen von „Kloster auf Zeit" ausreichend inneren Freiraum haben, um zu hören, wie

Gott mein Leben, meinen Dienst als Pfarrerin weiter fruchtbar machen will.
Es kam anders: Über mehrere Monate wuchs im Hören auf Gott und durch viele Gespräche in mir die Bereitschaft zu prüfen, ob vielleicht doch das Leben in einer Kommunität mein Weg sein könnte. Intensiv habe ich das Für und Wider überlegt, bis ich dann gerne „Ja" gesagt habe zu dem Abenteuer Postulat in Wülfinghausen.
Als Postulantin hier anzufangen, ist für mich herausfordernd, schön, schwer, aufregend, gewöhnungsbedürftig, voller Leben, befreiend ... und vieles mehr. Ich bin gespannt, wie Gott das fruchtbar macht, was er noch einmal so neu in mir angestoßen hat!

Kloster als Kontrast-Welt

Viele Menschen finden bei uns einen Ort, der ganz anders ist als ihr Umfeld. Hier fühlen sie sich erwartet und willkommen und können ihre Sehnsucht neu spüren. Wir als Gemeinschaft suchen nach einem Leben, das sich nicht in Arbeit, Konsum und Leistung erschöpft. Wir versuchen einen Gegenentwurf zu leben und sind uns dabei bewusst, dass wir immer ein Teil der Gesellschaft bleiben. Die Gottsuche ist bei uns das Wesentliche. Sie wird täglich wachgehalten in der Ausrichtung unseres ganzen Lebens: in den Stundengebeten, im Zusammenspiel von „ora et labora", in unserer Begegnung mit Menschen.

Zeit, die heilt

In einer mobilen, von Technisierung und Effizienzsteigerung geprägten Gesellschaft leisten sich Nonnen und Mönche den Luxus, in einen Tagesrhythmus einzuschwingen, der von Gebet und Arbeit, Einsamkeit und Gemeinsamkeit, Stille und Muße geprägt ist. Hier gibt es zwar viel zu tun, aber wir wollen unseren Selbstwert nicht nur aus der Leistung beziehen. Das Da-Sein als Mensch, als Tochter und Sohn Gottes, hat einen Wert an sich. Es braucht zweckfreie Räume und Zeit, die heilt.

Hier muss nicht jeder immer erreichbar sein. Vielleicht ist es symbolisch, dass die dicken Klostermauern nur bedingt Handy-Verbindungen zulassen. „Dem Gottesdienst ist nichts vorzuziehen" heißt es in der Regel des Hl. Benedikt. Die Gebetszeiten bestimmen den Rhythmus des Tages und nicht die Arbeit. Ein Tag in der Woche ist „Wüstentag" – ein Freiraum für jede von uns. Da sind wir nicht zu erreichen! Es ist für uns ein Tag, an dem wir uns erholen, an dem wir nicht geben, sondern nehmen und uns das gönnen, was uns gut tut.

Kreative Freiräume

Wie wohltuend erleben viele unserer Gäste die Stille, die sie beim Ankommen umfängt. Welch ein Kontrast zur Stadt, zum Lauten, Eiligen, Geschäftigen, Glänzenden...

Es ist aber nicht nur der „akustische Freiraum", der den Menschen Luft zum Atmen gibt. Es ist auch ein existenzieller Freiraum, der sich ihnen hier auftut. Wir stellen keine Forderungen und Erwartungen an unsere Gäste. Man muss nicht fromm sein oder werden, man muss nicht beten oder singen. Jede und jeder kann entscheiden, ob sie oder er in den klösterlichen Rhythmus einschwingen will. So kann ein kreativer „Leer-Raum" entstehen, um sich zu finden, sich zu erholen und sich inspirieren zu lassen. Er kann auch zu einem Lernraum und Lehrraum werden. Ein Fabrikant entwickelt neue Ideen für seine Firma, eine gut beschäftigte Mutter spürt hier Lust, ihre alte Querflöte wieder aus dem Schrank zu holen und sich nach einer Flötenlehrerin umzuschauen. Ein anderer nützt den Abstand, um seiner Frau einen langen Brief zu schreiben, in dem er sich Zeit nimmt, Liebe und Dankbarkeit für gemeinsam gelebte Jahre zum Ausdruck zu bringen.

Es ist immer jemand da, die betet

Wechselnde Bindungen und zerbrechliche Beziehungen bestimmen die Gegenwart. Dagegen sind im Kloster Werte wie Verlässlichkeit und Treue für viele Menschen heilend. Um 8.00 Uhr, 12.00 Uhr und 18.00 Uhr läuten die Glocken. Und es ist immer jemand da, die betet. Für viele ist das Wissen um diese Gebetszeiten schon ein Halt, ohne dass sie körperlich präsent sein müssen: „In Wülfinghausen wird jetzt gebetet. Ich kann mich innerlich mit dem Beten und Singen der Schwestern verbinden und an den Ort der Krypta versetzen."

Suche nach authentischer Erfahrung

Immer mehr Menschen spüren ein inneres Vakuum. Die Sehnsucht nach einer Auszeit, nach Unterbrechung des Alltags und nach Möglichkeiten, seelisch aufzutanken, ist heute größer denn je. Viele suchen nach neuen Wegen, frei von moralischen Belehrungen oder dogmatischen Konzepten und unabhängig von einer bestimmten konfessionellen Überzeugung. Sie suchen nach Räumen authentischer religiöser Erfahrung, nach Orten gelebter und lebbarer Frömmigkeit, nach Erfahrungen, die ihnen gut tun. Das Kloster wird als Oase der Ruhe erlebt, in der man wieder in Kontakt mit sich selbst kommt. Die Seele kann aufleben. Gefühle, Intuitionen, Lebensträume haben hier ihren Platz, und die inneren Quellen können wieder sprudeln.

Heike Scheufler hat es so erlebt: *Ich hatte mich gut eingerichtet in meinem Leben, die Perspektive war klar. Und doch spürte ich, da ist noch mehr. Mehr als alleine in einer eigenen Wohnung zu leben, mehr als die berufliche Arbeit als verbeamtete Realschullehrerin in Baden-Württemberg, mehr als sich in der Freizeit ehrenamtlich in der Gemeinde zu engagieren.*
Einen Gott, der mich meint und mit mir auf dem Weg ist, suchte ich – und plante munter mein Leben. Doch dann war so vieles in den letzten beiden Jahren, das nicht so lief, wie von mir ausgedacht. Und – dieser Gott, den ich suchte, ist mir begegnet. In meiner Kloster auf Zeit-Zeit im Sommer 2014 in Wülfinghausen – auf so überraschende, überwältigende und lebensverändernde Weise, wie ich es nicht erwartet hatte. Gott hat mich erwischt – und ich lerne, seinen Wegen zu vertrauen.
So traf ich eine Herzensentscheidung, aus menschlicher Sicht eine unvernünftige Entscheidung. Ich wage es, alles zu verlassen, auch den Schwarzwald, der mir die letzten zehn Jahre zur Heimat geworden war, und viele Freunde, die mich begleitet haben. Ich werde Postulantin in der Communität Kloster Wülfinghausen!

Die Stille – ein weiter ökumenischer Raum

Ein evangelisches Kloster und Ignatianische Exerzitien?

Das ruft bei vielen, vor allem bei evangelischen Pastorinnen und Pastoren, zuerst einmal Verwunderung und Befremden hervor. Wie passt das zusammen? Der Alltag im Kloster Wülfinghausen und die Exerzitien-Kurse sind von Stille durchwoben. Die Stille kann wie ein heilender Raum sein, in dem die Zärtlichkeit Gottes spürbar wird: in der Natur oder in der Meditation biblischer Texte, durch liebevoll gestaltete Räume mit Blumensträußen aus dem Klostergarten, durch schmackhaftes, gesundes Essen, einen schön gedeckten Tisch, durch die Liturgie mit ihren Ritualen, Texten und gregorianischen Gesängen. In diesen weiten Raum der Stille und des Schweigens tauchen wir ein in unseren verschiedenen Exerzitien-Kursen – evangelische, katholische und nichtkonfessionell gebundene suchende Teilnehmerinnen und Teilnehmer. Die Stille macht uns alle in gleicher Weise zu Hörenden und Empfangenden. Das gemeinsame Schweigen, das Lauschen auf die leise Stimme des Geistes im eigenen Herzen, das Meditieren des Evangeliums verbindet uns über konfessionelle Grenzen und lässt uns etwas ahnen von der Wirklichkeit des einen Leibes Christi.

Es ist uns wichtig, unseren Gästen echt zu begegnen. Sie sollen wissen, dass wir auch durch Krisen und Krankheiten gehen und darin reifen wollen. Sie können sich in Gesprächen mit uns öffnen, weil sie spüren, dass sie hier sein können wie sie sind. Wir wollen nichts beurteilen oder werten, weil wir selbst auch immer wieder erfahren, wie bedingungslos uns Gott annimmt – die zentrale Grunderfahrung Martin Luthers!

Ökumenische Exerzitien-Werkstatt

Unsere Exerzitien-Kurse werden von einem ökumenischen Leitungsteam begleitet, und auch die Teilnehmer gehören häufig zu verschiedenen Konfessionen. Neben den klassischen **Ignatianischen Einzel-Exerzitien** für unterschiedliche Zielgruppen (Pfarrer, Ordensleute etc.) haben wir im Lauf der Zeit noch verschiedene andere Exerzitien-Formen entwickelt:

Reiter-Exerzitien für Menschen, die auf dem Pferderücken den inneren Regungen und Bewegungen auf die Spur kommen und in der Stille des Klosters und im Schweigen sich selbst und Gott begegnen möchten.

Garten-Exerzitien für diejenigen, die Gartenarbeit in unserem wunderschönen Klostergarten mit Stille, Impulsen und persönlicher Begleitung kombinieren möchten und einen ganzheitlichen Weg in ihrer Spiritualität suchen.

Exerzitien mit Bibliodrama-Elementen in Zusammenarbeit mit dem katholischen Exerzitienreferat in Kassel, immer über Silvester. Das ökumenische Leitungsteam ist ein Raum der Freundschaft, der Inspiration und der gegenseitigen Befruchtung!

In der weihnachtlichen Zeit liegt in unserer mittelalterlichen Krypta in der Mitte ein Jesus-Kind aus Ton auf einem braunen Tuch. Hier, in diesem Krippenkind, wurzelt unser ökumenisches Miteinander. Unsere Wege zum Kind sind verschieden, aber bei diesem Kind, in diesem Kind treffen wir uns und erleben eine tiefe Verbundenheit. Wenn wir gemeinsam das Geheimnis der Inkarnation anbeten, wächst Ökumene!

Kloster auf Zeit

„Also mal im Ernst: Was willst du denn in einem Kloster? Du bist jung, das ist doch nichts für dich! Unternimm eine Weltreise! Und dann fang möglichst bald an zu arbeiten! Deine Zeit läuft doch jetzt!"

Oft blicke ich in irritierte Gesichter, manchmal ist auch ein wenig Neugierde dabei. „Und was machst du da den ganzen Tag? Ist dir das nicht zu langweilig?" – Nein, das ist es ganz sicher nicht! Aber vermutlich muss man das Leben hier am eigenen Leib erfahren, um verstehen zu können.
Auch ich hätte mir Anfang des Jahres nur schwer vorstellen können, einige Monate im Kloster zu leben. Geplant war ein zweiwöchiger Aufenthalt nach Abschluss meines Studiums. Und auch an diesen habe ich mich nur langsam herangetastet. Vieles war zunächst fremd und ungewohnt für mich: Noch nie hatte ich zuvor an einem Bibliodrama oder an Exerzitien teilgenommen. Schweigeexerzitien klangen für mich äußerst bedrohlich. Warum sollte man freiwillig einige Tage schweigen?

Inzwischen weiß ich, warum. Ich habe gelernt, dass Schweigen und Lebendigkeit keine Gegensätze, sondern notwendige Bedingungen sind. Ich habe gespürt, dass Schweigen nicht Einsamkeit und Stille nicht Langeweile bedeuten. Und auch wenn ich mich im Alltag (und den gibt es im Kloster genauso wie außerhalb!) immer wieder selbst zu Zeiten der Stille ermahnen muss, würde ich sie nie als ein Verbot zu sprechen auffassen. Für mich sind Zeiten der Stille eine Einladung, mich selbst zu sammeln, hellhörig zu werden und auf Gottes Stimme zu lauschen.

Ein ganz besonderes Highlight war für mich in diesem Herbst die Teilnahme an den Reiter-Exerzitien. Die Kombination aus geistlichen Impulsen, Bibliodrama-Elementen, die Arbeit mit dem Partner Pferd und Zeiten des Schweigens ist sicherlich einmalig. Mir haben diese Tage einen neuen, bewussteren Zugang zum Reiten, aber auch zu mir selbst eröffnet.

Ich bin dankbar für dieses Geschenk und freue mich auf viele weitere Momente des Schweigens, aber auch der ausgelassenen Lebendigkeit zusammen mit der Communitze! So erzählt Constanze.

„Kloster auf Zeit" sind Kurse von einer Woche bis zu sechs Monaten, in denen Menschen zwischen zwanzig und vierzig Jahren den Rhythmus von „ora et labora" mitleben können. Elemente dieses Kurses sind Teilnahme an den Gottesdiensten und Stundengebeten, halbtägige Mithilfe im Garten, ein persönliches Gespräch in der Woche, ein Bibelgespräch mit der Communität und Zeit für sich.

Ich werde am Du

Ein erfülltes Alleinsein mit Gott, eine gesunde Einsamkeit kann uns zu einer tieferen Beziehungsfähigkeit führen, zu einer schöpferischen, lebendigen Gemeinsamkeit. Wir brauchen einander. Wir brauchen gute, menschlich warme Beziehungen zu Männern und Frauen, die uns innerlich nähren und herausfordern. „Ich werde am Du", sagt Martin Buber. Neben dem Du Gottes brauchen wir auch ein menschliches Du, dem wir uns anvertrauen können mit allem, was uns bewegt. In uns lebt der tiefe Wunsch nach Lieben und Geliebtwerden, nach Freundschaft und Intimität, wie es in dem Gedicht *Sehnsucht* zum Ausdruck gelangt.

Alles beginnt mit der Sehnsucht,
immer ist im Herzen Raum für mehr,
für Schöneres, für Größeres.
Das ist des Menschen Größe und Not:
Sehnsucht nach Stille, nach Freundschaft und Liebe.
Und wo Sehnsucht sich erfüllt,
dort bricht sie noch stärker auf.
Fing nicht auch Deine Menschwerdung,
Gott,
mit dieser Sehnsucht nach dem Menschen an?
So lass nun unsere Sehnsucht damit anfangen,
Dich zu suchen
und lass sie damit enden,
Dich gefunden zu haben.

Äbtissin Sr. Reinhild von Bibra

Das Gedicht von Silja Walter aus Gesamtausgabe, Band 2, S. 460-462 drucken wir mit freundlicher Genehmigung von © Paulusverlag Freiburg/Schweiz 2000. Der Verfasser des Gedichtes „Sehnsucht", das mit einer Zeile aus dem Werk von Nelly Sachs anhebt, ist unbekannt.

VERBINDLICH IM DIENST

„Ich konstatiere kein Christentum ohne Gemeinschaft ..."

NIKOLAUS GRAF VON ZINZENDORF, 1700-1760

Als Deutscher in Afghanistan

Christusträger Bruderschaft – *1961

Br. Schorsch Westermayer im Gespräch mit Angela Wittenberg

Seit sich 1961 in Bensheim die ersten jungen Männer und Frauen zu den Christusträgern zusammengeschlossen haben, waren Evangelisation und Dienst bei den Armen die Schwerpunkte des Auftrags. Ein markanter Leitspruch der Gemeinschaft lautet: „Von Christus getragen, Christus in die Welt tragen." 1963 wurden die ersten Schwestern und Brüder nach Pakistan ausgesandt, und 1969 zogen einige Brüder weiter nach Afghanistan, um dort einen Dienst für Leprakranke aufzubauen. Heute leben und arbeiten in Kabul noch zwei Brüder. Sie betreiben eine Werkstatt, in der u.a. die medizinischen Geräte für Krankenhäuser in Kabul repariert werden, und zwei Tageskliniken hauptsächlich für Menschen, die an Lepra, Tuberkulose, Leishmaniose – einer Hautkrankheit – und Epilepsie erkrankt sind und die in Afghanistan sonst wenig Hilfe finden. Einer von ihnen ist Bruder Schorsch.

Angela Wittenberg: Bruder Schorsch, du bist seit 1971 in Afghanistan, ungefähr so lang, wie ich auf der Welt bin. Du hast mir von vielen spannenden Begebenheiten erzählt. Wann hattest du das Gefühl, in deinem Dienst von Gott besonders behütet oder getragen zu sein?

Bruder Schorsch: Das ist sehr oft vorgekommen, vor allem während des Krieges. Zum Beispiel mit Mohsen, der in meiner Werkstatt Mitarbeiter war. Seit Tagen eskalierten Kämpfe befeindeter Mudschaheddingruppen im Kabuler Stadtteil Dehburi. Neben seinem Haus stand ein schwerer Kampfpanzer, den wollten die Feinde mit schwerem Gerät zerstören.

Jede Minute konnte auch seine Wohnung in die Luft fliegen. Da die Mudschaheddin den Stadtteil abgeriegelt hatten und niemanden raus ließen, bat er mich, den Ausländer, seine Familie mit meinem VW-Bus zu evakuieren. Frau, Kinder und die Oma. Unsere Chancen standen fifty-fifty. In meinem Herzen sagte ich: Gott, da kannst nur du helfen! Wir fuhren über die Fronten nach Dehburi, wo Maschinengewehre und gelegentlich auch Raketen zu hören waren. Mohsen betete zu Allah, laut und unablässig. Der Feind schoss von einem Berg und hatte beste Einsicht in den Stadtteil. Am Tag zuvor hatte eine einzige Kugel zwei Kinder durchbohrt, die nebeneinander die Straße überqueren wollten. Mein Bus stand ohne Deckung in der Nähe des Kampfpanzers. Während wir die Habseligkeiten von Mohsen einpackten, pfiffen alle paar Sekunden Maschinengewehrkugeln über den Wagen. Endlich kamen die Kinder, seine Frau und zuletzt die Oma. Mitten durch den Kriegslärm fuhren wir aus dem Inferno. An einer Frontlinie hielt uns ein Mudschaheddin auf, es war ja verboten, sie zu überqueren. Ich sagte, ich sei Ausländer und die Leute gehörten zu mir. Da ließ er uns ziehen.

Während der ganzen Aktion fühlte ich Gottes Beistand, wie in vielen anderen gefährlichen Situationen auch. Als einem ledigen Menschen ist mir eine besondere Freiheit gegeben, mein Leben rückhaltlos Gott zu schenken.

Lass uns einen Blick weiter zurück werfen. Wie bist du überhaupt zur Bruderschaft gekommen?

Mein Leben als Kind war von emotionaler und physischer Gewalt geprägt. Im Umfeld des CVJM, in der Jungschar und Jungenschaft kam ich aber früh mit Gott in Berührung. Mehrere meiner Bekannten ließen sich zum Diakon ausbilden. Diese Berufung beschäftigte auch mich. 1966 – ich war gerade 15 – kamen die Christusträger (CT) nach Memmingen zu ihrer ersten großen Evangelisation mit Musikband und Ansprache. Danach konnte man mit ihnen ins Gespräch kommen. Mein Interesse am Lebensweg der Brüder wuchs.

Dann noch ein Raketeneinschuss

Nach dem Abschluss meiner Schlosserlehre beendete ich auch das inzwischen starke Engagement im CVJM, um zu schauen, wo Gott mich haben wollte. Die Arbeit der CT in der Dritten Welt machte einen großen Eindruck auf mich und ich sagte zu mir: Wenn Gott es will, werde ich mich dort engagieren. Mit 18 verließ ich mein Elternhaus und trat bei den Brüdern ein. Das neue Leben forderte mich ganz. Das Geld, das ich in meinem Beruf verdiente, ging in die gemeinsame Kasse. Daraus wurde auch die Auslandsarbeit mitfinanziert. An den Wochenenden war unser Haus voller Gäste. Wir hatten viel zu tun und brachten uns mit unserer ganzen jugendlichen Kraft ein.

Wir lasen in Biografien von Menschen, die in verschiedenster Weise und vorbildhaft Jesus nachfolgten. Menschen, die in der Naziherrschaft Mut zum Widerstand hatten, das Leben von Gerhard Tersteegen, Franz von Assisi, von der Mystikerin Teresa von Avila und von Persönlichkeiten der Kirchengeschichte, die von Gottes Liebe ergriffen waren und wahre Verrücktheiten begingen, weil sie ihr Leben ohne Vorbehalt und ohne die Mühsal zu scheuen, dahingaben. Ihr Beispiel traf mich oft ins Herz – ja, so wollte ich auch leben!

Wann kam es zur Aussendung nach Afghanistan?

Ich war 20 Jahre alt, als mich die Brüder fragten, ob ich bereit wäre, ins Ausland zu gehen. Ohne lange zu überlegen sagte ich ja – und drei Wochen später flog ich nach Kabul. Es ist eine spannende Frage, wie man das Evangelium lebt in einem Land, in dem es nicht verkündet werden darf. Schon allein, dass Menschen in diesem Land, vor Ort, beten, ist wesentlich. Wenn die Verkündigung verboten ist, dann leben wir halt das Evangelium. Das ist auch eine Saat, die eines Tages aufgeht. Eine verbindliche Gemeinschaft hat den Vorteil, dass, wenn einer niedergeschlagen ist, die anderen den Mut behalten. Das war in Afghanistan besonders wichtig.

Gab es Situationen, die sehr entmutigend für dich waren?

Unser Haus wurde einmal von einer Rakete getroffen, ein Volltreffer. Der Schaden war verheerend, erst recht, weil wir zuvor schon 14-mal die Scheiben nach Detonationen erneuern mussten. Nach den chaotischen Verhältnissen tagsüber kehrten wir abends gerne im wohlgeordneten Zuhause ein. Nun war unser wertvoller Rückzugsort selbst ein Chaos mit zerstörten Fenstern. Und draußen fing es an zu schneien. Wir waren alle so richtig am Anschlag.

Unser Schmerz fühlte sich gleich an

Da tauchte ein Afghane auf, der selbst schon fünfmal mit seiner Familie fliehen musste und dem wir immer wieder auf die Beine geholfen hatten. Seine Frau war mehrmals in der Nacht aufgewacht und meinte, dass bei den Brüdern etwas Schlimmes passiert sein muss. Um 7 Uhr in der Frühe stand er da, sah die Bescherung und packte mit an, um den Schutt wegzuschaffen. Seine Familie brachte uns ein Mittagessen, damit wir nicht in dem Dreck in unserer Küche zu kochen brauchten.

Jetzt lernten wir, wie sich die Tausenden fühlten, die ähnliches erlebt hatten. Ihr Schmerz und unser Schmerz fühlten sich gleich an. Ich konnte jeden gut verstehen, der seine Sachen packte und die Flucht ergriff. Als uns am folgenden Tag während der Waffenruhe ein Prediger der Internationalen Gemeinde unserer Schwestern in Pakistan besuchte und die Verwüstung sah, überkam ihn ein Schrecken und er verließ uns fast fluchtartig. Wir aber wählten bewusst das Dableiben, um das Evangelium vor Ort zu leben. Weil wir in unzähligen Gefahren von Gott bewahrt blieben, ist unsere Präsenz dort von großer Kontinuität.

Euer Ansporn ist das Jesus-Wort: „Was ihr einem meiner geringsten Brüder getan habt, das habt ihr mir getan." Wie hat sich dir dieser Vers konkret erschlossen?

Die Christusträger hatten sich 1969 aufgemacht, den Leprakranken zu helfen. In ihnen erkannten wir Christus, wie er von der Gesellschaft gemieden, ja sogar ausgestoßen ist. Gott misst unsere Liebe zu ihm an unserer Liebe zum Nächsten, daran, wie wir mit ihnen umgehen. Die Zuwendung, Wertschätzung und Vergebung, die mir durch die Liebe Gottes widerfahren und ins Herz gefahren sind, wollte ich dadurch erwidern, dass ich die Menschen ebenfalls lieben will.

Gibt es eine Begebenheit, bei der für dich besonders deutlich wurde, dass du die Liebe Gottes weitergeben kannst?

Unter unseren Patienten war ein Ehepaar, beide hatten Lepra. Ihr Sohn war gesund, kam aber oft mit der Mutter in die Klinik. Einmal fragte sie mich, ob Ratschab Ali, so hieß er, als Lehrling in meine Werkstatt kommen könne. Die Familie musste hart arbeiten, um zu überleben. Manchmal bekamen sie nur einen Sack mit Mandeln, die sie aufknacken mussten. Als Lohn für die harte Arbeit durften sie die Mandelschalen zum Verbrennen behalten!

Eine liebevolle Vater-Sohn-Beziehung

Ich zögerte, denn westliche Ausländer wurden in der kommunistischen Diktatur überwacht. Sie könnten den Jungen abfangen und ihn zum Spionieren zwingen. Das wollte ich ihm nicht zumuten. Nachdem die Russen aus Afghanistan abzogen und das politische Tauwetter einsetzte, durfte Ratschab Ali in die Werkstatt kommen. Er erwies sich als ein ordentlicher Junge, dem man nur einmal was sagen musste. Zwischen uns entwickelte sich eine liebevolle Vater-Sohn Beziehung, ich brachte ihm handwerkliche Fertigkeiten bei und gab ihm Aufgaben, die ihn forderten.

Ratschab Ali reifte zum begabten Handwerker, der mit mir alle Geräte und Maschinen aus den Krankenhäusern reparierte. Da es keine Ersatzteile gab, mussten wir jedes Mal eine eigene Lösung finden, um das Gerät wieder flott zu kriegen. Ratschab Ali stand jeden Morgen um 4.00 Uhr auf, holte mit Eimern Wasser für die Familie für den ganzen Tag. Danach lernte er in Kursen Deutsch und Englisch. Gegen 8.00 Uhr kam er dann in die Werkstatt. Mit seiner höflichen, zurückhaltenden Art und seiner Tüchtigkeit gewann er die Herzen aller. Ein Professor aus Deutschland führte endoskopische Untersuchungen ein. Auch seine anspruchsvollen Geräte kamen in unsere Werkstatt, wenn sie defekt waren. Ratschab wurde später von einem deutschen Fachmann für endoskopische Geräte ausgebildet, er durfte schließlich in einer namhaften Firma in Deutschland seine Kenntnisse vervollständigen.

Er ist nun mein bester Mitarbeiter. Hätte er diese Chance nicht gehabt, wer weiß, ob er nicht bei einer bewaffneten, gewalttätigen Truppe gelandet wäre. Heute ist Ratschab verheiratet und hat vier Kinder, mit denen er so liebevoll umgeht, wie er es von mir erfahren hatte.

Du hast einmal gesagt, wenn man in Afghanistan ankommen will, muss man sich zu hundert Prozent auf die Menschen einlassen und sich in ihr Denken und ihre Mentalität hineinleben.

Ohne das wird ein Ausländer den Afghanen nur an der Peripherie begegnen können. Wenn wir Deutsche treffen, die nur für zwei Jahre im Land arbeiten wollen, erleben wir, dass sie, sobald die schwierige Umstellungsphase kommt, das Land wieder verlassen. Ein Langzeitengagement hat auch den Vorteil, dass die kraftraubenden Umstellungsphasen kürzer sind und wir mit weniger Reibungswiderstand und mehr Erfahrung arbeiten können.

Wie hast du die Begegnung mit der fremden Kultur erlebt?

Wir trafen gleich nach der Ankunft auf Menschen vom Lande. Die Leute in der Hauptstadt wären uns vermutlich mit mehr Offenheit begegnet. Im Dorf aber war trotz aller Freundlichkeit ein grundsätzliches Misstrauen zu beobachten, und das nicht nur uns gegenüber, sondern auch untereinander. Die Bewohner und die Leprakranken konnten unsere Zugewandtheit gar nicht einordnen, sie meinten, sie müssten dem Geheimnis auf den Grund gehen. Einmal klagten sie, dass das Essen nicht reicht, also kochten wir mehr. Dann lagen überall Essensreste herum. Sie waren wie Kinder, die bei den Eltern ausloten, wie weit sie gehen dürfen.

Lepra gilt als eine Schande

Viele Patienten verschwiegen ihren Namen und nannten einen, der ihnen gerade einfiel. Bei der Kontrolluntersuchung zwei Monate später schweigen sie betreten und erfanden einen neuen, weil sie den anderen schon vergessen hatten. Wir fanden ihre Patientenkarte nicht. Wir verstanden bald, dass Lepra ein entsetzliches Stigma ist und man deswegen seine Identität lieber nicht preisgibt. Vor allem nicht vor Mitarbeitern, die aus Gegenden kamen, in denen es Lepra gab. Erst als wir die Patienten fotografierten, konnten wir sie in der Patientenkartei wiederfinden.

Wir baten um einen Hinweis im Radio auf unsere Klinik für Leprakranke, in der die Patienten gratis behandelt werden. Die Behörden wanden sich mit Ausreden drum herum. Später fanden wir heraus, dass es als Schande gelten würde, öffentlich einzugestehen, dass es im Land überhaupt Lepra gibt. Manchmal schien es, als hätte sich alles gegen uns verschworen. Selbst einfache Dinge gestalteten sich kompliziert. Die Dorfbewohner, die einer anderen ethnischen Gruppe angehörten, drohten uns, jeden Leprakranken, der mit dem öffentlichen Bus käme und im Dorf ausstiege, zu erschießen. Sie hatten Angst, dass sich die Krankheit im Dorf ausbreitet.

Aufbau der Leprastation Anfang der 70er Jahre

Konntet ihr wenigstens mit den Behörden gut kooperieren?

Es war schwierig. Sie waren meist freundlich, hatten aber wohl Bedenken, ob wir nicht heimliche Absichten verfolgten. Wir konnten ihr Vertrauen nicht gewinnen und wurden oft mit Ausreden hingehalten. Niemand gab uns gute Rückmeldung für unsere Arbeit. Die Patienten gehörten häufig der verachteten Bevölkerungsgruppe der Hassaras an. Die Beamten waren Paschtunen, die sich ihnen weit überlegen fühlten, und waren befremdet, weil wir uns ausgerechnet „mit denen" befassen wollten.

Wir fragten uns oft, in was für eine unglückliche Konstellation wir geraten waren und wie viele Rätsel die Arbeit unter diesen Menschen uns noch aufgeben würde. Auch im persönlichen Leben gab es wenig vertraute Momente. Wir waren ins Wasser geworfen und mussten schwimmen lernen. Ein Psychologe riet uns, eine plausible Erklärung zu erfinden: Sagt einfach, dass euch die deutsche Regierung schickt, um diese gefährliche Krankheit schon hier abzufangen, damit sie nicht nach Deutschland kommt. Die einfache Wahrheit, nämlich, dass wir aus Nächstenliebe handeln, konnte bei diesen Menschen scheinbar gar nicht landen.

Was ist dir an der „vertraut-fremden" Kultur über die Jahren lieb geworden?

Im Orient und auch in Afghanistan ist die Gastfreundschaft unübertroffen. Aufs Selbstverständlichste wird man bei jeder Gelegenheit zum Tee eingeladen. Wer das annimmt, wird gebeten, auch zum Essen zu bleiben, und wer das annimmt, über Nacht zu bleiben.

In den Händen der Mudschaheddin

Einmal musste ich dringend zu unserem Leprazentrum in den Bergen. Die Straße war mal wieder kriegsbedingt gesperrt. Alle offiziellen Anträge hatten die Behörden abgewiesen. Mir blieb nur die Möglichkeit, auf eigene Faust durchs Gebirge zu gelangen. Kampfhelikopter patrouillierten über meinem Kopf, und nach einem sehr langen Marsch fiel ich in die Hände unbekannter Mudschaheddin. Sie hielten mich für einen Russen und wollten kurzen Prozess machen. Ich sagte, ich sei Deutscher und gehöre zum Leprahospital. Da fragten sie einen Leprakranken aus ihren Reihen, ob er mich kenne. Er sagte „Ja", und das rettete mir das Leben. Ich durfte meinen Weg fortsetzen, wurde aber gewarnt, dass bei Dunkelheit auf jeden geschossen wird, der sich draußen bewegt. Da es dämmerig wurde, stieg das Risiko.

In einem Lehmhaus fand ich Einlass, wurde als unbekannter Gast aufs Selbstverständlichste zum Übernachten und zum Essen willkommen geheißen. Man wollte wissen, wie ich in das Tal gekommen bin, obwohl es abgesperrt war. Ich erzählte, dass ich vom Nachbartal gegen 12.00 Uhr losmarschiert bin. Meine Gastgeber hörten gespannt zu und berichteten mir, dass dort Mudschaheddin um 12.30 Uhr das Tal eingenommen hatten. Ich war also um eine halbe Stunde der großen Gefahr entkommen.

„Wer mir nachfolgen will, der verleugne sich selbst und nehme sein Kreuz auf sich." Ihr Auslandsbrüder tut das auf eine ganz besondere Weise. Gab es etwas, was es dir schwer gemacht hat?

Wenn ich jetzt erzählen würde, wie das russische Militär mich gefangen nahm, oder wie es mir erging, als ich über verminte Wege marschierte, um Medikamente für das Krankenhaus zu besorgen, wären das spektakuläre, aber nur punktuelle Ereignisse. Schwer macht es mir eher der Alltag mit seinen Mühen, seiner Vergeblichkeit. Will ich wirklich diese kleinen und großen Widerwärtigkeiten, die mir jeden Tag begegnen, aus Gottes Hand annehmen und an ihnen wachsen? Oder die Versuchung zu denken, anderswo könnte ich sicherer leben, in einem gemäßigten Klima mit weniger brachialen Problemen. Es braucht in vielen unscheinbaren Situationen viele kleine Entscheidungen zu bleiben, wo Gott mich haben will.

Mit dem Helikopter ins Geheimdienstgefängnis

Da braucht man einen langen Atem. Ihr habt einige Menschen an der Seite, die euch helfen, durchzuhalten. Wer kommt dir da besonders in den Sinn?

Als das russische Militär uns 1980 zwang, die Lepra- und Tuberkulosearbeit auf dem Lande aufzugeben, mussten wir erst diesen großen Verlust verarbeiten. Mein Job, die technische Betreuung des Krankenhauses und der ganzen Station fiel weg. Nach der Mühsal der Aufbaujahre drohten nun Panzerkanonen, aus unserer Aufbauarbeit einen Schutthaufen zu machen. Zwei meiner Brüder wurden mit einem Helikopter ins Geheimdienstgefängnis geflogen, ich durfte nach tagelangen Verhören eine Wagenladung mit den wichtigsten Sachen nach Kabul mitnehmen. Ein Wechselbad der Gefühle: Wir hatten alles verloren, was wir unter großen Opfern aufgebaut hatten, aber wir waren noch am Leben. Da ist es wichtig, Menschen zu haben, die das, was wir erleben, zutiefst verstehen.

Solche Menschen sind für uns die Frauen der Ordensgemeinschaft der „Kleinen Schwestern Jesu", die mitten in Kabul ihr Leben mit den Ärmsten teilen. Von ihnen fühlten wir uns tief verstanden, als wir die bittere Vergeblichkeit in unserem Ringen um ein besseres Los für die Leprakranken schlucken mussten. Eine, selbst Krankenschwester in einem staatlichen Hospital, machte einen vorsichtigen Vorstoß: „Bruder Schorsch, kennst du jemanden, der die kaputten Geräte im Krankenhaus in Kabul reparieren könnte?"

Heute weiß ich, dass sie eigentlich mich im Sinn hatte, aber mich selbst darauf kommen lassen wollte. Ich ahnte damals nicht, dass diese vorläufige Beschäftigung zu meiner Hauptaufgabe würde. Im Laufe von 34 Jahren entstand eine große 30-Mann-Werkstatt, die nun für 16 große Krankenhäuser die Technik repariert.

Du lebst jetzt seit 44 Jahren in Afghanistan. Ihr Brüder seid dort 28-mal umgezogen, seit 2012 kommt ihr jährlich zweimal nach Deutschland. Wo ist deine Heimat?

Meine ersten 20 Jahre habe ich in Deutschland verbracht. Die ersten Jahre prägen einen Menschen entscheidend. In den vielen Jahren in Afghanistan war ich gefordert, mich ganz auf die Mentalität der Bewohner einzustellen. Das bedeutet, mit den eigenen Ansichten zurückhaltend zu sein, die Sprache und auch die Denkweise wenigstens ein Stück weit verstehen zu lernen. Im Zuge der Identifikation mit den Menschen, der jahrelangen Umstellungen, habe ich mich auch zunehmend verändert.

Satt und ichzentriert

Dazu kann ich eine kleine Begebenheit aus unserem Leben erzählen: In den 90ern war ich bereits Jahrzehnte im Land, es war Krieg und ich half vielen Menschen in Not. Einmal sagten meine Mitarbeiter: „Schorsch, du kennst und verstehst uns Afghanen besser als jeder andere Ausländer, aber du bist nicht mehr als 25% in unser Denken eingedrungen." Ich werde dort immer Ausländer bleiben. Deswegen ist und bleibt wohl Deutschland meine Heimat, auch wenn sie mir etwas fremd geworden ist. Sie hat sich ja auch in den Jahrzehnten verändert.

Wenn ich mir anschaue, was sich seit meiner Kindheit in unserer Gesellschaft alles verändert hat und wie sich das für mich anfühlt, obwohl ich es Tag für Tag und Stück für Stück miterlebt habe, wie muss das dann erst für dich sein?

Die meisten Menschen in Afghanistan führen einen harten Existenzkampf, um die wichtigsten menschlichen Bedürfnisse stillen zu können. Sie erleben seit 37 Jahren Krieg und kriegsähnliche Zustände. Einschränkungen und Entbehrungen, Terror, Krankheit und Not gehören zu ihrem Alltag. Davon ist auch meine Erlebniswelt geprägt. Hier in Deutschland sehe ich einen Wohlstand, ja bisweilen eine Sattheit und Ich-Zentriertheit, die mich erschreckt. Aber es gibt auch Freunde, die sich ein offenes Herz bewahrt haben, die zuhören können und wachen Auges die Not der anderen wahrnehmen.

Was bedeutet die Bruderschaft für dich als Bruder im Ausland?

Die Bruderschaft ist meine geistliche Heimat und der Rückhalt, ohne den es viel schwieriger wäre, den Dienst an den Armen durch alle Höhen und Tiefen fortzusetzen. Wenn ich zum Heimataufenthalt komme, ist die Bruderschaft mein Zuhause, ein eingerichtetes Zimmer steht für mich bereit. Sollte mir etwas zustoßen, würden die Brüder sich um mich kümmern. Brauchen wir in schwierigen Situationen Gebetsunterstützung, informieren wir die Brüder in Deutschland, die die Bitte an einen Kreis von Freunden weiterleiten. Brauche ich in Deutschland ein Auto, stellen mir die Brüder eins zur Verfügung. Soll für Kabul etwas besorgt werden, machen sie das. Jeder kann so eingesetzt werden, wie er sich mit seinen Fähigkeiten am besten einbringen kann. Wo meine Schwachstellen liegen, gibt es die anderen, die das besser abdecken können.

Eine Gemeinschaft von Brüdern, die trägt.

Die Gemeinschaft ist mein Zuhause

Für mich ist die brüderliche Gemeinschaft eine Bereicherung, ein Zuhause, vor allem aber das gemeinsame Anliegen, das Evangelium – wo auch immer – zu leben. In der Bruderschaft und im gemeinsamen Weg der Nachfolge taten sich für mich mehr Möglichkeiten auf, als ich sie je im Alleingang gehabt hätte.

Lieber Bruder Schorsch, über die Jahre sind viele Mails zwischen uns hin und her gegangen. Ich danke dir sehr für dein lebendiges Erzählen, immer wieder!

Br. Schorsch Westermayer im Gespräch mit Angela Wittenberg

Im Garten des Königs

Christusträger Schwestern *1961

Sr. Veronika Huber

Es ist Mitternacht, wenige Stunden vor dem Ostermorgen. Auf unser Wellblechdach prasselt unbarmherzig der Regen, verändert ständig seinen Rhythmus. Angespannt höre ich hin und hoffe inständig, dass doch der Regenguss endlich nachlässt, dass die letzten Tropfen von oben verklingen. Vergeblich. Das Trommeln hämmert unbarmherzig in meine Seele hinein.

Wie soll ich Ruhe finden im Vertrauen darauf, dass Gott schon weiß, welches Wetter wir brauchen? Morgen früh um sechs Uhr werden etwa 60 Kinder und Erwachsene erwartungsvoll vor der Tür unseres Schwesternhauses stehen. Gemeinsam wollen wir das Auferstehungsfest feiern.

Und genau deshalb bin ich so besorgt: Was machen wir im strömenden Regen mit all den Leuten in den viel zu kleinen Räumen? Wie können wir die verschiedenen Erlebnisstationen auf dem weitläufigen Gelände unseres Kinderheims nutzen? Sie sind alle bereits aufgebaut. An jedem dieser Orte sollen Kinder und Erwachsene ein Stück des Osterwunders bei Fackelschein im wahrsten Sinne des Wortes „begreifen".

Wahrhaftig auferstanden

Meine Mitschwestern Barbara und Ulrike haben den ganzen Tag unermüdlich gebacken, Eier gefärbt, geputzt und den Frühstückstisch für die über 60 Menschen liebevoll gedeckt. Eine sehr aufgeweckte Schar hilfsbereiter und total neugieriger Kinder verfolgte jeden ihrer Schritte, wenn sie auf dem Heimgelände hin und her eilten.

Der tägliche Einsatz für die Kinder fordert schon im Alltag unsere ganze Kraft. Jetzt auch noch ein aufwändiges Osterfest feiern – eigentlich zu viel für uns. Jedes Fest ist eine große Herausforderung. Aber wir erleben dabei eben auch erfrischende Freude und helle Begeisterung über Jesus.

Wie soll es nun dieses Mal werden, frage ich mich. Unerwünscht und ungebeten untermalt der hohle Klang des Regens die vielen dumpfen Fragen in meiner Seele. Lohnt sich all der wahnsinnige Aufwand überhaupt? Hätten wir nicht mal ein ruhiges Fest genießen können?

Die Antwort ist mir längst klar, ich muss sie mir nur wieder vorbuchstabieren: Ja, es lohnt sich, denn da hat einer viel, viel mehr gegeben. Er hat sich bis zum Letzten eingesetzt. Daran wollen wir erinnern, das wollen wir feiern – und dafür ist letztlich kein Preis zu hoch!

Zum Glück kann ich irgendwann doch einschlafen. Als der Wecker kurz nach vier Uhr in den Ostermorgen hinein klingelt, ist das Hämmern der Regentropfen verstummt. Ich höre angespannt hin und kann es kaum fassen. Gott sei Dank!

Und dann beginnt das Fest, das ein Höhepunkt unseres Jahres ist: Erwartungsvoll gespannte Kinder, unsere Mitarbeiter und eine bunt gemischte Gruppe von Freunden unserer Arbeit ziehen im Schein von Fackeln gemeinsam los. An einer Station wird ein ziemlich echt aussehendes naturgroßes Plüschlamm von uns allen mit großen Steinen überhäuft und bedeckt, symbolisch für unsere Schuld. Christus, du Lamm Gottes, der du trägst die Sünden der Welt, erbarm dich unser! Unter dem Dach der Holzwerkstatt sind 60 kleine aus Flanell ausgeschnittene Schafe in Dornen verstrickt. Dadurch sind sie ganz verkrümmt und verformt, so führen sie uns vor Augen: Schuld und Schmerz entstellen unsere Seele. Jeder darf sein Schäfchen vorsichtig aus den Stacheln befreien, es gibt vielleicht ein paar Kratzer an den Händen, aber wir spüren ganz real, dass unsere Befreiung einen Preis gekostet hat.

Osterfreude mit Seifenblasen

Nach weiteren Momenten der Besinnung geht es dann zu unserer kleinen Schwesternkapelle. Wir quetschen uns hinein, hocken dicht an dicht, während wir den biblischen Text von der Grablegung hören. In der aufkommenden Dämmerung klopft es urplötzlich von außen ans Kapellenfenster und wir erschrecken alle. Da stehen zwei aufgeregte Frauen. Sie berichten außer Atem und lebhaft gestikulierend, dass sie vom Grab kommen und es leer vorgefunden haben. Und so gipfelt unsere Feier in den jubelnden Ostergruß: *El Señor ha resucitado! Verdaderamente ha resucitado! Aleluya!* Der Herr ist auferstanden! Er ist wahrhaftig auferstanden, Halleluja! Die bunten Seifenblasen, die währenddessen durch die Luft schweben, tragen die Botschaft über die Mauern hinweg zu den Nachbarn.

Schon seit vielen Jahren begehen wir Christusträger-Schwestern die Osternacht hier im Norden Argentiniens mit dieser Zeremonie. Nicht etwa, weil es guter Brauch hier wäre, ganz im Gegenteil. In einem Land, in dem christliche Feste sehr vernachlässigt werden, wollten wir eine gute neue Tradition aufbauen. Nicht einfach zu einem „Ritual" einladen, sondern zu einem Erlebnis, gefüllt von der staunenden Freude an Gott. Wir wollten die christlichen Festtage wieder zurückerobern auf einfache, kindliche Weise, aber ganz und gar in ihrem biblischen Ursprung verwurzelt. Jedes Jahr sind wir da neu herausgefordert, innerhalb des feststehenden Rahmens ein kreatives Programm für alle zu gestalten.

Nach Jujuy berufen

*„Das Tal ist fruchtbar und schön, es ist **mein** Garten"*, das waren die Worte, die ich vor etwa 30 Jahren in meinem Herzen von Gott hörte. Sie begleiteten mich innerhalb der Schwesternschaft auf der Suche nach dem richtigen Platz für mich und meinen Dienst. Schwester der Christusträger war ich schon geworden, weil mir unausweichlich klar war: Gott beruft mich in diese Gemeinschaft hinein und er hat einfach die besten Ideen. Er allein genügt.

Und nun die zweite Berufung, angeregt durch diesen Satz, den ich verblüfft in mir hören konnte. Noch verblüffter war ich, als ich dann erlebte: Diesen von Gott geschilderten Ort, diesen „Garten", gibt es tatsächlich für mich: Er heißt „Jardin de Reyes", zu deutsch: „Königsgarten" und ist ein Ortsteil der Andenstadt Jujuy im Norden Argentiniens. Jujuy liegt in einem wirklich fruchtbaren Tal und ist umgeben von fünftausend Meter hohen faszinierenden Bergen.

Als ich damals hier ankam, gab es das Kinderheim „Hogar del Sol" (Sonnenheimat) schon. Die Kindertagesstätte „Arca de Noé" (Arche Noah) steckte gerade in der Aufbauphase. Schon jahrelang hatten Christusträger-Schwestern treu gegen viele Widerwärtigkeiten und Angriffe gekämpft, weil sie Kindern aus den Elendsvierteln der Stadt helfen wollten. Und nun kam ich dazu, kämpfte mit dem Heimweh, der Sprache, der völlig anderen Kultur.

Seit damals hat sich viel verändert, die Zeit ist auch bei uns in Jujuy nicht stehengeblieben. Natürlich hat sich auch unsere Gemeinschaft gewandelt. Seit einigen Jahren leben wir zu dritt als Schwestern hier, unterstützt von einer großen Zahl einheimischer Mitarbeiter und von vielen Freunden. Wir sind zusammengewachsen zu einem Team von Christen, die diese Mission als die ihre aufs Herz genommen haben und mit großem Einsatz unterstützen.

Eine Heimat für Ricardo

Im Kinderheim „Hogar del Sol" wollen wir Kindern eine Heimat bieten, die aus ganz fürchterlichen Hintergründen stammen. In der Regel werden sie vom Jugendgericht zu uns geschickt, weil sie keine Eltern mehr haben oder weil ihre Eltern nicht in der Lage sind, ihren Kindern auch nur ein Minimum an Liebe und Schutz zu bieten. Die schrecklichen Geschichten vieler unserer Kinder erschüttern uns.

Ricardo z. B. hätte es eigentlich überhaupt nicht geben sollen. Seine Mutter, eine einfache Schafhirtin in den abgeschiedenen Anden, wollte den kleinen Jungen nicht. Die verhärmte Frau hatte schon einige ihrer Kinder weggegeben. Was sollte sie mit dem ungewollten Ricardo tun? Sie schleppte ihn irgendwo in die Wildnis der Berge, warf Steine auf den kleinen Körper und wollte ihn so umbringen. Dann zündete sie – dem Brauch entsprechend – Kerzen zum Gedenken an. Blutig und zum Teil mit Steinen bedeckt lag der Junge da. Irgendwann kam eine Tante vorbei und entdeckte, dass da noch ein schwacher Hauch von Leben in dem Jungen wohnte. Mühsam trug sie ihn viele Stunden bis zum Krankenhaus eines kleinen Bergdorfes. Kaum zu glauben, aber Ricardo überlebte! Zurück zur Mutter konnte er natürlich nicht und so wurde er mit seinen etwa eineinhalb Jahren zu uns ins Kinderheim vermittelt.

Die Nächte verbrachte Ricardo anfangs verzweifelt schreiend. Doch langsam erholte er sich und entwickelte sich zu einem aufgeweckten, wissbegierigen Jungen. Lange hatte er keine Ahnung von der Vergangenheit und kannte seine Familie nicht. Ricardo ging seinen Weg, konnte eine Ausbildung als Bauleiter und Bauzeichner abschließen und absolvierte auch eine Kurzbibelschule.

Irgendwann wurde ihm klar, dass er sich mit seiner Vergangenheit auseinandersetzen musste. Er machte sich auf den Weg, seine Mutter zu suchen. Stundenlang stieg er durch eine einsame, steinig-karge Gegend immer bergauf. Unterwegs wurde er sogar dringend gewarnt vor der „bösen Frau" – seiner Mutter.

Als er ihr dann endlich an der abgelegenen Hütte in über dreitausend Metern Höhe gegenüberstand stellte er sich vor: *„Guten Tag, ich bin Ihr Sohn"*. Ihre unerwartete Reaktion auf diesen Gruß bestand aus der erstaunten Frage: *„Welcher?"* Was die beiden ansonsten redeten bleibt ein Geheimnis. Die Bergindianer sind äußerst wortkarg.

Ricardo konnte jedenfalls seine Vergebung der Mutter gegenüber zum Ausdruck bringen. Gott schenkte tiefe Heilung in seinem Leben. Nach wie vor nimmt er immer wieder den beschwerlichen Weg auf sich, um sie zu besuchen. Er betet für sie, hilft ihr beim Ziegenhüten und unterstützt sie auch finanziell.

Mittlerweile hat Ricardo eine eigene Familie. Er wohnt direkt neben unserem Heim, das noch immer seine Heimat ist. Seine Tochter und sein Sohn sind die besten Freunde der momentan bei uns wohnenden Kinderschar.

Standhalten, nicht fliehen

Alle unsere Kinder im Kinderheim haben ähnlich schreckliche Schicksale hinter sich. Sie mussten Gewalt, Hass, Verwahrlosung, Missbrauch, Hunger erleben. Bei uns finden sie Heimat. Sie leben in vier Familiengruppen, die von einheimischen Mitarbeitern geführt werden. Sie haben ein Bett, bekommen zu essen, können die Schule besuchen. Wenn sie krank sind, kümmert sich ein Arzt um sie. Und vor allem – sie werden angenommen und geliebt.

Auch in unserer Kindertagesstätte „Arca de Noe" sollen Liebe und Freude den Ton angeben. Hier können etwa 130 Kinder aus Elendsgebieten den Tag verbringen. Sie leben zuhause, oft mit überforderten, drogenabhängigen, kriminellen Eltern. Ihr Umfeld ist von Müll, Gewalt und Unsicherheit geprägt. Wir können diese Verhältnisse nicht ändern. Aber wir bemühen uns darum, mit Gottes Hilfe und mit unseren engagierten Mitarbeitern den Kindern und auch ihren Familien einen Ort der Zuflucht und hoffentlich auch der Heilung zu bieten. Wir müssen viele Enttäuschungen und Rückschläge einstecken. Wir kommen oft an die Grenzen unserer Kraft und unserer Möglichkeiten. Immer wieder schleichen sich Entmutigung und Kraftlosigkeit in unser Herz ein. Wir drei Schwestern empfinden es oft als schwere Last, Verantwortung für diese Menschen zu haben.

Wenn es mir persönlich zu viel wird, fange ich manchmal an, von ganz anderen Einsatzgebieten und Aufgaben zu träumen. Ich könnte mich doch auch künstlerisch betätigen oder ich könnte die Freundschaftsarbeit mit dem jüdischen Volk mehr ausbauen. Ich könnte mich mit Archäologie und Anthropologie beschäftigen oder ich könnte in einem Einkehrhaus bei den biblischen und seelsorgerlichen Themen kreativ mitarbeiten. Das Spektrum wäre breit und aufregend farbig, ich bin äußerst offen für gute Ideen und originelle Träume, besonders wenn mir der Alltag gerade graue Töne auf die Seele drückt.

Aber mir wird dann schnell klar: Ich will nicht fliehen, ich will mich nicht aus der Verantwortung wegschleichen. Mein Platz ist der Ort, an dem ich heute arbeite, gemeinsam mit meinen beiden Schwestern, unterstützt und umbetet von den anderen Schwestern zuhause in Deutschland und in aller Welt. Ich lebe und arbeite in dem von Gott verheißenen fruchtbaren Tal. Ich habe das Vorrecht, im „Königsgarten" meinen Dienst leisten zu dürfen.

Bei solchen Gedanken lasse ich mich gerne von Gott überraschen und staune, in welcher Frische er mir dann doch wieder hier im Tal und im Garten begegnet – mittendrin im oft sorgenvollen Alltag zwischen den Zeilen meines Lebensliedes und der Melodie unseres gemeinsamen Lobgesanges.

Am Weinstock festhalten

Sehr eindrücklich habe ich das einmal auf besondere Weise erlebt: Wir Schwestern standen vor einer schweren Entscheidung. Wir waren voller Sorge und fühlten uns angesichts des bedrohlichen Problems hilflos. Deshalb zogen wir uns zurück zu einem Wochenende des Gebetes in die Berge. Es ist uns wichtig: Unser Dienst hier besteht nicht nur aus Aktion – er wird getragen vom Gebet und von unserer Gemeinschaft mit Gott.

Bei diesem Gebetswochenende entdeckten wir das buchstäblich greifbar vor unseren Augen: Im Garten des Berghauses bildeten alte knorrige Weinstöcke eine wunderbare Laube. Sie stehen da, gekrümmt von der Last der Jahre, doch fest verankert. Während des Gebets hier kam uns natürlich das altbekannte Wort Jesu in Herz und Sinn:

„Ich bin der Weinstock, ihr seid die Reben. Wer in mir bleibt und ich in ihm, der bringt viel Frucht. Ohne mich könnt ihr nichts tun."

Irgendwann standen wir an dem Wochenende zu dritt um einen dieser alten Zeugen biblischer Verheißung herum. Jede von uns hielt sich an seinem Stamm und seinen Zweigen fest, ja umklammerte sie geradezu. Wir hängten uns an den Weinstock und ließen uns von ihm halten. Die Rinde fühlte sich in den Händen rau an, aber wir spürten den festen, tragfähigen Stamm. Wir hielten uns ganz fest und beteten gemeinsam. Eine wunderbare Erfahrung, die uns den wackeligen Glauben stärkte.

Dieses Erlebnis nahmen wir mit, als wir uns dann wieder von den Bergen ins Tal begeben mussten. Dieses Mal (ausgerechnet nach dem etwas ungewöhnlichen Weinstockgebet) tat Gott ein Wunder. Wir erlebten eine absolut erstklassige Lösung des Problems, von der keine von uns Schwestern auch nur zu träumen gewagt hätte.

Das ist eines unserer besonderen Erlebnisse mit dem gemeinsamen Gebet. Im Lauf der Zeit sind wir davon abgekommen, nur in einem Raum oder in einer Kapelle zu beten. Manchmal beten wir, während wir zusammen eine Anhöhe besteigen oder durch eine wunderschöne Bergschlucht wandern. Zu dritt nebeneinander und mit Jesus in unserer Mitte. So wie damals, als er mit seinen Jüngern durch Galiläa zog. Er ist dabei.

Unser Gebet ist wenig formell, es ist die gemeinsame Unterhaltung mit einem wunderbaren Freund und wahrhaftigen Wegbegleiter. Und diesem treuen Mitwanderer und Vorläufer können wir alles sagen, unsere Freuden, unsere durchaus sehr verschiedenen Träume, unsere Nöte um die uns anvertrauten Kinder und auch unsere Sehnsucht nach dem, was wir uns für die Schwesternschaft weltweit wünschen.
Wir können seine Herrschaft ausrufen über die von heidnischen Bräuchen geknechteten Bergtäler. Wir können seinen Sieg besingen in der Vision, dass seine Herrlichkeit aufgeht über diesem Volk. Und dabei gehen wir weiter. Und feiern ihn, so bunt, so kreativ und so fröhlich wie wir es halt können.

So wie beim Osterfest in diesem Jahr.

Das Erleben mit den Kindern und den mitfeiernden Erwachsenen lässt mich wieder neu staunen über diese wunderbare Berufung, sein Reich verkünden zu dürfen durch Wort und Tat. Ich bin sehr dankbar, dass Gott mir meinen Platz hier im Königsgarten zugewiesen hat. Hier will ich leben und arbeiten, gemeinsam mit meinen Schwestern. Hoffentlich zu seiner Ehre.

Sr. Veronika Huber

Fünf Brote und zwei Fische

Christus-Treff: Gemeinschaft, Gemeinde, Netzwerk – *1982

Roland Werner

Wer hätte das gedacht? Ja, wer hätte damals in der Einöde Galiläas gedacht, dass fünf Brote und zwei Fische mehr als fünftausend Menschen satt machen könnten? Wer hätte damals, Anfang der 1980er Jahre, gedacht, dass aus einer kleinen Zelle von fünf, sechs, sieben Leuten, eine Bewegung entstehen würde, durch die Hunderte, ja Tausende erreicht werden? Wer hätte das gedacht, damals, am Küchentisch in der kleinen Wohnung im „Roten Graben" in der Marburger Oberstadt, als eine Handvoll Leute sich auf den Namen „Christus-Treff" verständigte, dass gut dreißig Jahre später ein Netz von Gemeinden und Gemeinschaften sich mit diesem Namen identifizieren würde, in Marburg und Jerusalem, in Berlin und am Richtsberg? Wer hätte das gedacht?

Am Anfang war ...

Ja, was war am Anfang unserer Gemeinschaften? Zunächst waren da ein paar junge Leute, die zum Studium nach Marburg gekommen waren. Sie lernten einander kennen und beschlossen, sich regelmäßig zu treffen, zum Gebet und zum persönlichen Austausch, zum Bibelstudium und zur Gemeinschaft, zum miteinander Lachen und Weinen, zum Hören und Diskutieren. Bald trafen sie sich als „Verbindliche Gemeinschaft", inspiriert durch die Kontakte zu Kommunitäten und Gemeinschaften, darunter die Christusträger-Bruderschaft und die Offensive Junger Christen, die Jesusbruderschaft und die Jesus-People in den USA. Im Hintergrund waren die Erfahrungen der Mitarbeit und Leitung in der missionarischen Jugendarbeit in der Evangelischen Kirche und im CVJM.

Tiefe Wurzeln – starke Triebe

Die Wurzeln waren also stark. Eingepflanzt in die missionarische Jugendbewegung, verwurzelt in einem persönlichen, an der Bibel orientierten Christentum, mit Offenheit für neue Wege und Erfahrungen aus dem Geist Gottes, vernetzt mit anderen, die auf dem gleichen Weg waren. Hier, in Marburg, flossen diese vielfältigen Erfahrungen zusammen.

Die kleine verbindliche Gemeinschaft traf sich jeden Mittwoch in Elkes Wohnzimmer. Persönlich, tief und intensiv waren unsere Gespräche und Gebete. Dann kamen Anfragen: Können wir dazukommen? Eine kleine Gruppe von vornehmlich katholischen Christen stieß dazu, ebenso einige freikirchlich geprägte Studenten. Bald standen wir vor der Frage: Sollen all die, die dazukommen wollen, Teil der langfristigen, verbindlichen Gemeinschaft werden? Oder eröffnen wir einen Begegnungsraum für die, die eine Zeit lang zum Studium oder zur Ausbildung in Marburg sind, ohne sie langfristig an die Gemeinschaft binden zu wollen? Wir entschieden uns dafür, beides zu tun: Die verbindliche Kerngemeinschaft zu stärken und zugleich offene Gemeinde zu leben. So konnten sich beide Triebe aus dem gemeinsamen Stamm stark und frei weiterentwickeln: Die „Verbindliche Gemeinschaft" wurde im Lauf der Zeit zur „Jesus-Gemeinschaft", die offenen „Christus-Treff-Abende" zu einem Gemeindenetzwerk, das längst über Marburg hinaus gewachsen ist.

Von einer verbindlichen Zelle zu einer gemeinschaftlichen Bewegung

Beide hatten und haben ihr Eigenleben. Beide waren und sind aber bis auf den heutigen Tag eng miteinander verknüpft und auf einander bezogen. In den ersten zehn bis zwanzig Jahren war die Jesus-Gemeinschaft die Kerntruppe des Christus-Treff, umgeben und gestärkt von einer immer stärker wachsenden Schar von verantwortlichen Mitarbeitern. Dass die Verantwortung für die Christus-Treff-Gemeinde in Marburg, für die „Werke" des Christus-Treff, Friends (Jugendevangelisation und Förderung junger Leiter), WINGS (nationale und internationale Frauenarbeit), und nicht zuletzt die Christus-Treff Arbeit im Johanniterhospiz in Jerusalem und nach der Wende die Gemeindegründung in Berlin-Treptow im Lauf der Zeit in viele Hände übergegangen ist, ist ein notwendiger und segensreicher Prozess.

Der Jesus-Gemeinschaft bleibt dabei die Gewissheit, dass das, was sie als Gründergeneration, teilweise unter großen Opfern, ins Leben gebracht, gefestigt und geformt hat, von einer neuen Generation verantwortlich und sorgsam weitergeführt wird. Und zugleich bleibt sie lebendig mit dem Gesamt-Christus-Treff verbunden und trägt weiterhin an vielen Stellen mit. Und sie ist als Gemeinschaft offen für neue Aufgaben, die Gott ihr vor die Füße legen will.

Doch hier sind wir schon weit in der Geschichte voran geeilt und sind im Heute angekommen. Es hilft auf jeden Fall, noch einmal etwas zurückzugehen in unsere Geschichte.

Gemeinschaft braucht Orte

Christus-Treff, so nannten wir von Mai 1982 an unsere offenen Donnerstag-Abende. Zunächst waren wir zu Gast in einem kleinen Saal in einem Privathaus, der einer inzwischen aufgelösten Freikirche als Versammlungsort gedient hatte. Doch der war in einer versteckten Seitenstraße im damals noch unattraktiven Bahnhofsviertel. Dennoch fanden bald bis zu vierzig junge Leute wöchentlich dorthin. Nebenbei traf sich die verbindliche Gemeinschaft zu intensivem Austausch. Erste Hauskreise und Glaubenskurse entstanden, eine Theatergruppe trug die Botschaft der Bibel in zeitgemäßer Form in die Treffen und auf die Straße. Doch wir wollten gern einen eigenen Ort, möglichst zentral, mit Raum zur Begegnung und zum Gebet. Im Spätherbst 1983 fanden wir ein Ladenlokal am zentralen Marktplatz und eröffneten im Mai 1984 unseren Buchladen „Regenbogen". Ein gutes halbes Jahr später war die „Kreuzkapelle" im historischen Gewölbe unter dem Laden fertig. Hier boomten die Donnerstagsgottesdienste und, inspiriert von einem Englandaufenthalt, starteten wir einen zweiwöchentlichen Sonntagabend-Gottesdienst auf Englisch. Das war ein weiterer Ausdruck unserer Arbeit mit internationalen Studenten.

Es dauerte nicht lange, bis die Kreuzkapelle aus allen Nähten platzte. Dass hier wirklich siebzig Leute hineinpassten, konnte keiner glauben. So ging die Suche nach geeigneten Räumen weiter. Im Herbst 1986 zogen wir in die mittelalterliche Hospitalkirche „St. Jost" um, und schließlich, als die für die über 150 Gottesdienstbesucher wirklich zu klein wurde, im Herbst 1988 in die Lutherische Pfarrkirche. Dort sind wir bis heute an jedem Donnerstag zu Gast.

Mehr als nur ein Wunder

Der Platz reicht jetzt nicht, um alle gemeinschaftlichen und räumlichen Entwicklungen darzustellen. Es ist auch alles in verschiedenen Büchern dokumentiert. Doch das ist klar: Wachsende Gemeinschaften brauchen Räume, um sich zu verorten und zu entfalten. 1989 war es dann soweit: Wir standen vor der Frage, ob wir weiterhin nur Räume mieten wollten oder ob wir uns festlegen durch den Kauf eigener Häuser. Ein weiterer Verein, zusätzlich zu dem, der den Buchladen trug, wurde gegründet. Es war der Verein „Jesus-Gemeinschaft e.V.", der bis auf den heutigen Tag unser rechtlicher Träger ist, allerdings seit einigen Jahren mit dem umfassenderen Namen „Christus-Treff e.V.". Die Vereinsstruktur machte es möglich, dass wir Mitarbeiter anstellen und Immobilien erwerben konnten. Das war für uns als junge Bewegung mehr als ein kleiner Glaubensschritt. Fast ohne eigenes Kapital, nur mit internen zinslosen Darlehen, kauften wir 1990 den aus dem Mittelalter stammenden ehemaligen Burgmannensitz am Steinweg 12 und 1993/1994 das große ehemalige Kurhotel, das wir „ChristHaus" tauften. Diese Schritte, bei denen wir mehrere Millionen – damals DM – aufbringen mussten, und das mit buchstäblich nichts in der Kasse, erforderten mehr als nur ein Wunder. Im Rückblick müssen wir sagen: An Wundern hat es nicht gemangelt! Allein dieser Teil unserer Gemeinschaftsgeschichte kann uns immer wieder neu zum Staunen bringen. Über fünfzig Menschen leben seitdem zu jeder Zeit in diesen Häusern. Und wir haben Platz für die hunderte Kinder und Erwachsenen, Jugendlichen und Studenten, deutsche und internationale Gäste, die wöchentlich in diesen Räumen ein- und ausgehen und miteinander das Leben gestalten. Im Feiern und Spielen, beim Kochen und Beten, im Denken und Reden.

Orte der Hoffnung

Bei den nicht immer leichten Entscheidungen war es oft der Kontakt zu den Verantwortlichen in befreundeten Kommunitäten, der uns den letzten Schub an Mut zum Wagnis gab. So sagte mir Hermann Klenk, einer der „Väter" der OJC, auf meine Frage, ob wir das Kurhotel denn kaufen sollten, nur ein halbes Jahr, nachdem wir das Johanniterhospiz in Jerusalem übernommen hatten, und ohne Geld in der Tasche, ohne Umschweife: „Ihr müsst es kaufen! Denn wir brauchen in Zukunft Orte, an denen Menschen Hoffnung für ihr Leben schöpfen können!" Und so unterschrieb ich damals – im Auftrag der Gemeinschaft – den Kaufvertrag über drei Millionen, mit gerade mal 260 DM auf dem Konto. Und dann ging das Umbauen und Renovieren erst richtig los! Im Nachhinein ist klar: Ohne diese Orte wäre der Christus-Treff nie das geworden, was er ist. Denn Leben braucht Raum, in dem es sich entfalten kann.

Weitere Orte kamen dazu: Das ehemalige Gemeindehaus der Berliner Stadtmission in Alt-Treptow, wohin wir 2002 die „Prego-Gemeinschaft" senden konnten, die dort seitdem den „Christus-Treff Berlin" aufbauen, der Buchladen „Quo Vadis", viele Jahre der Nachfolger des „Regenbogen-Buchladens", und danach 2014 das Begegnungscafé „Con:Text", ebenfalls zentral in der Marburger Oberstadt. Und natürlich seit 1993 die schon erwähnte Gäste- und Pilgerarbeit im Christus-Treff Jerusalem, im ehrwürdigen Johanniter-Hospiz an der 8. Station der Via Dolorosa.

Doch bei allem, was wir bauen und gestalten dürfen, ist uns klar, dass das Entscheidende nicht die Balken und Steine sind, sondern der Geist, der in ihnen weht. Und dass Gott in uns und unter uns einen Tempel errichten will, der nicht von Händen gemacht ist. Ein Bauwerk, das auch dann noch Bestand hat, wenn all unsere Bauten längst verfallen sind.

Das Wirken des Geistes

Und so ist uns wichtig, dass Gottes Geist in uns und bei uns Raum hat. Auf welche Weise er wirkt, ob charismatisch oder liturgisch, ob evangelikal oder landeskirchlich, ob deutsch oder afrikanisch, ob leise und sanft oder laut und stürmisch, spielt für uns dabei nicht die größte Rolle. Wir wissen, dass wir von allen Traditionen lernen können. Wir wünschen uns die Offenheit, immer auf die Stimme des Heiligen Geistes hören zu können. Und wir sind überzeugt, dass er uns immer neu in Jesus den Vater zeigen wird.

Deshalb sind wir als Christus-Treff immer neu unterwegs, immer neu auf der Suche nach Wegen, wie wir den Glauben, der uns „ein für alle Mal anvertraut ist" (Judas 7), in die jeweilige Zeit hinein sprechen und hineinleben können. Deshalb sind wir auch angewiesen auf die Vernetzung mit anderen Gemeinschaften, Zentren und Bewegungen im Reich Gottes. Deshalb pflegen wir auch den Kontakt mit unseren internationalen Freunden, den charismatischen Anglikanern in London genauso wie den orthodoxen Baptisten in Tiflis, und bei uns mit Freikirchen und Landeskirchen, mit liturgischen Kommunitäten ebenso wie mit den missionarischen Jugendbewegungen.

Unsere Werte

Gemeinsam mit der Jesus-Gemeinschaft und anderen verbindlichen Gemeinschaften, die im Lauf der Jahre im Christus-Treff Netzwerk entstanden sind, bilden an die 200 Menschen als Träger-Gemeinschaft den Kern des Christus-Treff Marburg. Wer zu dieser tragenden Gruppe gehören will, muss sich jährlich neu dazu verpflichten. Für sie, wie für alle anderen Mitarbeiter, gelten bestimmte Grundwerte, die wir formuliert haben und die wir – in einer Art persönlichen Erklärung – immer neu bestätigen.

Herrschaft Jesu Christi: Jesus Christus ist Herr meines Lebens und ich folge seinem Beispiel und Worten, auch in ethischen Fragen.

Hingabe an Gott: Ich frage nach Gottes Willen und nehme ihn ernst.

Fundament Bibel: Die Bibel ist der Maßstab und prägend für mein Leben.

Offenheit für den Heiligen Geist: Ich bin offen für seine Gaben, Kraft und Führung und bleibe geistlich „unterwegs".

Verbindliche Gemeinschaft und Teilen: Ich sehe mich als Teil der weltweiten Kirche und bin verbindlich in meiner örtlichen Gemeinde, dem Christus-Treff. Ich lasse mich auch in einer Kleingruppe ermutigen und korrigieren. Wenn nötig, suche ich seelsorgerliche Unterstützung und Hilfe. Ich trage die Gemeinschaft und ihre Aufgaben konkret mit durch Einsatz von Zeit, Kraft und Finanzen. Das heißt, ich teile mein Leben vor Ort und darüber hinaus.

Anbetung und Gebet: Ich bemühe mich um einen Lebensstil des Gebets, sowohl persönlich als auch gemeinsam mit anderen.

Zeugnis und Mission: Ich sehe mich als Repräsentant von Jesus mitten im Alltag, in Beruf und Gesellschaft und trage das weltweite Anliegen der Mission mit.

Soziale Verantwortung und Dienst: Ich nehme Anteil an den Nöten anderer und suche nach Wegen, bedürftigen Menschen im Geist Jesu zu begegnen.

Kreativität und Feiern: Ich lasse mein Leben durch die Freude Gottes prägen. Ich suche einen Rhythmus von Arbeit und Ruhe, von Sendung und Sammlung. Ich lebe bewusst in der Gemeinde und nehme die Gottesdienste als Feste an. Ich will die Gastfreundschaft Gottes in der Offenheit für und Annahme von Gästen und „Neuen" widerspiegeln.

Gemeinschaft in Bewegung

Soweit unsere Werte, die natürlich kein ausführliches Glaubensbekenntnis darstellen. Aber sie zeigen, was uns wichtig ist. Was ist der Christus-Treff? Eine verbindliche Gemeinschaft? Eine charismatische Bewegung? Eine neue Form von Gemeinde? Ein missionarisches Werk? Vielleicht etwas von dem Allen. Was überwiegt – die Stabilität oder die Dynamik? Wo ist der Platz des Christus-Treff im Kontext von Kommunitäten und Kirchen, von Gemeinden und Gemeinschaften? Vielleicht kann eine endgültige Antwort auf diese Fragen erst in der Zukunft gegeben werden. Auf jeden Fall wollen wir beieinander bleiben. Und wir wollen auf dem Weg bleiben. Hin zu Gott und hin zu den Menschen.

Ein erhörtes Gebet

Ein Lied, das in unserer Gemeinschaft entstanden ist, drückt das aus, was wir, in aller Schwachheit und Begrenztheit, doch erfahren haben. Und so bleibt es unser Wunsch und unser Gebet:
Mache du uns zur Stadt auf dem Berge, deren Lichter man weithin sieht, die das Dunkel erhellt, deren Wärme die Frierenden zu sich zieht.
Wenn wir im Lichtkreise bleiben, wo Sein Feuer uns bescheint, dann gehen wir wahrhaft gemeinsam durch Christus, der uns eint.
(*Georg und Margit Pflüger*)

Was bleibt?

Wir haben das Wunder erlebt: Jesus hat viele Menschen satt gemacht. Dafür hat er auch die fünf Brote und zwei Fische verwendet, die wir ihm hingehalten haben. Wie es sein kann, dass danach noch zwölf Körbe mit Brotstücken übrig sind, das verstehen wir auch nicht. Aber wir sind gewiss, dass unser Meister auch in Zukunft das Wunder der Brotvermehrung unter uns geschehen lassen will.

Roland Werner

Die Revolution der Versöhner

Evangelische Marienschwesternschaft Darmstadt – *1947

Sr. Joela Krüger

Wer oder was in dieser Welt kann einen Menschen dazu bewegen, sich vom Selbstverwirklichungstrip abzuwenden und den umgekehrten Weg einzuschlagen? Nur Jesus allein. Inmitten der 68er Studentenunruhen an der Stuttgarter Kunstakademie begann das Abenteuer für mich, wodurch zunächst mein, dann aber auch das Leben einiger anderer in völlig neue Bahnen gelenkt wurde. Die „Sprache Kanaans" lag mir sehr fern.

Falsche Lebensfundamente stürzen ein

Dass ich wenig später dennoch das „Land Kanaan" betreten habe, verdanke ich einer Merkwürdigkeit: Die ersten Studentenkonferenzen der Offensive Junger Christen (OJC) fanden ausgerechnet auf dem Gelände der Marienschwestern statt, das in keiner Weise damals zeitgemäßen Vorstellungen von „Revolution" entsprach. Umso größer war die Überraschung der Teilnehmer, dass dort falsche Lebensfundamente zum Einsturz gebracht wurden. Aber vielleicht ebenso groß war meine eigene Überraschung, dass mir ein Feuer der Liebe zu Jesus entgegenschlug. Die Anweisungen Jesu für Seine Nachfolger, um Seinetwillen alles zu verlassen, Seine Aufforderungen zum Kreuztragen und zur Selbstverleugnung konnte ich von diesem Zeitpunkt an nicht länger als irrelevant zur Seite schieben. Er rief mich schließlich zu einem klaren „Alles für Einen" und damit auf einen Weg, den ich noch keine Minute bereut habe.

Die größten Herausforderungen für mich als Marienschwester kamen jedoch erst, als ich nicht mehr mit ihnen gerechnet habe. Ich gehöre zu den Schwestern der „Zweiten Generation", welche die Nachfolge unserer starken Pionier-Generation antreten sollte – aber wie? „Aus Trümmern neues Leben" hat seit 1947 hoffnungsvoll über unserer Kommunität gestanden. Trümmer gibt es genug. Auch die Trümmer des Zweiten Weltkriegs sind noch mitten unter uns und Wunden, von deren Tiefe und Schmerz ich trotz mancher Vorkenntnisse keine Ahnung hatte. Dienst der Versöhnung – unser alter immer neuer Auftrag, zuerst an Seinem Bundesvolk Israel, doch auch an Polen, Ungarn, der Ukraine, Russland, den baltischen Staaten und in anderen Erdteilen, wo unsere Schwestern für denselben Versöhnungsauftrag leben.

Die Bitte um Vergebung schlägt die Brücke

Die stärkste Bestätigung auf diesem Weg erhielten wir 2009 durch einen zunächst kleinen Schritt, der weitreichende Auswirkungen haben sollte. Wir luden unsere polnischen Mitarbeiterinnen und Freunde als Ehrengäste in unser Mutterhaus ein zum Gedenken an den deutschen Überfall auf Polen vor 70 Jahren. Aus unserem ersten Einladungsbrief wurde später ein Brief mit der Bitte um Vergebung an die Einwohner von Oswiecim (Auschwitz) und an alle Polen, den wir als Anzeige in der größten polnischen Tageszeitung veröffentlichen ließen. Es schien, als ob Polen auf diese Worte gewartet hätte.

Eine Veteranin des Warschauer Aufstandes von 1944, die 87-jährige Wanda, las über uns, dass wir mehrfach zum Gebet in Auschwitz waren. Da kam ihr ein Gedanke: Zu ihrem Lebenstraum gehörte, dass einmal auf dem Friedhof für die über 100 000 Opfer des Aufstands eine deutsche Stimme um Vergebung bitten würde. So kam es zur Einladung nach Warschau. Alles war für uns ungewohnt offiziell mit entsprechenden Presseberichten. Das störte uns beide nicht. Immer wieder forderte Wanda an meinem Arm mich dazu auf: „Bitte bete!" Das entsprach meiner innersten Berufung. Als Warschauerin hatte sie zum Beispiel nie mehr gewagt, sich dem ehemaligen Gestapogebäude zu nähern, in dem ihr Bruder so schrecklich gelitten hatte.

Versöhnung wird Realität

Die polnischen Medien zeigten sich enttäuscht über das Fehlen der deutschen Presse, doch dafür hatte Gott selbst vorgesorgt. Nach ein paar Monaten erschien in einem bekannten deutschen Verlag ein säkular geschriebenes Buch über Warschau. Darin ist ein ganzes Kapitel unserer Versöhnungsinitiative gewidmet unter der Überschrift „Die Nonnen aus Darmstadt".

Ähnlich erging es uns in der Ukraine. Eine meiner Schwestern hatte unseren russischen Brief mit der Bitte um Vergebung einem Abt des Kiewer Höhlenklosters überreichen können – zusammen mit einem kleinen Kreuz, das ein deutscher Soldat aus einer brennenden Bauernkate gerettet hatte. Das wurde Anlass zu einer Versöhnungskonferenz, zu der wir von russisch-orthodoxer Seite offiziell nach Kiew und Odessa eingeladen wurden. Ich bekam in Kiew die Möglichkeit, im „Haus der Offiziere" zu sprechen. Einer der führenden Veteranen antwortete, es habe sich gelohnt, über 90 zu werden, um diese Worte zu hören.

Insignien der Königswürde

Und was bewegt mich im Hinblick auf die Zukunft am meisten? Nach über 45 Jahren hat das altvertraute Zeichen unserer Kommunität neu zu mir geredet: Kreuz und Dornenkrone!

In den Evangelien ist nachzulesen, dass die entscheidende Phase im Prozess gegen Jesus sich unter römischer Besatzungsmacht vollzogen hat. Seine Verurteilung, Seine Verhöhnung unter der Dornenkrone und die Kreuzesinschrift des Pilatus galten dem König der Juden. Im Verlauf der Kirchengeschichte haben wir dankbar das Sühnopfer des Sohnes Gottes angenommen und Ihn als König unserer Völker geehrt. Doch die Dornenkrönung, den schmachvollen Kreuztitel, die ununterbrochene Verhöhnung des Königs der Juden, haben wir ignoriert und versäumt, diesen von Juden und Heiden gemeinsam verworfenen König entsprechend zu ehren. Darum konnten wir Christen durch alle Jahrhunderte die Verhöhnung und Verfolgung Seines Volkes ununterbrochen fortsetzen – eine schwere Belastung, die sich bis heute auswirkt.

So haben Kreuz und Dornenkrone für uns einen besonderen geistlichen Stellenwert erhalten. Mit unserem alten Zeichen ist ein neuer Auftrag verbunden, der in kommender Zeit gewiss nicht unangefochten bleibt. Doch freuen wir uns, auf diesem Weg unter der Autorität und Schutzherrschaft dessen zu stehen, der „den Schlüssel Davids" in Seiner Hand hält (Offb 3,7ff). Ausgerechnet einer schwachen Gemeinde mit ihrer nur kleinen Kraft verheißt Er eine offene Tür, die niemand zuschließen kann. Sie soll sogar bewahrt werden „vor der Stunde der Versuchung, die über den ganzen Erdkreis kommen wird".

Welch ein Angebot für schwache Gemeinden und Gemeinschaften, zu denen wir gehören!

Sr. Joela Krüger

Gemeinsam beten und Tagesschau gucken

Laurentiuskonvent – *1959

Michael Schimanski-Wulff, Stephan Hünninger und
Gabriele Hünninger, Gabriela Boni-Tamm

Wethen

MICHAEL SCHIMANSKI-WULFF

Schon als Theologiestudent hatte ich Verbindung zum Laurentiuskonvent und seinem „Projekt Wethen". Ich war fasziniert von der Idee gemeinsamen Lebens. Nach 10 Jahren Gemeindepfarramt in einem kleinen Dorf fühlte ich mich spirituell ausgetrocknet und politisch isoliert. Als die Hausgemeinschaft auf dem Laurentiushof in Wethen eine neue Familie suchte, meldeten wir uns. Die Annäherung war wie Verliebtsein, ein Rausch von Sympathie und gemeinsamen Träumen. Ich sagte damals: „Ich möchte mit Menschen gemeinsam beten und Tagesschau gucken."

Ernüchternder Alltag

Im Sommer 1993 zogen wir als 5-köpfige Familie nach Wethen. Auf den Rausch folgte Ernüchterung. Gemeinsames Beten und politische Gespräche gab es. Aber das Leben in der Gruppe war anstrengend. Wir waren drei Familien mit kleinen Kindern, dazu zwei pflegebedürftige Alte – das überforderte uns. Nach zwei Jahren streikte meine Frau. Wir zogen in ein Haus im Dorf. Nebenbemerkung: Es sind meist die Frauen, die Überforderung wahrnehmen, die mehr Raum und Zeit für Familie und persönliche Entfaltung einfordern.

Vom Zentrum – der Hausgemeinschaft – waren wir etwas mehr an den Rand gerückt. Aber wir blieben ein Teil der Gemeinschaft. Das ist für mich ein großer Vorzug unserer Gemeinschaft in Wethen: Es gibt abgestufte Formen von Nähe und Distanz, von Beteiligtsein und Randständigkeit. Je nach familiärer, beruflicher und lebensgeschichtlicher Lage darf und kann jeder seinen Platz in der Gruppe finden. Manche sind mittendrin, engagieren sich und tragen die entsprechenden Entscheidungen. Manche sind mehr die Beobachter am Rande. Diese wunderbare Offenheit hat ihren Preis – die Mitte, die uns trägt, das verbindende Zentrum ist schwer auszumachen. Kampf und Kontemplation (Taizé) finden alle richtig – aber wie leben wir das verbindlich? Darum ringen wir – auch im geistlichen Bereich. Für viele von uns sind traditionelle, feste Gottesbilder zerbrochen und sie suchen mühsam nach einem Du, nach einer tieferen Wirklichkeit hinter allen Bildern.

Die Gemeinschaft leuchtet in Notzeiten

Gemeinsam beten – das war mein Wunsch gewesen. Das ist mir im Lauf der Zeit immer wichtiger geworden. Ich arbeite als Klinikseelsorger und höre täglich schwere, oft kaum erträgliche Lebensgeschichten. Im Abendgebet und in der wöchentlichen Mahlfeier kann ich sie vor Gott bringen. Ich nenne Namen und Situationen, ich klage und danke. Ich gebe ab – an Gott und an meine Gemeinschaft. Manche sagen mir dann, wie gut es ist, etwas von den „Schmerzenszonen des Lebens" in unserem idyllischen Dorf im Gebet zu erfahren. Unsere Gemeinschaft „leuchtet" besonders in Notzeiten. Wenn einer krank ist, wenn eine stirbt, wenn Menschen trauern – dann sind andere da, die helfen, zuhören und das Leid aushalten. Das reicht vom gemeinsamen Abschiednehmen am offenen Sarg bis zu alltäglicher Unterstützung beim Wäschewaschen, Kochen und Wechseln der Inkontinenzwindeln – „Einer trage des anderen Last".

Der politische Anspruch, zur Veränderung der Welt beizutragen, (§ 2 der Satzung), hat mich oft überfordert. Eine Ansammlung vieler kluger, bewusster und engagierter Menschen kann anstrengend sein. Aber es entlastet mich auch, dass ich nicht für alles verantwortlich bin und nicht alles machen muss. Viele kümmern sich um die syrischen und iranischen Flüchtlinge, die in unserer Gemeinschaft Zuflucht gefunden haben. Andere verfolgen wach die gesellschaftlichen Entwicklungen und machen auf Probleme und Nöte aufmerksam.

So fühle ich mich in allen diesen Bereichen, im Gebet und in der gemeinsamen Gottessuche, in der alltäglichen Solidarität und im politischen Einsatz getragen von meiner Gemeinschaft und darin von Gott.

Michael Schimanski-Wulff

Laurentius-Konvent: „Konkrete Gemeinschaft"

MICHAEL SCHIMANSKI-WULFF

Der Laurentiuskonvent gehört zu der Bewegung kommunitärer Aufbrüche, die während des 2. Weltkriegs und nach seinem Ende in Europa entstanden. Erfahrungen aus Jugendarbeit und Studentengemeinde, aber auch Begegnungen mit Kommunitäten wie Imshausen und Taizé wirkten zusammen. Dabei wollte der Laurentiuskonvent den monastisch-zölibatären Gründungen keine weitere hinzufügen. Er wollte eine Form verbindlicher Gemeinde erproben, bei der alle gesellschaftlichen Stände willkommen sind: Familien und Ehelose, Ältere und Jüngere, Menschen verschiedenster Berufe und Bildungsstände.

Die ersten – alleinstehenden – Mitglieder schlossen sich Ostern 1959 in Falkenburg bei Delmenhorst zum Laurentiuskonvent zusammen. Später traten die ersten Familien ein. Hausgemeinschaften in Berlin und Bonn wurden gegründet. Für den Konvent gehört zu einem lebendigen Christsein die Einbindung in eine konkrete Gemeinschaft. Als Namenspatron der Gemeinschaft wurde der Heilige Laurentius gewählt. Nach ihm war die Kapelle des Lutherstifts in Falkenburg benannt. Er starb 258 in Rom als Märtyrer. Für unseren Konvent verkörpert er die noch geeinte Kirche vor allen Spaltungen – der Konvent versteht sich als ökumenisch. Laurentius hat nach der Überlieferung als Diakon – er war kein Bischof – gegenüber dem Kaiser die Armen als den wahren Schatz der Kirche bezeichnet. Diakonischer Einsatz und die Wahrnehmung der gesellschaftlichen Randgruppen als der eigentlichen Mitte der Gesellschaft gehören zu den Grundüberzeugungen des Konvents. Und: Laurentius war konsequent. Auch der drohende Märtyrertod schüchterte ihn nicht ein. Ein glaubwürdiger Lebensstil kostet seinen Preis.

In der ersten Zeit engagierten sich die Mitglieder des Konvents in der Fürsorge- und Obdachlosenarbeit. Später ka-

Laufdorf

Stephan Hünninger und Gabriele Hünninger

men Friedens- und Entwicklungszusammenarbeit dazu. Viele Konventsmitglieder blieben in ihren erlernten Berufen. Mittlerweile hat jede Gruppe an ihrem Standort ihre spezielle Prägung. Sie wird im Zusammenhang mit den Erfahrungen und Zielen des gesamten Konventes entwickelt. Das verdeutlicht der § 2 der derzeit gültigen Satzung: „Der Laurentiuskonvent versteht sich als eine Form konkreter Gemeinde Jesu Christi. Er vereint Menschen, die bereit sind, als Antwort auf das Evangelium in verbindlicher und ganzheitlicher Weise gemeinsam zu leben. Die Gemeinschaft des Laurentiuskonventes ist ein Teil der weltweiten ökumenischen Christenheit. Dementsprechend bemühen sich die Mitglieder, ihre Verantwortung für Gerechtigkeit, Frieden und die Bewahrung der Schöpfung wahrzunehmen und somit zur Erneuerung der Kirche und Veränderung der Welt beizutragen."

In Laufdorf und Wethen besitzt der Konvent Anwesen, die durch die jeweilige Gruppe getragen werden. Die Ganzheitlichkeit des Zusammenlebens in der Gruppe zeigt sich besonders
- in der gemeinsamen christlichen Spiritualität
- im gemeinsamen Leben in einer Hausgemeinschaft oder einer Nachbarschaftsgruppe
- im gemeinsam verantworteten Eigentum
- in der gemeinsamen Willensbildung – im Regelfall das Konsensprinzip
- in einem nachhaltigen, schöpfungsverträglichen Lebensstil

Viermal jährlich kommen die Mitglieder zu einem Wochenende zusammen, um miteinander zu feiern und zu beten, sich von neuen Entwicklungen zu berichten und miteinander nach dem weiteren gemeinsamen Weg zu fragen.

Schon lange sind wir unterwegs in gemeinschaftlichem Leben. Unsere Vierer-Wohngemeinschaft im sozialen Brennpunkt im Bonner Norden wuchs zu einer 14-köpfigen Lebens- und Verantwortungsgemeinschaft. Zu uns kamen Arbeiterinnen, Schüler und zwei Personen mit einer geistigen Behinderung. Wir waren in evangelischen und katholischen Gemeinden verwurzelt und wollten doch in gemeinsamer, ökumenischer Verantwortung leben. Zehn Jahre hielt diese integrative Lebensgemeinschaft. Kontakte zu Arche-Gemeinschaften von Jean Vanier in verschiedenen Ländern Europas inspirierten uns.

In ökumenischer Weite den Alltag gestalten

Dann folgte eine Zeit der Familie. Unsere Kinder und wir brauchten einen eigenen Raum. Zu den Menschen, deren Leben wir jahrelang geteilt hatten, hielten wir auf andere Weise Beziehung. Als unsere Kinder ausgezogen waren, gingen wir auf eine lange Reise in die Türkei und nach Syrien. Wir hatten Zeit für uns, machten Besuche, lebten mit in Klöstern und Gemeinschaften. Danach wussten wir: Wir wollen gemeinschaftlich leben – mit anderen Paaren und Familien in ökumenischer Weite den Alltag verbindlich gestalten. Wir machten uns auf die Suche und kamen dabei in die Station des Laurentiuskonvents in Laufdorf bei Wetzlar.

In einem hessischen Dorf fanden wir Menschen aus verschiedenen europäischen Ländern, die in einer verbindlichen Nachbarschaftsgemeinschaft lebten. Die Geschäftsstelle von Church and Peace e.V, dem europäisch-ökumenischen Netzwerk von Friedenskirchen und -diensten, prägte das Leben der Gruppe. Französisch, Englisch, Italienisch erklang wie selbstverständlich am Tisch und im Haus.

Mit noch drei anderen Personen bezogen wir den früheren Gasthof des Dorfes. Der Laurentiuskonvent e.V. hatte ihn für uns Neuankömmlinge erworben. Gegen eine Miete zur Tilgung der Kosten wurde uns die Gestaltung weitgehend in Eigenverantwortung überlassen. „Wenn Ihr kommt, wird diese Gemeinschaft anders. Wir werden alles neu vereinbaren, was wir an Verbindlichkeiten leben wollen" – so empfingen uns die vier langjährigen Mitglieder. So geschah es: In den nächsten Monaten vereinbarten wir die Formen unseres Gemeinschaftslebens und verteilten die Verantwortung auf alle. Es war ein fruchtbarer und auch schmerzhafter Prozess.

Bis hinein in die abrahamitische Ökumene

Zur Zeit leben im Laurentiuskonvent in Laufdorf zwölf Personen. Die meisten verdienen ihr Geld außerhalb. Andere sind bereits berentet. Während der Woche nehmen wir uns je nach eigener Möglichkeit Zeit für gemeinsame Mittagsmahlzeiten. An den Alltagen treffen wir uns zum Morgengebet in der Dachkapelle. Ein Abend der Woche ist reserviert für das Bibelteilen bzw. ein Glaubensgespräch, ein weiterer Abend für das Gruppengespräch zur Beratung. Wir schöpfen aus dem Reichtum unserer unterschiedlichen konfessionellen Traditionen, neben den großkirchlichen auch den friedenskirchlichen, der der Mennoniten und der Quäker. Ganz wichtig ist der Samstagabend. Abendgebet, gemeinsames Essen und das anschließende Zusammensein entwickeln sich häufig zu einer gemeinsamen Feier. Der Sonntag ist freie Zeit. Er lässt Raum für Gottesdienste in der jeweils eigenen konfessionellen Gemeinde. Auch da suchen wir den Austausch, freuen uns über die vielfältigen Gaben und laden in unser Haus ein.

Unsere Freundschaften reichen bis hinein in die abrahamitische Ökumene. Jüdische Geschwister vom Internationalen Versöhnungsbund und muslimische Freunde aus den regionalen Moscheegemeinden sind gern gesehene Gäste. Auch die Kapelle wird zum Ort der Gastfreundschaft. Der Einsatz für Versöhnung und Abrüstung wird ergänzt durch einen Eine-Welt-Laden im evangelischen Gemeindehaus, Partnerschaften mit Kirchen in Südosteuropa und Afrika, durch Gartenarbeit und einen regional und nachhaltig ausgerichteten Einkauf von Lebensmitteln.

Anfang 2014 boten wir in unseren Gästezimmern einer syrischen Großfamilie ein sicheres Ankommen und erstes Obdach. Mit Menschen aus den biblischen Regionen Abrahams und Jesu gestalten wir unser Leben hier unter Gottes weitem Himmel. Sie bebauen mit uns die brachliegenden Gärten von alten Dorfnachbarn, nutzen die Biomilch des örtlichen Bauern für Joghurt und nehmen mit uns am Leben in den Kirchengemeinden und dem Dorf teil, sei es im Kindergarten, mit Falafel-Bällchen und fairer Nudelpfanne bei den Festen oder in konkreter Mithilfe bei Nachbarn. Das Leben mit unseren syrischen Gästen und auch manchen anderen Gästen gibt uns heilsame und bereichernde Impulse.

In Dank und Fürbitte des täglichen Gebetes kommen der Einsatz im Dorf und in den Kirchengemeinden und die Beteiligung an Friedens- und Versöhnungsarbeit zusammen. In der Begegnung mit Gästen, die unsere Räumlichkeiten für Seminare nutzen, beim Essen am großen Tisch, im Zuhören, und Erzählen, im Feiern und Tanzen in den hellen Räumen des Erdgeschosses entfaltet das gemeinsame Leben seine heilsame Kraft.

Brücke – Ökumenisches Forum HafenCity

Gabriela Boni-Tamm

In der Hamburger HafenCity wächst ein neuer Stadtteil heran. Insgesamt 19 verschiedene christliche Kirchen Hamburgs haben sich im Verein „Brücke – Ökumenisches Forum HafenCity" zusammengeschlossen. Die Kirchen haben den Laurentiuskonvent beauftragt, für sie in der HafenCity präsent zu sein. Mit der Gruppe des Laurentiuskonvents hat sich eine Ökumenische Hausgemeinschaft gebildet. Seit Juni 2012 leben mehr als 40 Menschen in dem neu entstandene Ökumenischen Forum zusammen, um das geistliche Leben, den Alltag und das Engagement im Stadtteil zu teilen. Die Ökumenische Kapelle lädt zum Gebet, es gibt Informationen, das Café und den Weltladen ElbFaire mit bio-fairem Angebot und einem großen Veranstaltungsraum.

Annäherung – nicht ohne Stolpersteine

„Die Kirchen bauen etwas in der Hafencity, eine Kapelle und eine Hausgemeinschaft soll da einziehen." Ich schlängele mich vorbei, die beiden Frauen versperren mir den Weg. Ich stoppe und kehre zurück. Sie erzählen mir, dass dort eine ökumenische Einrichtung geplant ist, den Rest recherchiere ich im Internet.

Diese Begegnung liegt etwa fünf Jahre zurück und jetzt bin ich hier in der Hafencity, dem urbansten Pflaster Hamburgs, lebe im Ökumenischen Forum und bin seit drei Jahren Mitglied des Laurentiuskonvents und der ökumenischen Hausgemeinschaft.

Es war ein später Werdegang: Ich war gute 60 Jahre alt und lebte in einer Zweizimmerwohnung gegenüber von uralten Blutbuchen. Ich war nicht unbedingt einsam, musste aber

---

Schon beim Kennenlernen des Laurentiuskonvents Laufdorf haben wir Kontakt gesucht zu den anderen Stationen des Laurentiuskonvents in Wethen und in der Hamburger Hafencity. Das konkrete ökumenische Leben vor Ort verbunden mit der Vielfalt der anderen Stationen und Menschen im Laurentiuskonvent, das bringen wir zusammen und vertiefen wir in den vierteljährlichen Treffen der jour fixe. Wir tauschen uns aus, wie wir je nach Standort unser Leben verbindlich und nachhaltig gestalten.

Nach sechs Jahren des Mitlebens in einer Station bin ich – Stephan Hünninger – in den Laurentiuskonvent eingetreten. Meine Frau und auch andere Mitglieder unserer Laufdorfer Gruppe leben gleichberechtigt mit, ohne Mitglieder im Konvent zu sein. Gut, dass wir als Einzelne und Ehepaare ergänzungsbedürftig sind – ergänzungswürdig durch die Gaben, die viele andere aus Gemeinschaft und Familie, als Nachbarn oder Gäste hineintragen in unser Leben.

Gabriele Hünninger erste v.l., Stephan Hünninger vorne kniend

lange Wege in Kauf nehmen, um mit Gleichgesinnten in Kontakt zu treten. Mir war bald klar: „Diese Daseinsform sollte es nach turbulenter Familien- und Berufszeit nicht gewesen sein." Ich suchte nach einer Wohn- und Lebensgemeinschaft mindestens mit sozialem Engagement. Schließlich fand ich eine Lebensgemeinschaft, die über die Grenzen der Hansestadt hinaus ein geistlicher und sozialer Auftrag verbindet.

Mein erster Schritt: Nicht ohne Herzklopfen teilte ich meinen Entschluss, dem Konvent beizutreten, einer Frau aus der Hamburger Gruppe des Konvents mit, sie stutzte und malte dann ein Herz auf eine Serviette.

Welches Gottesbild hast du?

Herzlich willkommen! Zunächst als Kandidatin mit einem langjährigen Mitglied des Konvents als Paten an der Seite, den ich um geistliche Begleitung gebeten hatte. Die KandidatInnenzeit währt mindestens ein Jahr und dient der geistlichen Orientierung zu Fragen wie: „Welches Gottesbild hast du?" – „Was erwartest du dir von einer christlichen Gemeinschaft?" und ganz wichtig: „Wer bin ich, wer sind die anderen im Konvent?"

Nach einem guten Jahr endete meine KandidatInnenzeit. Danach erfolgte die feierliche Aufnahme als Mitglied im Konvent in unserer Kapelle.

Mit den Mitgliedern der Konventsgruppe finden ein- bis zweimal wöchentlich Begegnungen statt, im zeitlichen Rahmen eines Abends mit geistlichen Inhalten, organisatorischen Notwendigkeiten und zum gemeinsamen Abendbrot.

Über diese Begegnungen hinaus treffen wir uns zu monatlichen offenen Konventsabenden mit InteressentInnen aus der Hausgemeinschaft und nehmen an zahlreichen Arbeits- und Interessengruppen der gesamten Hausgemeinschaft teil.

Bei den Konventstreffen gilt es aus meiner Sicht so manche Erwartung zu revidieren und überraschende Erkenntnisse zu integrieren. Wir ringen um verträglichen Konsens und bleiben uns auch uneinig. Es gilt für mich neben vielen heiteren festlichen Stunden auch so manche Disharmonie auszuhalten und mich daran weiterzuentwickeln.

Wir leben im geistlichen Miteinander beim Bibel teilen, MystikerInnenbetrachtungen, beim Abendmahl feiern. Dialog und Stille sind dabei unsere Werkzeuge.

Wir bemühen uns um einen umweltverträglichen Lebensstil und erfahren uns einigend bei unterschiedlichen sozial(politisch)en Aktionen.

Der Einsatz für Frieden, Gerechtigkeit und Bewahrung der Schöpfung verbindet ein weites Netz von unterschiedlichen christlichen und sozialen Initiativen in unserer Stadt. Dort wirken unsere Gruppenmitglieder je nach Fähigkeit und Neigung mit. Wenn beim „Kreuzweg für die Rechte der Flüchtlinge" viele Menschen aus Kirchen und sozialen Einrichtungen in einem langen Zug durch die Stadt mit Halt an „Schmerzpunkten", Musik und nachdenklichen Worten ziehen, sind wir schon traditionell alle dabei.

Es gibt für uns viele Aufgaben im Bereich Flüchtlings- und Friedensarbeit zu bewältigen. Wie das für uns praktisch aussieht, habe ich vor einigen Monaten erfahren. Müde schleiche ich die Treppen zu meiner Wohnung hoch, sehne mich nach meiner Couch und werde von der jungen Frau von nebenan mit den Worten aufgehalten: „Es kommen hunderte von Menschen am Hauptbahnhof an, sie brauchen Schlafplätze, wir räumen die Kapelle aus!" Wir schleppen eine halbe Stunde später Matratzen und Schlafsäcke, Federbetten und Handtücher an und verwandeln unseren spirituellen Ort in eine warme Bleibe für Menschen auf der Flucht. Sie kommen dann am späten Abend. Sie sind freundlich und still und hungrig. Menschen auf der Flucht aus Syrien und anderswo, junge Familien, kleine Kinder, eine alte Frau. Nachtdienst, Kinderspiele, Frühstück, alles ist wie von Zauberhand da. Wir sind mit den Nachbarn im Kontakt, aufgeschlossen und ohne Berührungsängste, so kommen sie ins Ökumenische Forum und wohl auch in andere Kirchen, die ähnlich agieren. Für andere da sein zu können, das macht bei allem Leid glücklich und das gilt wohl nicht nur für mich. Wie ginge das, allein, verstreut, sich unvertraut?

Ist Konventsleben heute noch angesagt? – werde ich gefragt, und ich sage „Ja!" Wenn auch in einer offenen Form. Was heißt das? Verantwortung tragen? „Ja!" Sich in Bescheidenheit und gemeinsam auf christliche Spuren begeben? „Ja!". Zwang? „Nein!" Raum für Veränderung mit Nähe und Distanz? „Ja!"

Wir stärken uns den Rücken und kehren an die Quelle zurück: „Christus in der Mitte" – manchmal klingt es wie ein Hilferuf, und es hilft!

Gabriela Boni-Tamm

Die Dinge bei Lichte betrachtet

Die Zugvögel – *1990

Eva C. Rinne

Das Telefon klingelt. Die Stimme am anderen Ende fragt, ob sie einen verletzten Vogel zu uns bringen kann?

Wir schmunzeln immer noch, wenn wir an dieses Telefonat denken, aber in den Anfängen der Lebensgemeinschaft sind solche Telefonate häufiger vorgekommen. Inzwischen ist unsere Gemeinschaft auch weit über die Grenzen Ostfrieslands als christliche Lebensgemeinschaft bekannt. Ich persönlich lernte die Lebensgemeinschaft vor 25 Jahren kennen. Ich studierte Chemie an der TU Clausthal. Meine Diplomarbeit stand an und vor diesem letzten Kraftakt wollte ich gerne noch in den Urlaub fahren. Mein Vater war zu dieser Zeit Mitglied der Landessynode der Landeskirche Hannovers. Aus demselben Kirchenkreis wurde auch Sr. Marion Lambers, eine der Gründerinnen der Lebensgemeinschaft, in die Synode gewählt. Man lernte sich kennen und schätzen, und eines Tages fragte Sr. Marion, ob mein Vater nicht seine beiden Töchter mit auf die erste Zugvogel-Freizeit schicken möchte. Gefragt – getan. Weniger Monate später befanden meine Schwester und ich uns mit anderen Teilnehmern und einem Teil der Lebensgemeinschaft Zugvögel im Bus auf dem Weg nach Assisi.

Während dieser Freizeit habe ich die Lebensgemeinschaft kennengelernt. Freundschaften sind entstanden, so dass auch nach der Freizeit der Kontakt nicht abriss. An meinen freien Wochenenden habe ich mich oft auf den Weg nach Westerbur gemacht, um die Lebensgemeinschaft zu besuchen. Ich fühlte mich dort wohl und habe es genossen, meinen Glauben mit anderen zu teilen und seelsorgerliche Gespräche führen zu können, die mich persönlich weiterbrachten. Damals habe ich mich schon gefragt: Könnte diese Lebensform auch was für mich sein?

Gott wollte mich bei den Zugvögeln haben

Aber erst musste das Studium abgeschlossen werden. Als ich dann endlich meine Diplomurkunde in der Hand hielt, war die große Frage: Wie soll es weitergehen? Schon zu Beginn des Studiums hatte man uns Studenten sehr deutlich gemacht, dass man sich als Diplom-Chemiker keine Hoffnung auf einen Arbeitsplatz machen sollte. „Eine Promotion gehört immer dazu!" Das bedeutete für mich weitere drei Jahre Uni. Damals betete ich zu Gott und bat ihn um eine Promotionsstelle in Ostfriesland, wenn es sein Weg für mein Leben war, Mitglied der Lebensgemeinschaft zu werden.

Ich setzte mich in mein Auto und fragte an den verschiedenen Fachhochschulen und Universitäten nach. Nichts ergab sich. Das Meeresforschungsinstitut in Wilhelmshaven war meine letzte Hoffnung. Und dort klappte es tatsächlich. Ich musste mir nur einen Doktorvater an der Uni Oldenburg suchen und konnte in Wilhelmshaven beginnen. Gott wollte mich bei den Zugvögeln haben. So zog ich 1995 nach Westerbur und arbeitete in Wilhelmshaven.

Die ersten Monate in der Lebensgemeinschaft waren nicht die einfachsten. Als Studentin hatte ich zwar Erfahrungen mit einer Wohngemeinschaft gemacht, stellte jedoch schnell fest, dass eine christliche Lebensgemeinschaft sich davon deutlich unterschied. Man teilte eben das komplette Leben miteinander und nicht nur das Dach über dem Kopf. Neu für mich war auch der offene und ehrliche Umgang miteinander. In sogenannten „Lichterstunden", die bei Bedarf einberufen wurden, brachten wir wieder Licht in eine Sache, die unser Miteinander gerade schwierig machte. Unstimmigkeiten, Probleme oder Verletzungen wurden dann so lange durchgesprochen, bis wir einander vergeben und wieder gemeinsam weitergehen konnten. Diese Gespräche waren für mich am Anfang sehr schwierig. In meinem Elternhaus hatte ich nicht besonders viele oder große Konflikte miterlebt. Ich musste an meiner Konfliktfähigkeit arbeiten.

Streiten und sich trotzdem lieben

In einem Lied von Manfred Siebald heißt es dazu treffend: *Gut, dass wir einander haben, gut, dass wir einander sehn. Sorgen, Freude, Kräfte teilen und auf einem Wege gehn. Gut, dass wir nicht uns nur haben, dass der Kreis sich niemals schließt und dass Gott, von dem wir reden, hier in unsrer Mitte ist. Keiner, der nur immer redet; keiner, der nur immer hört. Jedes Schweigen, jedes Hören, jedes Wort hat seinen Wert. Keiner widerspricht nur immer; keiner passt sich immer an. Und wir lernen, wie man streiten und sich dennoch lieben kann.* Sich streiten zu können und dennoch sicher zu wissen, der andere liebt mich trotzdem und will, dass ich persönlich im Leben weiterkomme, war für mich ein echter Lernprozess. Aber das ist genau das, was Jesus möchte: Uns weiterbringen im Leben und uns so umgestalten oder verändern, dass wir ihm immer ähnlicher werden. Die Lichterstunde gibt es übrigens heute noch. Ich weiß sicher, dass wir ohne die klärenden und vergebenden Gespräche als Gemeinschaft nicht mehr existieren würden.

Die Zeit verging und ich fand immer mehr meinen Platz. Das Gefühl, wirklich zu Hause zu sein, mache ich daran fest, dass die anderen Zugvögel mir nicht mehr andauernd sagen mussten: *Eva, kannst du mal dies und jenes tun oder mir mal hierbei helfen.* Ich sah die Dinge nun selber, die in meinem Zuhause ganz praktisch erledigt werden mussten und nahm meine Verantwortung als Mitglied der Lebensgemeinschaft wahr.

Den gemeinsamen Auftrag mitschultern

„Die Zugvögel" sind eine überkonfessionelle, internationale Lebensgemeinschaft, die ihr Zuhause in der Gemeinde Dornum im Ortsteil Westerbur hat. Sie gehört keinem Dachverband an. Die Schwerpunkte der Zugvogel-Arbeit sind Gastfreundschaft, Seelsorge sowie Naturheilkunde. Die Lebensgemeinschaft besteht im Moment aus 19 Frauen und Männern, die als Singles oder Ehepaar leben.

Um auch geistlich mehr Verantwortung übernehmen zu können, stellte ich nach ungefähr einem Jahr in einem schriftlichen Antrag an die Kerngruppe dar, an das Leitungsgremium der Lebensgemeinschaft, dass ich meine Schultern ganz mit unter die Arbeit der Lebensgemeinschaft stellen wollte. Am 1. Juli 1996 wurde ich feierlich in unserer Kapelle in die Kerngruppe aufgenommen. Ein besonderer Moment für mich. Ich war nun Teil einer Gemeinschaft. Konnte in einer Gruppe Menschen von Jesus erzählen. Meine Gaben für Jesus einsetzen. In der Gemeinschaft mit den anderen habe ich Dinge gewagt, die ich mich alleine nie getraut hätte.

Am Ende meiner Promotion in Wilhelmshaven stellte sich die Frage, was Gott wohl mit einem promovierten Chemiker in Ostfriesland vorhat. Denn mir war klar, dass die Lebensgemeinschaft mein Platz und Zuhause war. In Ostfriesland wurde aber gerade kein Chemiker benötigt und so führte mein Weg mich erstmal zu EDEKA. Ich durfte dort die rechte Hand des Chefs sein und habe viel über Einkauf und Verkauf gelernt, und auch über die Menschen hier in Ostfriesland mit ihren Traditionen. Ich möchte diese Zeit nicht missen. Nach all den Studienjahren war es eine wunderbare Zeit mit guter solider Arbeit.

Eines Tages sprach mich Sr. Marion an. Sie hatte im Radio gehört, dass naturwissenschaftliche Lehrkräfte fehlen und das Land Niedersachsen auf der Suche nach Quereinsteigern in den Lehrerberuf sei. „Wäre das nicht auch was für dich?" Lehrer? Eigentlich wollte ich kein Lehrer werden. In meiner Familie gab es bereits genügend Lehrer, aber wenn Gott meinte, dass das was für mich sei, bewerbe ich mich. Probieren kann ich es auf jeden Fall. Vielleicht macht Gott mir eine neue Tür auf. Ich hatte den Kindern aus Westerbur und darüber hinaus schon einige Male in Mathe oder Chemie geholfen und wir hatten Spaß dabei gehabt. Mit zwei anderen Frauen aus der Lebensgemeinschaft hatten wir in Zusammenarbeit mit der Kirchengemeinde in Westerbur zu dieser Zeit einen Jugendtreff ins Leben gerufen: Miss Marple – dem Leben auf der Spur. Mein Herz schlägt für Kinder und Jugendliche, aber vor einer ganzen Klasse zu stehen ist dann doch etwas anderes. Ich schickte meine Bewerbung an die Landesschulbehörde und machte darin gleich die Einschränkung, dass für mich als Ausbildungsseminar für das Referendariat nur Wilhelmshaven und als Schule nur das Gymnasium in Esens in Frage kommen, denn mein Platz war in der Lebensgemeinschaft. Im Bewerbungsgespräch hieß es dann: „Ja, aber wir benötigen ja in ganz Niedersachsen Lehrer." Da konnte ich nur antworten: „Dann bin ich nicht die Richtige. Ich möchte in Ostfriesland bleiben."

Wenn Gott an erster Stelle steht

Es war für mich fast ein Wunder, dass nach einigen Wochen der Brief mit der Nachricht kam: „Melden Sie sich zum 1.5.2003 im Studienseminar Wilhelmshaven." Eine völlig neue Zeit begann. Die zwei Jahre Referendariat waren schwere Jahre, aber die Gemeinschaft hat mich durchgetragen. Häufig mussten einige von ihnen vor Fachleiterbesuchen ganze Stunden über sich ergehen lassen, damit ich merkte, wo es noch hakte. Meine Ausbilder hatten viel Geduld mit mir und halfen mir, mein Referendariat im Frühjahr 2005 erfolgreich abzuschließen. Und das Beste war: an meiner Ausbildungsschule in Esens wurde eine Stelle für mich ausgeschrieben und ich konnte dort, 13 km von Westerbur entfernt, arbeiten. Gott tut Wunder! Doch auch in der Schule wollte unser himmlischer Vater, dass ich mehr Verantwortung übernehme. Er schenkte über die Jahre Gelingen bei den Bewerbungen auf weitere Funktionsstellen, so dass ich nun ein Mitglied der erweiterten Schulleitungsrunde bin und mit den anderen Koordinatoren und dem Schulleiter an der Entwicklung unserer Schule arbeiten darf.

Nun bin ich bereits seit elf Jahren Lehrerin für Chemie und Physik am Niedersächsischen Internatsgymnasium in Esens. Ich habe noch keines der elf Jahre bereut. Der Lehrerberuf macht mir viel Freude. Durch meine Position in der Schulleitungsrunde bekomme ich noch mehr die persönlichen Schicksale einzelner Schüler mit. Das hat dafür gesorgt, dass die Lebensgemeinschaft in den letzten zwei Jahren auch zum Zuhause für drei Schüler wurde. Die Schüler blieben für ein Schulhalbjahr bei uns und lernten die Gemeinschaft und unseren Glauben an Jesus kennen. Sie erlebten bei uns, dass sie liebenswerte und wertvolle Menschen sind und dass Jesus einen Plan für ihr Leben hat. Sie verließen uns anders als sie gekommen waren.

Wenn Gott an erster Stelle steht, kann er seine Kinder wunderbar führen und gebrauchen. In einer Lebensgemeinschaft formt er uns durch den intensiven Kontakt mit den anderen Mitgliedern der Gemeinschaft ganz besonders. Darauf muss man sich einlassen wollen. Wenn man sein Herz vor Veränderungen verschließt, geht es nicht weiter. Öffnet man sich aber, sind Gott keine Grenzen gesetzt. Dann kann man sogar, wie mir vor zwei Monaten geschehen, als Zugvogel und als erste Frau in den Lions-Club der Stadt Esens berufen werden und ihm auch dort dienen.

Eva C. Rinne

Im Dienst an der Einheit der Kirchen
Lebenszentrum Ottmaring – *1968

Foto: Miteinander für Europa/Peter Forst

Fasziniert, ernüchtert, gefestigt

Im Rückblick auf die letzten 48 Jahre ökumenische Siedlung Ottmaring lassen sich drei Phasen gemeinsamer Erfahrung und damit auch gemeinsamen Reifens unterscheiden: Faszination, Ernüchterung und neuer gemeinsamer Aufbruch.

1960 – noch vor und dann während des 2. Vatikanischen Konzils – entdeckten wir als *Bruderschaft vom gemeinsamen Leben und Fokolar-Bewegung* einander als zwei Bewegungen, die gemeinsam treu dem Vermächtnis Jesu für die Einheit leben wollten: wie begeisternd! Doch wie bei anfänglicher Begeisterung in Freundschaft, Partnerschaft und Ehe musste auch in unserer Beziehung über kurz oder lang die Ernüchterung folgen. Die Erwartung, so zu sein wie der andere es sich vorstellt, musste der Einsicht Platz machen: wir sind zwei unterschiedliche Werke Gottes, die ihre jeweils andere Gabe in die gemeinsame Berufung einbringen. Im Schmerz über das befremdliche Anderssein begegnete uns jedoch immer wieder der gekreuzigte, verlassene Jesus, der seine Arme nach allen ausbreitet. Mit ihm lernten wir Einheit in Vielfalt. So konnten wir seit 1998/99 in einer dritten Phase neu aufbrechen im gereiften, sensibleren „Miteinander in der Ehrfurcht vor dem Geheimnis des anderen", wie einer unserer Freunde es beschrieb.

Unser Dienst an der Einheit der Kirchen vollzieht sich seit 1998/99 immer neu im Vertrauen auf den Heiligen Geist, der Einheit in versöhnter Unterschiedlichkeit wirkt. Wir stellen uns ihm zur Verfügung, indem wir hier in Ottmaring einen offenen Raum der Begegnung anbieten, wo sich kein Gast und keine Gruppierung vereinnahmt fühlen soll, sondern in der Begegnung mit dem anderen und im Nachfragen und Hören auf seine Tradition, seine Frömmigkeit, sein Zeugnis, sich selbst tiefer entdecken kann in der eigenen Gabe, in der eigenen Identität. So ist Ottmaring seit langem der Ort, an dem sich zweimal im Jahr unser Regionalbischof und Diözesanbischof mit ihren Ökumenebeauftragten vertraulich treffen.

Im Anschluss an das Fest der feierlichen Unterzeichnung der *Gemeinsamen Erklärung zur Rechtfertigungslehre* in Augsburg am 31.10.1999 verbündeten wir uns hier in Ottmaring mit Verantwortlichen von 15 geistlichen Gemeinschaften, unter ihnen die Fokolar-Bewegung, Sant´ Egidio, der CVJM München und Esslingen, die Freie Christliche Jugendgemeinschaft Lüdenscheid. Wir erkannten als Wille Gottes für uns, gemeinsam den Anliegen Gottes für Kirche und Gesellschaft in Europa zu dienen in der Gewissheit: „Die Partitur (dafür) wird im Himmel geschrieben" (Chiara Lubich).

Hier vor Ort trafen sich schon lange vorher zweimal im Jahr 20-30 Verantwortliche aus Kirchen, Gemeinschaften und Werken sehr unterschiedlicher Prägung von katholisch und lutherisch bis freikirchlich-pfingstlich. Wir haben uns über die Jahre um die gemeinsame Mitte Jesus befreundet, um „der Stadt Bestes zu suchen" in Gebet, Begegnung und praktischem Einsatz. Auch mit den syrisch-orthodoxen Christen in Augsburg und Region verbindet uns eine gewachsene Freundschaft. Zeichen dafür ist ein Apfelbäumchen, das sie in unserem Gelände gepflanzt haben.

Wir danken dem Dreieinigen Gott, dass er uns in vielfältiger Gemeinsamkeit reifen lässt – und damit brauchbarer im Dienste an seinem Reich und Jesu großem Anliegen, „dass die Welt glaube".

Gottlob Heß, Bruderschaft vom Gemeinsamen Leben, verheiratet mit Susanne

Meilensteine auf dem Lebensweg

Rückblickend kann ich sagen, 1961 war ein Jahr der Sternstunden der Liebe Gottes, die mich meine Berufung mit und für Gott finden und erkennen ließen.

Ich war auf der Suche nach meinem Weg, als ich im Januar 1961 an einer Begegnung bei der evangelischen Bruderschaft vom gemeinsamen Leben in Nürnberg teilnahm, auf der sich die Fokolar-Bewegung vorstelle. Ich, selbst Katholikin, ließ mir die packende Entstehungsgeschichte erzählen. Das konsequente Leben dieser Leute nach dem Evangelium, in dem die beständige Liebe im Zentrum steht, die zur erfahrbaren Einheit führt, zog mich wie ein Magnet an. „Jetzt oder nie", sagte ich mir: „Du musst dich selbst einbringen, voll und ganz, um von dieser Dynamik erfasst zu werden". Ich spürte zutiefst, dass jetzt und hier ein göttliches Abenteuer begann.

Ein weiterer Meilenstein war die Begegnung mit der Bruderschaft im Mai 1961 in Violau, zu der auch die Gründerin der Fokolar-Bewegung, Chiara Lubich, mit einer Gruppe aus Rom anreiste. Ohne Vorbehalte, bei aller konfessionellen Andersartigkeit offen, respektvoll und in gegenseitiger Liebe ging man aufeinander zu. Gott war präsent. Ich entdeckte den ‚Königsweg' des Evangeliums, die Liebe zu Gott und die Liebe zu den Menschen. Das Neue Gebot Jesu erschien mir tatsächlich neu. Das Gebet Jesu zum Vater: „Gib, dass alle eins seien" (Joh 17,20), begann in mir zu brennen. Chiaras Ausführungen über die Spiritualität des Fokolar rüttelten mich auf, und mir öffnete sich eine Tür zum Geheimnis der unermesslichen Liebe Gottes: Ich begegnete Jesus in seiner Verlassenheit und in seinem Schmerzen über die getrennte Christenheit.

Beim Treffen der beiden Gemeinschaften im September 1961 in Neresheim bestätigte sich in mir die Gewissheit, dass mein Weg der des Fokolars ist, um so ein Baustein für die Einheit der Christen sein zu können. Mein Leben hat Farbe bekommen, der Tagesablauf eine Dynamik: Morgens den Kompass einstellen, damit das Wort mich lebt. Gegenseitige Liebe erneuern, Geduld, Vergebung, Barmherzigkeit üben, damit Einheit wachsen kann.

Ich machte Stationen bei Fokolaren in Italien, München, Heidelberg, dann folgten 25 Jahre on Tour mit der internationalen Frauenband Gen Verde. Und seit nunmehr 20 Jahren lebe ich hier im „Ökumenischen Lebenszentrum". Bei der Ankunft damals traf ich auf Freunde, Brüder und Schwestern, die ich 35 Jahre zuvor bereits kennengelernt habe. Ihre Treue zum Ja zu Gott, zum Leben für die Einheit, wurde und ist mir täglich neu ein Ansporn, mich mit meiner Kraft, meinem Sein und meinem Lieben vorbehaltlos in diese ‚Zentrumsfamilie' einzugliedern. Während 55 Jahren erfuhr ich die fantasievolle Regie Gottes. Höhen und Tiefen, Erfolge und Niederlagen, Enttäuschungen und Bestätigungen – dies alles und ganz besonders das Göttliche, gebe ich in seine Hände zurück, damit ich meine Hände wieder frei habe, um mich neu den Herausforderungen von heute zu stellen.

Waltraud Hopfenmüller, Fokolar-Bewegung

Der Geist Gottes als Förderer wahrer Ökumene

Das Leben in Ottmaring ist für mich eine einzigartige Erfahrung von Kirche: Ich erlebe das aufeinander Zugehen der Kirchen, der Bewegungen und geistlichen Gemeinschaften und das Teilen des gemeinsamen Erbes. Das verstärkt unsere Geschwisterlichkeit und lässt uns die Zusage dankbar erfahren: „Wo zwei oder drei in meinem Namen versammelt sind, da bin ich mitten unter ihnen." – Mt 18, 20.

Dabei bin ich immer noch Lernende: Der spannende, arbeitsreiche Anfang mit Aufbau der Siedlung mit den prophetischen und charismatischen Aufbrüchen, dann eine Zeit der persönlichen und der gemeinschaftlichen Prüfungen. Zuletzt eine enorme Entwicklung im gemeinsamen Weg mit vielen anderen Menschen, die durch ihre Treue, ihre Fragen und ihr Ringen, aber vor allem ihren Einsatz für das Reich Gottes, Zeugnis ablegen. Ich habe etwas berührt, was das „ut omnes" seinem Ziel näher gebracht hat und mir immer die Hoffnung auf Einheit bestärkt hat.

1988 hat uns Chiara Lubich beim 20-jährigen Bestehen von Ottmaring folgendes ans Herz gelegt: „Der Hl. Geist ist der eigentliche Förderer wahrer Ökumene. Unsere Aufgabe ist es, Ihm zu folgen, indem wir auf seine Stimme hören… Er spricht im Innersten unseres Herzens und durch Jesus in unserer Mitte… Dann wird Ottmaring ein Zeichen der Hoffnung sein… eine Stadt auf dem Berg. Das ist die Berufung des Ökum. Lebenszentrums in Ottmaring: Licht sein für viele in Deutschland und über Deutschland hinaus.

Die durch jahrelange Beziehungen gewachsene gegenseitige Liebe hier öffnete auch neue Räume für den ökumenischen Dialog. So wird das Lebenszentrum zum Knotenpunkt im Netzwerk verschiedenster Gruppierungen in Kirche und Gesellschaft.

Elfriede Waha, Fokolar-Bewegung

Liturgie als gelebtes Evangelium

Je älter ich werde, desto wichtiger wird mir meine liturgische Berufung als Prädikant der Evangelisch-Lutherischen Kirche in Bayern. Miteinander und füreinander vor Gott stehen – das ist ein wesentlicher Inhalt meines Lebens geworden. Das zeigt sich in verschiedenen Gestaltungen und Prägungen. Vor Gott sein – das kann bedeuten, täglich um 11 Uhr in unserer Bruderschaftskapelle zu stehen und das Einheitsgebet mit anderen zu beten. Dabei ist die Anzahl der Mitbeter zweitrangig, nicht immer kann jeder teilnehmen, oft stehen nur zwei Menschen da. Entscheidend ist die Treue, mit der dieser Gebetsdienst um die Einheit der Kirche, des Leibes Jesu Christi, wahrgenommen wird.

Vor Gott stehen – das bedeutet auch, im Wechsel mit Pfarrer Gottlob Heß etwa alle 14 Tage in der Kapelle unseres Ökumenischen Lebenszentrums am Mittwochabend einen evangelischen Abendmahlsgottesdienst zu feiern. Gottesdienst feiern hat für mich zwei wichtige Aspekte:
- Wir stehen als betende Gemeinde vor Gott und bringen uns, die Welt, dem Vater dar; wir rufen Ihn in Gebet, Lobpreisung, Fürbitte an.
- Gott dient aber auch uns; Er begegnet uns im Wort, im Lied, im Gebet – und elementar: Er schenkt sich uns ganz konkret in Seiner grenzenlosen Liebe in der Feier des Abendmahles. Er macht sich eins mit uns.

Beides fordert mich als Liturgen, jedes Mal als Diener der Gemeinde und für die Gemeinde vor Gott zu treten und zugleich vor diesem Gott zu stehen, Ihn, den Heiligen, zu erwarten. Das kostet Kraft, das bereichert, das erfüllt, das trägt!

Gotthard Kern, Geschwisterschaft vom gemeinsamen Leben

Den eigenen Vogel nicht mit dem Heiligen Geist verwechseln

Wir sind eines der beiden Männerfokolare in Ottmaring, insgesamt zehn Leute: sechs Verheiratete, die mit ihren Familien in der näheren oder weiteren Umgebung leben, und vier Unverheiratete, die eine Lebensgemeinschaft vor Ort bilden. Einige sind im so genannten „Unruhestand", andere voll im Geschirr. Wir versuchen, wenn möglich, am Mittwochabend zusammen zu kommen, um uns miteinander auszutauschen über unsere Erfahrungen mit einem monatlich wechselnden Wort der Schrift und über innere und äußere Entwicklungen. Verbindlich ist der monatliche Einkehrtag meist an einem Sonntag. Darüber hinaus ist aber die innere Verbindung untereinander wichtig, die in E-Mails, Anrufen und im Gebet füreinander zum Ausdruck kommt. Was sind die Auswirkungen in unserem Leben? Es hilft uns, wie Theo, eines unserer älteren Semester, es ausdrückt, „unseren Vogel nicht mit dem Heiligen Geist zu verwechseln." Oder ernsthafter gesagt: Das Unterbreiten unserer Vorstellungen, Pläne und Ideen mit der Bereitschaft, sie vom Gott-Menschen, der in unserer Mitte lebt (vgl. Mt 18, 20), bestimmen zu lassen, bewirkt oft Bestätigung oder Kurskorrektur, eine Unterscheidung der Geister.

Wolfgang Glettler, der einzige Österreicher unter uns, ist Optiker-Meister und Visualtrainer. Er kam vor einigen Jahren hierher mit der Aufgabe, neben seiner Einbindung in das vielfältige Netzwerk der Fokolar-Bewegung und der ökumenischen Siedlung, eine Praxis zu eröffnen. Eine langwierige Suche nach geeigneten Räumlichkeiten begann. Obwohl es nicht leicht ist, Leuten, die nicht vom Fach sind, Entscheidungen verständlich zu machen, vor allem, wenn es um die Anschaffung neuer Geräte geht, hat er immer wieder die Rücksprache mit uns allen gesucht. Schließlich fiel die Entscheidung, seine Praxis in der oberen Etage unseres Hauses einzurichten. Mittlerweile hat sich erwiesen, dass ein Segen auf dieser Entscheidung lag und liegt. Obwohl Ottmaring etwas abgelegen ist, hat Wolfgang einen ständig wachsenden Zulauf. Und mehrere seiner Kunden haben ausdrücklich den Frieden hervorgehoben, der über unserer Siedlung liegt.

Peter Seifert, Fokolar-Bewegung (2. von rechts hinten)

Von Verlust und Zugewinn

Es begann mit dem Sterben dreier Freunde im Januar: Zunächst starb der Verantwortliche der verheirateten Geschwister von der Vereinigung vom gemeinsamen Leben. Dann ein Freund aus dem Kreis zur Einheit in Augsburg. Schließlich, am 25. Januar, der überraschende Tod von Bruder Walter Pollmer. Mit Bruder Walter verlor ich den Ältesten unseres Bruderhauses vom Kreuz, mit dem ich 52 Jahre zusammenlebte. Er hat trotz seiner körperlichen Behinderung viele Arbeiten in und um unser Haus übernommen und mich für meine Dienste nach außen brüderlich begleitet und freigesetzt. Wir beide hatten in den ersten Jahren hier in Ottmaring eine massive Krise, die wir aber mit Hilfe eines ledigen Pfarrbruders überwinden konnten. Wir bildeten mit den großen Unterschieden in Biographie und Charakter eine stetige, manchmal vibrierende „Kontrastharmonie".

Mit dem Verlust von Bruder Walter begann ein schwieriges Jahr. Zum Beispiel verwaltete er unsere und meine Finanzen vorbildlich – er war vor seiner Freistellung als Diakon Innenrevisor und Hauptbuchhalter von Stadtsparkassen. Zum Glück unterstützten mich in den neuen Herausforderungen nachhaltig die Bruderschaft, das Männer- und Priesterfokolar, sowie Einzelne aus der katholischen Ortsgemeinde. Selten habe ich in den 40 Jahren im Leben hier eine solche Nähe und Dichte der Beziehungen erfahren. Die Verbundenheit zeigte sich dann noch einmal, wenn auch ganz anders, bei meinem 80. Geburtstag im Dezember 2015, den meine Geschwister vom gemeinsamen Leben vorbereitet und mit mir gefeiert haben.

Günther Rattey, Bruderschaft vom Kreuz

Nach Glauben und Leben fragen dürfen

Unsere katholische Mädchenrealschule nutzt seit einigen Jahren die Tagungsstätte des Ökumenischen Lebenszentrums für die Religionstage der sechsten Klassen. Gemeinsam mit den Mädchen schauen wir auf deren eigenen Lebensweg, betrachten biblische Gestalten und ihren Weg mit Gott und entdecken Schönes und Schweres auf dem Weg. Einen Baustein dieser zwei Tage bilden die Besuche in kleineren Gruppen bei Bewohnern des Ökumenischen Lebenszentrums. Für mich, die ich selbst hier seit über zwanzig Jahren lebe, ist es stets eine wunderbare Überraschung und eine Gnade, wenn die Mädchen beschenkt und glücklich von den Begegnungen zurückkommen.

Die einen erleben die Gastfreundschaft einer Lebensgemeinschaft von Fokolarinnen, die sie herzlich empfangen, sich ihnen zuwenden, sie bewirten und von ihrem gemeinsamen Leben erzählen. Die anderen begegnen einem Priester, der so nahbar und menschlich erscheint. Und wieder andere hören die Lebensgeschichte einer Pfarrfrau und ihre Freundschaft mit Christus seit der Kindheit. So werden den Kindern die biblischen Geschichten über Abraham, Petrus, Paulus in den Bewohnern und in allen, die sie nach Glaube und Leben fragen dürfen, anschaulich und zugänglich. Das Wort selbst wird lebendig in den Erwachsenen, denen sie begegnen und die ihnen so offen von ihrem Glauben erzählen. Sie spüren, dass hier Menschen Anteil geben an dem, was wirklich wichtig für sie ist und ihr Leben prägt. Sie fühlen sich erst genommen in ihren eigenen Fragen darüber, wie man mit Gott leben kann.

Ein Mädchen stellte fest, dass der Glaube für ihre Gesprächspartnerin nicht nur sonntags im Gottesdienst wichtig ist, sondern immer, jeden Augenblick ihres Lebens. Was könnte Schöneres geschehen, als dass diese Kinder erfahren, dass Gottes Wort wahres Leben ermöglicht und den Alltag bestimmt?!

Sr. Petra Hahn, Schwesternschaft vom gemeinsamen Leben

Wohnst Du noch oder lebst Du schon? – Zur Logik des „als ob nicht"

Ich lebe in einer Fokolar-Gemeinschaft, die aus vier verheirateten und fünf zölibatär lebenden Männern besteht. Wir befinden uns in denkbar unterschiedlich (biografisch, beruflich und nicht zuletzt auch: gesundheitlich) geprägten Situationen. Gerade wir Unverheirateten betrachten es dabei als Privileg, in einem geräumigen Haus leben zu können – umgeben von einem wunderbar verwilderten Garten.

Doch: Welches Zeugnis geben wir?

Enzo, ein als Arzt und Seelsorger lebenserfahrener Fokolar aus Rom hatte einmal bei der Eröffnung eines neuen Hauses unserer Gemeinschaft folgenden Wunsch geäußert: *„Speriamo che gli abitanti siano degni di questa casa!"* (Mögen sich die Bewohner im Blick auf dieses Haus als würdig erweisen!) – Für mich war das ein merkwürdiger, irritierender Satz, der meine Neigung, in geistlichen Luftschlössern zu residieren, jäh durchkreuzte. In meiner schwärmerischen Lesart verkörperte Jesus vor allem die romantisierend-revolutionäre Botschaft des befreienden Hausfriedensbruchs: „Denn ich bin gekommen, um den Sohn mit seinem Vater zu entzweien und die Tochter mit ihrer Mutter ... und die Hausgenossen eines Menschen werden seine Feinde sein" (Mt, 10,35-36). Verstanden habe ich Enzos Worte erst viele Jahre später; im Licht der paulinischen Ermahnung und Ermunterung (1. Kor 7,29-31) des *„als ob nicht"*: „Dies aber sage ich, Brüder: Die Zeit ist begrenzt: dass künftig die, die Frauen haben, seien, als hätten sie keine, und die Weinenden, als weinten sie nicht, und die sich Freuenden, als freuten sie sich nicht, und die Kaufenden, als behielten sie es nicht, und die die Welt Nutzenden, als benutzten sie sie nicht; denn die Gestalt dieser Welt vergeht."

In seinem sprachmächtigen und bewegend klugen Buch „Korinthische Brocken" (Berlin 2013) formuliert Christian Lehnert: *„Für Paulus ist das ‚als ob nicht' eine präzise Ortsbeschreibung: die eines Menschen, der von Christus aus Raum und Zeit ... gerissen ist. ... Christus ruft den Menschen nicht an einen anderen Ort, sondern dorthin, wo er in der Welt gerade ist, an seinen eigenen Ort. Aber dieser Ort wird in demselben Atemzug widerrufen, denn ‚das Wesen dieser Welt vergeht' in Christus. ...Die alte Welt ist verwandelt in ihren Schatten, im Licht des messianischen kairos, und sie ist doch der Ort der Bewährung, des Ausharrens zum Ende, und das heißt: Harren in der Verantwortung für die Welt als Hauch".* (S. 168 f.)

Das ist wunderbar gesagt. Das Drama, aber auch das Faszinosum des Lebens im Fokolar wird in dieser Passage treffend benannt: im Hier und Jetzt eingebunden zu sein, das „Fokolar" als Haus und Hausgemeinschaft (der Menschen mit Gott und untereinander) nach Kräften mit zu gestalten, zu pflegen, zugleich aber an diesem konkreten Ort so zu wohnen, als ob man dort nicht wohnte, immer in der gelassenen Fokussierung auf den „gegenwärtigen Augenblick", um sich wieder neu zu „verorten" im „Raum" des Ewigen. Tag für Tag.

„*Wohnst* du noch oder *lebst* du schon?", lautete der listige Slogan einer schwedischen Möbelfirma. Anders formuliert: Bist du ein Gefangener deiner konkreten Wohnverhältnisse oder vertraust du auf die „offenen Räume" Gottes, die gerade dort zum Durchbruch kommen wollen – im „Fleisch des Wirklichen"? Denn erst diese offenen Räume sensibilisieren den Einzelnen wie die Gemeinschaft für das außerordentliche Wunder des Alltäglichen und verhindern jede stumpfe Gewöhnung. Sie erschließen erst die konkreten, auf Christus zentrierten (Mt 18,20) Sehnsuchts-Orte, die Erfahrungshorizonte des Heiligen und Schönen, einer bergenden Gastfreundschaft für viele, die längst heimatlos geworden sind in dieser zunehmend „Ort-losen Welt" (Burkhard Liebsch).

Herbert Lauenroth, Fokolar-Bewegung

Immer wieder die Pforte der Barmherzigkeit durchschreiten

Wir sind eine Priester-WG von sechs Ruheständlern, von denen ich mit fast 75 der Jüngste bin. Wir haben einander nicht ausgesucht, ein innerer Ruf hat uns hierhergeführt, weil wir Gemeinschaft leben wollen. Es ist und bleibt spannend, voller Überraschungen, aber auch geprägt von Barmherzigkeit. Gemeinschaft im alltäglichen Mit- und Füreinander, im Austausch unserer Erfahrungen, auch der täglichen Freuden und Lasten, in gemeinsamen Gebetszeiten des Stundengebetes der Kirche. Vor kurzem antwortete ein älterer Mitbruder, der auf den Rollator angewiesen ist, auf die Frage, was ihn am meisten freute: Dass ich mit Euch leben kann.

„Sie hatten alles gemeinsam…es gab auch keinen unter ihnen, der Not litt." (Apg 4,33f) Gerade wo Krankheiten wie Parkinson oder ähnliche Pflegesituationen auf uns zukommen, sind wir herausgefordert, spüren aber auch die Gnade, die unsere kranken Mitbrüder für uns bedeuten. So lange wie möglich möchten wir sie bei uns im Hause behalten.

Gemeinschaft heißt für uns auch Gütergemeinschaft, gemeinsame Planung, wenn es um Lebensentscheidungen oder den Urlaub oder die Vorbereitung wichtiger Vorträge, Veranstaltungen geht. Natürlich kennen wir das Grau des Alltags, das tägliche Bemühen, einander anzunehmen und uns immer wieder zu versöhnen, wenn Verletzungen geschehen sind. Das Heilige Jahr lädt uns ein, immer wieder durch die Pforte der Barmherzigkeit zu gehen. Für einen Mitbruder wurde es sehr konkret: Als er abends nach einer Auseinandersetzung durch die Pforte seines Zimmers ging, schloss er den „Pakt der Barmherzigkeit", wie wir das gerne nennen, um alles hinter sich zu lassen und neu mit uns anzufangen.

Eine besondere Freude ist das ökumenische Frühstück donnerstags mit zwei evangelischen Theologen in unserem Hause. Wir teilen ganz offen Freud und Leid mit unseren Kirchen und lernen, einander mit neuen Augen zu sehen. Gäste oder Mitbrüder, die hier eine Auszeit verbringen, lassen uns immer wieder die Verheißung neu erleben: „vergesst die Gastfreundschaft nicht, denn durch sie haben einige, ohne es zu ahnen, Engel beherbergt." (Hebr 13, 3) Viele berichten, dass sie hier eine Wirklichkeit gefunden haben, die ihnen gut getan und Mut gemacht hat. Psalm 92 hat Recht: „Sie tragen Frucht noch im Alter."

Gerhard Bauer, Fokolar-Bewegung

Ineinander verwurzelt

In den letzten Jahren haben wir in Ottmaring Kinderferientage gestaltet, auch um mit Menschen in der Umgebung in Kontakt zu kommen. Wir boten ein zwei- oder dreitägiges Ferienprogramm für Kinder im Alter von sieben bis zwölf Jahren, von dem sie hoffentlich etwas für ihr Leben mitnehmen: Weltoffenheit, Wertschätzung – auch der Verschiedenheit des anderen, eine im Evangelium gründende Bereitschaft, ganz füreinander da zu sein, Gemeinschaft. Verantwortlich für das Programm sind wir von der Fokolar-Bewegung, aber die Bruderschaft trägt die Initiative engagiert mit, lädt die Kinder zu sich ein, verfolgt alle Details mit Interesse und Gebet.

Im Oktober 2015 hatte sich ein Reporterteam von „Augsburg TV" angekündigt, um im Lokalfernsehen über unser Zentrum zu berichten. Als meine evangelische Schwester beim Interview ausfiel, sprang eine Fokolarin in die Bresche. Diese beiden Beispiele zeigen die tiefe Zusammengehörigkeit über die Unterschiede im Charisma unserer Berufung hinweg. Den Boden dafür bereitet das gemeinsame Gebet, die Gottesdienste, der Austausch über unseren Auftrag und wie wir ihn mit Leben füllen. Die Freude aneinander und auch das bereitwillige Leiden, das Teilen von Erfolgen und Sorgen, aber auch gemeinsames Engagement haben über die Jahrzehnte zu einer starken Verwurzelung in Gott und ineinander geführt. Die gibt uns Kraft und die Sicherheit, dass uns nichts voneinander scheiden kann.

Clemens Behr, Fokolar-Bewegung

Vom kleinen zum großen Wir

Immer wieder werde ich gefragt, was wir denn in unserer ökumenischen Siedlung so machen und was unser Jahresprogramm alles anbietet. Da komme ich regelmäßig ins Stocken und muss mein Gegenüber enttäuschen, denn wir bieten in Ottmaring in der Regel keine Tagungen an. „Ja, was macht ihr denn dann?" Ich erzähle von unserem Grundauftrag, als Christen aus zwei verschiedenen Gemeinschaften mit unterschiedlicher konfessioneller Prägung Haus an Haus zusammenzuleben, für die Einheit der Christen zu beten und den Alltag miteinander zu teilen. Das klingt ganz einfach und wenig spektakulär.

Im Rückblick auf bald 27 Jahre Leben in Ottmaring kann ich eine „Sinnspur" entdecken: Wir leben hier zusammen, um uns einzuüben in das größere „Wir". Wenn jeweils zwei aus Fokolar-Bewegung und Bruderschaft das tägliche Abendgebet vorbereiten, bringt jeder aus seiner Tradition etwas mit, ein Lied, einen Text der Schrift oder eine Väter- bzw. Mütterlesung. Es ist jedes Mal spannend, worauf wir uns einigen, was wir fallen lassen und was zu unserem gemeinsamen Ausdruck wird. Das Abendgebet am Sonntag ist etwas ausführlicher, wir berichten, was wir in der vergangenen Woche für Erfahrungen gemacht haben bei Begegnungen außerhalb und innerhalb unseres Lebenszentrums. Im anschließenden freien Gebet fällt mir immer wieder auf, dass wir nicht zuerst für unsere eigenen Anliegen, Aktionen, Kranken usw. beten; das übernehmen die Geschwister der anderen Gemeinschaft – unabgesprochen. So ergeben sich in unserem Zusammenleben immer wieder Gelegenheiten, das eigene kleine „Wir" zu öffnen zugunsten des größeren. Manchmal gelingt es, manchmal nicht. Das kann auch wehtun.

Vielleicht gelingt es uns hier in Ottmaring, einen Boden zu bereiten, in dem Samenkörner für die Einheit der Christen gedeihen. Wäre nicht auch das Netzwerk „Miteinander für Europa" ein solches?

Susanne Heß, Bruderschaft vom gemeinsamen Leben

Geschwisterlich, integrativ, solidarisch

Basisgemeinde Wulfshagenerhütten – *1973

Margret Ellwanger

Im Frühjahr 1974 bin ich auf die Basisgemeinde gestoßen. Sie wurde ein halbes Jahr zuvor von Gerhard Weber, einem evangelischen Pastor, in Kornwestheim gegründet. Was ich da erlebte, war für mich eine Revolution. Hier waren Menschen, die die Vision hatten, als Gemeinde eine neue Gesellschaft aufzubauen. Menschen, die ihr eigenes Leben ins Spiel bringen wollten für einen offenen Weg in der Nachfolge Jesu. Von dieser Vision wurde ich angesteckt und merkte sehr bald: „Diesen Weg kannst du nur ganz oder gar nicht gehen. Der Gott der Offenbarung hat einen Plan für dich. Es gehört zu deiner Würde, diesem Gott zu gehorchen." So genügten schon die ersten Treffen, um mich für den Weg in der Basisgemeinde zu entscheiden.

Meiner persönlichen Berufung auf der Spur

Aufgewachsen bin ich in einem kleinen Dorf im katholischen Oberschwaben. Unser Familienleben war geprägt von der Arbeit in der kleinen Landwirtschaft, der kirchlichen Tradition und dem Miteinander des dörflichen Lebens. Als ich mit 15 Jahren von zu Hause auszog, um das nahegelegene Aufbaugymnasium zu besuchen, streifte ich meine katholische Tradition wie einen zu eng gewordenen Mantel ab. Der Glaube spielte so gut wie keine Rolle mehr in meinem Leben. In den Vordergrund traten meine schulische und berufliche Ausbildung zur Lehrerin und das politische Engagement an der Pädagogischen Hochschule.

Und nun die Basisgemeinde! Von Anfang an trafen wir uns jeden Freitagabend zur Gemeindeversammlung. Wir aßen gemeinsam, feierten Gottesdienst, nahmen einander geschwisterlich wahr, suchten den Weg und brachten die Bibel in den Zusammenhang mit der Wegsuche. Unglaublich, wie mir die biblischen Texte „aufgingen". Es gab auch immer einen Programmpunkt: Wer braucht Hilfe? Einmal im Monat verbrachten wir den Sonntag miteinander in Gemeindehäusern der Kornwestheimer Umgebung. Hier waren die Kinder immer mit dabei, das Spielerische und Musische kam nicht zu kurz.

Diese Treffen unterschieden sich in ihrer Qualität insofern von anderen gemeindlichen Gruppen, als sie verbindlich waren. Verbindlich bedeutet, dass ich die Entscheidung getroffen habe, anwesend zu sein und zu bleiben. Wenn ich damit in Konflikt gerate, lege ich diesen der Gemeinde vor und bin bereit, auf sie zu hören.

Anfangs hatten wir regen Kontakt zur Integrierten Gemeinde in München. Ihr durch und durch glaubwürdiges Gemeindeleben ermutigte mich und uns alle sehr.

Das miteinander Teilen wird intensiver

In den Jahren 1975/76 entstanden die ersten Wohngemeinschaften. Der Anstoß dazu war, dass Gott uns bedürftige, am Rande der Gesellschaft stehende Menschen schickte. In den Strukturen der Kleinfamilie konnten wir ihnen und uns nicht gerecht werden. Diese neuen Mitbewohner, oft mehrere pro Wohngemeinschaft, nahmen selbstverständlich am gesamten Alltag der Häuser und den anstehenden Gemeindeaufgaben teil. Spannungen und Konflikte blieben nicht aus und forderten unseren Glauben an die geistliche Grundlage unserer Beziehungen heraus: „Wir sind in der Gemeinde mit dem Bruder, der Schwester durch Jesus verbunden, auch wenn wir uns gerade nicht verstehen." Weil ich ungebunden war, bin ich oft umgezogen. Ich habe in den Wohngemeinschaften gelernt, mich verletzlich zu machen und Hilfe anzunehmen. Die Liebe der Geschwister war mir dabei eine große Hilfe.

Meine Berufstätigkeit als Lehrerin habe ich beibehalten und mit meinem Verdienst zum Unterhalt der Häuser beigetragen. Andere verzichteten auf die Berufstätigkeit, um den Haushalt zu versorgen und mit den Mitbewohnern durch den Tag zu gehen. Für zwei Wohngemeinschaften stellten Ehepaare der Gemeinde ihr Haus zur Verfügung. An vielen Wochenenden gestalteten wir Arbeitseinsätze oder Gästewochenenden für diejenigen, die von weit her anreisen. So wurden immer mehr materielle Güter geteilt und Gaben in die Gemeinde eingebracht.

Das öffentliche Interesse an der Basisgemeinde wuchs enorm. Es verging keine Woche, in der nicht Anfragen kamen, von unserem Gemeindeleben zu erzählen. Presse und Rundfunk wurden auf uns aufmerksam. In den Besuchergesprächen bei den Gemeindeversammlungen, bei den Gemeindesonntagen und in den Wohngemeinschaften ging es oft hoch her.

Zu der Johannesgemeinde Kornwestheim, in der Gerhard Weber Pfarrer war, hatten wir einen guten Kontakt, ebenso wie zur Kirchenleitung. Ich fühlte mich durchaus als Katholikin, stellte mich aber bewusst in die evangelische Prägung der Basisgemeinde hinein.

Lebensversprechen und Aufbrüche: Ehe und Gemeinschaft

Im September 1980 gab es ein wichtiges Ereignis: Meine Heirat mit Martin. Die Gemeinde bereitete uns ein wunderbares Fest. Dass wir nun heiraten konnten, war ein großes Geschenk, denn Jahre des Loslassens waren vorausgegangen.

Mein Ehemann war 1974 19-jährig zur Basisgemeinde gekommen, und wir freundeten uns an. Schon bald hatte ich gemerkt, dass mein Partner Freiraum und die Zeit brauchte, um sich in Freiheit für oder gegen die Zugehörigkeit zur Basisgemeinde zu entscheiden. Ohne die Grundlage einer gemeinsamen Berufung in einer verbindlichen Gemeinde konnten wir uns eine Ehe nicht vorstellen. Ich hielt an meiner Berufung fest und nahm auch in Kauf, dass ich ihn loslassen muss. Seit 1977 gehörte ich zur neu entstandenen Mittwochsgruppe, einem Vorläufer der späteren Gemeindegliederversammlung – weder mein Partner noch meine Schwester, die mit mir zusammen zur Basisgemeinde gekommen war, haben diesen Schritt damals tun wollen. Ich bekam die Einsamkeit zu spüren, die der Ruf in die Nachfolge Jesu mit sich bringt. „Der Ruf Jesu in die Nachfolge macht den Jünger zum Einzelnen... Jeder ist allein gerufen. Er muss allein folgen." So drückt es Bonhoeffer in seinem Buch Nachfolge aus. Als ein umso größeres Geschenk nahm ich dann die Entscheidung meines Partners zur Nachfolge in der Basisgemeinde von Gott an. Es war gerade unser Hochzeitsfest, als uns drei Brüder vom Bruderhof besuchten, einer Gemeinschaft, zu der wir zuvor keinen Kontakt hatten. Wir entdeckten mit Staunen, dass uns in geistlichen und gemeinschaftlichen Fragen Wesentliches miteinander verband. Wir haben als Basisgemeinde durch die Besuche auf den Bruderhöfen ein beeindruckendes Beispiel eines gemeinsamen Lebens und Arbeitens an einem Ort erlebt.

Schon ein Jahr zuvor, 1979, hatten wir erkannt, dass es an der Zeit wäre, uns auf ein lebenslanges verbindliches Ja zu Gott und der Gemeinde vorzubereiten. Er hatte uns über die Jahre die Treue gehalten, nun wartete er auf unsere Antwort. Wir haben uns über mehrere Jahre intensiv auf dieses Versprechen vorbereitet und uns mit der Formulierung einer Gemeindeordnung beschäftigt. In wichtigen Bereichen wie Gütergemeinschaft, Bekenntnis zum gemeinsamen Leben, Bekenntnis zur Gewaltlosigkeit und Klarheit in Ehe und Beziehungen wurden wir zu eindeutigen Schritten geführt. Am 27.11.1981 legte ich zusammen mit sieben anderen Geschwistern ein Versprechen auf Lebenszeit ab.

Das Jahr 1982 war eine Zeit des Wartens und Betens, des Abschiednehmens und Loslassens. Wir wurden uns gewiss, dass wir an einem neuen Ort leben und arbeiten sollten. Wohin es konkret gehen sollte, wurde erst Ende November deutlich: nach Wulfshagenerhütten. Bis dahin allerdings hatten wir in großer Zuversicht unsere Stellen gekündigt, unsere Koffer gepackt, ich hatte alle meine pädagogischen Fachbücher verschenkt. Im Januar 1983 sind 17 Erwachsene und 8 Kinder nach Wulfshagenerhütten umgezogen. Unser erster Sohn Reinhard war gerade ein halbes Jahr alt.

Der neue Lebens- und Arbeitszusammenhang nimmt Gestalt an

Zu unserem Auftrag am neuen Ort gehörte es wesentlich, eine gemeinsame Arbeit mit gerechten Strukturen aufzubauen. Eine Arbeit, die das geschwisterliche Miteinander förderte, uns alle ernährte, und suchende und bedürftige Menschen würdevoll integrierte.

Die Räumlichkeiten des ehemaligen Gutshofes mit dem schönen Parkgelände, zuvor Kinderheim der Kieler Stadtmission, gaben den Rahmen für die Gestaltung unseres Gemeindelebens. Im Spiegelsaal des stattlichen Herrenhauses aßen wir gemeinsam zu Mittag und zu Abend, hier fanden unsere Versammlungen statt, wir spielten an den „Bunten Abenden" mit den Kindern und feierten Feste. Im ehemaligen Herrenzimmer richteten wir uns in den sonntäglichen Gottesdiensten, den gemeinsamen Morgen- und Abendgebeten im Glauben auf den Willen Gottes aus. Wir integrierten den Austausch über die biblischen Texte, das Erzählen aus dem Gemeindealltag oder das Teilen von ganz Persönlichem in die Gebetszeiten – ein Charakteristikum der Spiritualität der Basisgemeinde. In der Großküche wurde für alle gekocht, und in der Spülküche zusammen Gemüse geschnippelt und gespült. Für alle Einnahmen und Ausgaben gab es nun ein gemeinsames Konto bzw. eine gemeinsame Kasse. Im ehemaligen Herrenhaus waren noch Büroräume, weitere Gemeinschaftsräume, eine Kleiderkammer und zwei Wohngruppenbereiche untergebracht. In zwei zweigeschossigen Langhäusern begannen wir ebenfalls, in den schon vertrauten Wohngemeinschaftsstrukturen zu leben. Alle Erwachsenen, auch die Mütter, wurden einem verbindlichen Arbeitsbereich zugeordnet: Hauswirtschaft, Erziehung, Verwaltung, Hausmeisterei und bald auch Holzwerkstatt und Verkauf. Das machte die Integration aller Mitlebenden einfacher und förderte auch das geschwisterliche Arbeiten.

In unserem neu eingerichteten Werkstattgebäude begannen wir mit der Produktion von hochwertigem Holzspielzeug. Die Bruderhöfe hatten uns die Generalvertretung für ihr Spielzeug und ihre Behindertengeräte übertragen. Echt solidarische Ökonomie! Wir starteten bald auch die Zusammenarbeit mit einigen ökologisch ausgerichteten Betrieben der Umgebung. In unserer neuen Nachbarschaft wurden wir wohlwollend aufgenommen.

Der Umzug nach Wulfshagenerhütten hatte sich in jeglicher Hinsicht als richtig erwiesen: Schon bald kamen suchende Männer und Frauen verschiedenster Herkunft, ebenso wie Menschen, die auf Begleitung oder Betreuung angewiesen waren. Ende 1985 war unsere Gemeinschaft von 25 auf über 50 Mitlebende angewachsen. Hier erlebten wir noch eindrücklicher als in Kornwestheim, wie wichtig es ist, dass eine Gemeinde eine verlässliche Gemeinschaft ist.

In diese Zeit hinein wurden uns zwei weitere Kinder geschenkt. Gottfried kam September 1984 zur Welt und Regina im November 1986. Mein Mann und ich waren lange Zeit für die Finanzverwaltung und die mit der Gütergemeinschaft verbundenen Aufgaben verantwortlich. Das war durchaus herausfordernd, wussten wir doch viele Jahre lang am Monatsanfang nicht, wovon wir die Lebenshaltungskosten bis zum Monatsende bezahlen werden.

Mitten in den Turbulenzen der Aufbaujahre durften viele von uns, auch mein Mann und ich, einen Weg der Heilung und Befreiung gehen. In der Dichte des Alltags, in der Enge der Verbindlichkeit mit den Geschwistern und der Nähe insbesondere zu den Bedürftigen, für die wir Verantwortung übernommen hatten, konnten wir unserer eigenen Armut und Hilfsbedürftigkeit nicht mehr ausweichen. Wir mussten uns selbst nach Heilung und Wachstum in der Tiefe unserer Persönlichkeit ausstrecken und entdeckten neues, befreiendes Handeln. Dankbar nahm ich wahr, dass unsere Kinder das Mitleben verschiedenster Menschen in unserer Wohngruppe als große Bereicherung erlebten. An jungen Menschen hatten sie besondere Freude, was diese mitbrachten, war eben auf ihrer Wellenlänge.

Zum wichtigen Anstoß von außen, Wege nach innen zu gehen und nach einer authentischen Gottesbeziehung zu streben, wurde uns der gewaltlose Widerstand gegen die

Atomenergie, dem wir uns seit dem Reaktorunglück von Tschernobyl 1986 verschrieben haben. Wir stellten uns der Frage nach unserer eigenen – auch versteckten – Gewalt im Alltag. In der ehrlichen Konfrontation mit uns selbst wurde uns ein vertiefter Zugang zur gewaltlosen Liebe Jesu geschenkt.

In der Tradition der historischen Friedenskirchen der Reformation

Mit dem Neuanfang in Wulfshagenerhütten wurden uns auch viele Kontakte zur weltweiten Kirche, quer durch alle Konfessionen, geschenkt. Im europäischen Netzwerk „Church and Peace" lernten wir neben dem Bruderhof noch Vertreter anderer historischer Friedenskirchen kennen. Eine bewegende Begegnung waren die Besuche von hutterischen Geschwistern aus Kanada in den Jahren 1984 und 1985. Mit dem Zeugnis der hutterischen Kirche in der Reformation und während ihrer bewegten Geschichte hatten wir uns bereits 1975 intensiv beschäftigt und durften sie nun bei uns willkommen heißen. All diese Kontakte haben uns der geistlichen Nähe zu den historischen Friedenskirchen versichert und uns in diesem Wesensmerkmal als Gemeinde bestärkt. Ebenso segensreich ist uns 1986 die Beziehung zu der Basisgemeinde Zacamil und anderen Gemeinschaften in El Salvador zugefallen, aus der sich tiefe verbindliche Freundschaften, die bis heute halten, entwickelten. Welches Geschenk, da wir doch von der Basisgemeindebewegung in Mittel- und Südamerika sogar unseren Namen haben!

Aufbau, Bauzeit und Generationenwechsel

Rund um das Jahr 1989 kam es infolge von verschiedenen Ereignissen zu einer tiefgreifenden Krise. Die Werkstatt sollte ausgebaut werden, als in der Planungsphase ein Konflikt mit unserem Nachbarn eskalierte, der auch die fehlende Einheit unter den Gemeindegliedern ans Licht brachte. Infolge der Auseinandersetzungen verließen uns etliche Mitglieder, Gäste und Besucher. Erst nach einem lange währenden Ringen um eine neue, echte Einigkeit konnte der Werkstattausbau am 10. Mai 1991 auf einem guten Fundament beginnen. Viele Jahre war ich im Bauausschuss tätig und sehr dankbar, als wir 1995 die Produktion des Holzspielzeugs in einer schönen neuen Werkstatt fortsetzen konnten.

Unser Auftrag führte aber über Wulfshagenerhütten hinaus. Im Lauf des Sommers 1990 folgten wir dem Ruf, eine Gemeinschaft in Ostberlin mitzugründen. Unsere Gründer Gerhard und Lore Weber zogen mit einem jungen Ehepaar in ein besetztes Haus im Prenzlauer Berg, wo wir seither als Basisgemeinde ein Zeichen der Hoffnung setzen möchten. Zwischen 1995 bis 2010 formte sich in der Westukraine ebenfalls eine kleine Gemeinschaft. Als im Mai 1994 Gerhard Weber nach kurzer Krankheit überraschend verstarb, musste sich die geistliche Mündigkeit aller neu bewähren und wir den Rat Gerhards neu befolgen lernen, der uns, wenn wir mit einer Frage an ihn herantraten, immer häufiger erwiderte: „Geh' selber zu Jesus." Ich war dankbar für die Stille Zeit und die Elternzeit, die wir Anfang der 90er Jahre verbindlich in den Tageslauf integriert hatten.

Auch wir als Ehepaar hatten neue Zuständigkeiten: mein Mann in der Pflege der Kontakte nach El Salvador und ich zu anderen geistlichen Gemeinschaften sowie zur Bürgergruppe Gettorf und Umgebung gegen Atomanlagen. Hier habe ich mich mit viel Herzblut eingebracht.

Unser Leben nach vierzig Jahren

Unsere Vision von einem gerechten Wirtschaften und einer nachhaltigen Produktion hat sich erfüllt. Darüber empfinde ich eine große Dankbarkeit. Noch während der Bauzeit in den 90er Jahren hatten wir die Bewegungspädagogik von Elfriede Hengstenberg kennengelernt und wurden bald darauf Erstproduzenten dieser der Entfaltung der Kinder dienenden Geräte aus Holz. Seitdem beliefern wir vor allem Kindergärten mit Materialien, die uns und vielen Kindern in unserem Land zum Segen geworden sind. Drei Wohnhäuser konnten wir von 2008 bis 2011 grundsanieren, als nächstes wäre das alte Herrenhaus dran. Da ich Anfang 2015 die Verantwortung in der Finanzverwaltung und in der Gütergemeinschaft abgeben durfte, genieße ich vieles mit größerer Gelassenheit und freue mich, wenn unsere inzwischen erwachsenen Kinder zu Besuch kommen – zu uns Eltern und zur Gemeinde.

Der Generationenwechsel mit dem tiefgreifenden Identitäts- und Gestaltungsprozess unserer Gemeinde, der vor gut zehn Jahren begann, ist noch nicht abgeschlossen. Er hat unsere Beziehungen auf eine harte Probe gestellt und uns herausgefordert, auch die ungeschriebenen Gesetze der Gründerzeit – unter Bewahrung der Grundlagen – zu überprüfen, zu artikulieren und neu zu formulieren. Veränderungen in unseren Strukturen waren nötig. Auch weil wir insgesamt älter geworden sind. Wir beschäftigen 20 externe Angestellte in der Werkstatt, nehmen bei der Versorgung von bedürftigen Menschen mehr Hilfe von außen in Anspruch und die Wohngruppenformen verändern sich.

Durch diesen Prozess hat uns gewiss das lebenslange Versprechen durchgetragen und das Geschenk der Kontinuität – ob in den liturgischen Formen, im gemeinsamen Leben und Wirtschaften, im Austausch und in der Solidarität mit dem dichter werdenden Netz von Geschwistern in der Nachfolge Jesu. 2014 haben wir 40-jähriges Jubiläum gefeiert. In der Zuversicht, dass Gottes Treue zu unserer Gemeinde verlässlich ist, will ich den Weg der Nachfolge Jesu zusammen mit meinen Geschwistern weitergehen.

Margret Ellwanger

Jaget dem Frieden nach!

Tertiärgemeinschaft der Communität Christusbruderschaft Selbitz – *1949

Hans Häselbarth

Unsere Kirchen haben die Kommunitäten und geistlichen Gemeinschaften herzlich aufgenommen und erhoffen sich von ihnen Impulse der Erneuerung geistlichen Lebens und der Frömmigkeit. Haben sie auch in ethischen Entscheidungen und im Dienst an der Gesellschaft etwas beizutragen? In den folgenden Zeilen versuche ich, eine Antwort zu geben und ein Nachdenken darüber hervorzulocken. „Jaget dem Frieden nach und der Heiligung...".

Ja, antworte ich, dieser Aufruf aus dem Hebräerbrief ist ein zentraler Auftrag für alle Christen und richtet sich daher auch an die Tertiärgemeinschaft der Communität Christusbruderschaft, zu der wir gehören. Ich beginne jedoch zuerst mit einem kurzen biografischen Rückblick.

Eine Kindheitheitserinnerung

Das vorangestellte Bild zeigt meinen Bruder und mich in den Faschingstagen des Jahres 1940 in Dresden. Wir sind als kleine Soldaten verkleidet und singen als Vier- und Dreijährige: „Wer will unter die Soldaten, der muss haben ein Gewehr. Das muss er mit Pulver laden und mit einer Kugel schwer. Büblein, wirst du ein Rekrut, merk' dir dieses Liedchen gut..." Vier Monate später wird unser Vater in Frankreich von einem nordafrikanischen Scharfschützen erschossen – ein sinnloser Tod für Nazideutschland. 1942 stehe ich auf einem Schulhof. Beim Appell mit Hitlergruß müssen wir das Horst-Wessel-Lied singen: „Die Fahne hoch, die Reihen fest geschlossen. SA marschiert in ruhig festem Schritt. Kameraden, die Rotfront und Reaktion erschossen, marschier'n im Geist in unsern Reihen mit." Als Erstklässler fühle ich mich total verlassen. Anfang 1945 hatte meine Mutter einen Traum: „Bring die Kinder aus der Stadt." Wir kamen im oberfränkischen Pfarrhaus der Gründer der Kommunität, beim Ehepaar Hümmer, unter. Nach drei Tagen, am 11. Februar, zogen nachts Bomberschwärme über uns in Richtung Osten. Hanna Hümmer sagte hellsichtig: „Jetzt wird eure Stadt in Schutt und Asche gelegt." Wir aber waren davon gekommen, wenn auch jeder nur mit einem Koffer.

Dies soll deutlich machen, warum ich und andere Geschwister der Kommunität als Kinder aus jener Zeit niemals mehr zum Einsatz von Militär und jeder Form von Gewalt Ja sagen konnten. Als Studenten in Bonn protestierten meine Frau und ich gegen die Wiederaufrüstung, ebenso 1984 in Mutlangen gegen die atomare Nachrüstung der Bundeswehr. Als Gesandte der Berliner Mission in Südafrika hatten wir uns gegen das Apartheid-Regime zu stellen, bis uns die Regierung auswies. Später in Nordnigeria im Auftrag der Basler Mission, vor und nach den Gewaltausbrüchen zwischen Moslems und Christen, habe ich Friedensseminare für Gemeindeleiter gehalten. Von diesen Erfahrungen wurde dann auch unser Auftrag in 22 Jahren als Pfarrerehepaar der Kommunität, und anschließend unser Eintritt in die Tertiärgemeinschaft mitgeprägt. Denn der Dienst am Frieden, in welcher Form auch immer, gehört zu einem entschiedenen Leben aus der Hoffnung auf das Reich Gottes.

Unsere Gemeinschaft heute

Die Tertiärgeschwister waren in den Anfängen, vor und nach 1949, ein kleiner Kreis – wie ein Schutzring – um die neu gegründete Bruderschaft. Heute ist es eine Gemeinschaft von über 100 verheirateten und ledigen Schwestern und Brüdern in ganz Deutschland. In ihrer „Wegweisung" heißt es:

„… Wir sind von Jesus Christus gerufen, in seiner Liebe unser ganzes Leben zu gestalten. Er, unser Bruder, macht uns zu seinen Brüdern und Schwestern. Wir gehen einen gemeinsamen, verbindlichen Weg in der spirituellen Ausrichtung mit der Communität Christusbruderschaft Selbitz. Wir orientieren uns mit ihr an den Evangelischen Räten, Armut, Keuschheit, Gehorsam, und wollen sie in unserer Lebensform umsetzen. Wir haben den Auftrag, die Welt segnend in Gottes Herz zu legen, Gottes neue Welt – das Reich Gottes – in unsere Lebensbezüge hineinzutragen, uns in den Dienst unserer Gemeinde zu stellen, und für die Einheit der Kirche Jesu Christi einzustehen."

Wir kommen zwei Mal im Jahr zu Einkehrtagen zusammen und treffen uns dazwischen regelmäßig in zwölf regionalen Zellen. Alle fünf Jahre wählen wir ein Dreier-Team, das sich in Leitungs- und Gestaltungsfragen mit der Kommunitätsleitung abspricht. Wo betrifft uns das Wort vom Frieden?

Unser Engagement wird zunächst praktisch in der Art, wie wir bei allen Unterschieden der Sichtweisen und der Frömmigkeit in der Gemeinschaft, in der Familie, in der Kirchengemeinde und am Arbeitsplatz miteinander umgehen. Gemeinsames Leben ist im Individualismus und Pluralismus unserer Tage heute schwerer zu leben als früher. Ehrerbietung, Geltenlassen, Gemeinschaftsfähigkeit und Beziehungsfähigkeit müssen bewusst eingeübt werden und erfordern einen besonderen Einsatz aller Glieder. Dabei haben wir in der Gemeinschaft auch in der Friedensfrage als entschiedene Pazifisten keine alleinige Deutungs-Hoheit darüber, was der Wille Christi ist. Wir sind alle Lernende auf dem Weg und können Andersdenkende nur einladen, damit nach den Regeln der Bergpredigt zu leben.

Friedensdienst hat unter uns und für suchende Menschen viel mit Seelsorge zu tun. In Einkehrtagen, Retraiten, Exerzitien und Kursen für geistliche Begleitung geht es um Herzensfrieden im weiten Sinn. Viele unter uns haben dafür Ausbildungen gemacht. Zum Herzensfrieden muss aber auch die Sorge um den Weltfrieden kommen. Beide Sichtweisen gehören zur Heiligung, es kann aber auch Schwerpunkte im Engagement geben. Einige unserer Geschwister sind aktiv bei „Miteinander für Europa", im Versöhnungsbund, bei „Church and Peace", einem Netzwerk der historischen Friedenskirchen, oder im Kontakt mit den Bruderhöfen. Eine große Anteilnahme in unseren Reihen gibt es für unsere Schwesternzelle in Südafrika, wo in einer armen Region im Zululand rund um eine Dorfklinik Jugend- und Frauenarbeit, sowie Krankenpflege (besonders auch für HIV-Infizierte) angeboten wird. Dies weckt viel Dankbarkeit in der Bevölkerung – ein Friedensdienst besonderer Art.

Wie viele Menschen in unserem Land bewegt uns natürlich derzeit der Zustrom der Flüchtlinge. Schon früher hatte die Kommunität Erfahrung mit Kirchenasyl und mit der Betreuung von Menschen in Erstaufnahmelagern. Eine ganze Reihe von uns engagiert sich jetzt vor Ort als ehrenamtliche Helfer und ist dabei auch im Gespräch mit Kritikern, die Angst um ihren Wohlstand, ihre Sicherheit und ihr Deutschtum haben. Da ist die Friedensbotschaft besonders aktuell. Wir halten uns dabei vor Augen: Völkerwanderungen dieser Art sind nichts Neues. Sie sind nicht aufzuhalten. Es gilt zu akzeptieren, dass wir endgültig in einem Zeitalter der Globalisierung leben und noch ganz anders lernen müssen, mit den Armen der Erde zu teilen. Durch die Erschütterungen kann es in Kürze zu großen Gewaltausbrüchen und Krisen kommen. Es können sich im Verlauf aber auch neue Chancen für die Weitergabe des Evangeliums eröffnen. Migration war ja bereits eine Ursprungserfahrung des Christentums am Anfang der Kirchengeschichte. Ich plädiere dafür, dass wir in den geistlichen Gemeinschaften und Kommunitäten dieser neuen Welle nicht mit Abwehr, sondern mit Sympathie im Geist des Friedens begegnen.

Gottesfrieden als Glaubensgrund

Wir alle sind betroffen von den Nachrichten über zunehmende Konflikte und dem unendlichen Leid in den betroffenen Ländern und können uns damit nicht abfinden. Unser Herr Jesus hat uns ja eine klare Alternative zu Gewalt, Rüstung und Krieg aufgezeigt. Seine Lehre vom Frieden ist nicht nur eine mögliche Handlungsanweisung unter anderen, sondern sie ist eine Glaubensgrundlage, die ins Herz seines Evangeliums führt – so zentral wie „Reich Gottes", „Erlösung" oder „Gerechtigkeit aus Glauben". Er hat sie mit seiner Lebenshingabe bestätigt. Er verkündete den Frieden Gottes und wurde selbst unser Friede (Eph 2,14) – bis hin zur letzten Konsequenz am Kreuz. Einem, der das noch nicht verstanden hatte, sagte er bei seiner Gefangennahme: „Wer das Schwert nimmt, der soll durchs Schwert umkommen. Oder meinst du, ich könnte nicht meinen Vater bitten, dass er mir zuschickte alsbald mehr als zwölf Legionen Engel? Wie würde dann aber die Schrift erfüllt, dass es muss also geschehen? (Mt 26, 52-54).

Die Friedensstifter

Ich möchte dies exemplarisch mit einem Nachdenken über die Seligpreisung aus Matth 5, 9 vertiefen: *„Selig sind die Friedensstifter; denn sie werden Gottes Kinder heißen."* Das sind nicht nur die Friedlichen, die sich aus den Affären der Welt zurückziehen und fromme Worte gebrauchen. Den „Friedensmachern" (so wörtlich im Urtext) geht es vielmehr aktiv um ein Stiften und Gestalten in einer Welt voller Gewalt. Zunächst kann uns die Neuheit der Gabe des Friedens in unserer Welt bewusst werden, die sonst in vielen Bereichen von Machtausübung und Vergeltung geprägt ist. Frieden im biblischen Verständnis als „Schalom" ist eine Gottesgabe, die ganzheitlich Heil und Wohl umfasst. Gott hat Versöhnung gestiftet, erkennbar daran, wie in Jesaja 53 der Gottesknecht die Strafe auf sich nimmt „damit wir Frieden hätten". Gottes Friedenserklärung „Friede auf Erden den Menschen seines Wohlgefallens" kann uns dazu inspirieren, diesem Frieden zu dienen.

Wir teilen diese göttliche Gabe mit anderen, etwa in dem Gruß „Friede sei mit dir", und das verpflichtet. Herzensfriede wie auch Konfliktbewältigung in unseren Beziehungen und im Politischen weltweit gehören dazu. Gottes Frieden bleibt nicht jenseitig, er wird weltlich. Friede kann bescheiden anfangen: in der Familie, bei der Arbeit, durch eine versöhnliche Geste, ein verbindendes Wort, eine Meinungsänderung, eine Vergebung – bis hin zu politischen Friedensmissionen. Die Bergpredigt ist hier, bis in die Weltpolitik hinein, absolut relevant!

Dabei ist Frieden nicht nur gegeben, sondern muss immer neu gesucht werden. Um Gewalt einzudämmen, müssen wir mit ihr aufzuhören, und zwar ohne Bedingung. Entscheidend sind dabei nicht nur Worte, sondern Taten und Zeichen. Gewaltverzicht ist also nicht Passivität, sondern aktiver Einsatz. Alle Initiativen werden gebraucht: die persönlichen und die öffentlichen, auf jeden Fall die praktischen und die gewaltlosen. Unser Einsatz, dem Frieden nachzujagen, und unsere Antwort „Herr, mach mich zum Werkzeug deines Friedens..." sind uns aufgetragen – auch gegen jenen Fatalismus und jene Resignation, die meint, Streit und Kriege seien in dieser sündigen Welt unabänderlich. Nein, Kriege sind kein Schicksal und die Menschen in der Friedensbewegung sind keine Idealisten und Träumer. Immer wieder ist die Bergpredigt in dieser Hinsicht missdeutet worden. Haben wir die Kraft zum Umdenken?

Natürlich, Feindschaft und Aggressionen kann man nicht einfach wegwünschen, aber man kann lernen, damit umzugehen. Es geht um Übung, also um Friedenserziehung mit einem langen Atem. Da gibt es zukünftig noch viel zu lernen. Es muss manchmal gestritten werden, Meinungsunterschiede kann man nicht einfach zudecken, aber es kommt auf das „Wie" an, damit am Ende keine Seite verletzt zurückbleibt. Weil Jesus Christus unser Friede ist, können wir Friedensstifter werden, gerade da, wo uns vorher Abneigung und Rechthaberei bestimmt hatten. Die sich für Frieden praktisch einsetzen, werden Kinder Gottes heißen. Das ist eine besondere Würde, für die sie glücklich gepriesen werden: glücklich bei ihrem Abba-Vater und mit vielen Geschwistern. Sie tragen etwas von der neuen Welt Gottes in die alte, und der Geist Gottes kann ihnen in einer bestimmten Situation zeigen, was jeweils zu tun ist.

Der dritte Weg

Wollten wir nicht immer eine evangelische *Kirche des Wortes* sein und die Heilige Schrift vor der Tradition als eine erste Richtschnur gelten lassen? Hier ist sie endlich wörtlich zu nehmen und hier sollen wir zu ihr zurückkehren. Denn hier spricht wirklich Er, der Herr! Dann könnte auch meine lutherische Kirche eine Friedenskirche sein und mit solcher eindeutigen Nachfolge würde sie neu glaubwürdig werden. Das wussten die ersten Christen, wenn sie den Kriegsdienst ablehnten, und uns war das nach 1945 in Deutschland auch erschütternd klar geworden. Heute wollen wir sagen: Kriege und Rüstung sind nicht naturgegeben und auch in einer gefallenen Welt nicht einfach hinzunehmen. Sie müssen geächtet werden – wie einst Schritt für Schritt, und schließlich erfolgreich, die Kreuzzüge, die Hexenverfolgungen, die Sklaverei, und der Kolonialismus.

Wo Gewalt ausgeübt wird, ist Christen weder Unterwürfigkeit noch Gegengewalt geboten. Jesus zeigt uns den dritten Weg. Pazifist, d.h. Zeuge für den Frieden Gottes zu werden, ist vielmehr ein gewaltfreies, aktives Handeln. Solche Art der Neuorientierung wäre ein zentrales Thema des Reformationsgedenkens zum Jahr 2017. Unsere Synoden müssten eigentlich feststellen: *„Weil heute Rüstung und Krieg mit dem christlichen Glauben nicht mehr vereinbar sind, erklären wir Artikel 16 der Confessio Augustana in der Rechtfertigung der Todesstrafe und einer militärischen Kriegführung für die Lehre und das Zeugnis unserer Kirche als historisch bedingt, doch nicht mehr als eine für uns verbindliche ethische Weisung. Stattdessen bekennen wir uns als Kirche zu einem konsequenten Dienst am Frieden in der Nachfolge unseres Herrn Jesus Christus und seiner Verkündigung von Gewaltlosigkeit und der Feindesliebe."*

Martin Luther war da noch ganz im alten Denken verhaftet. Erinnern wir nur an seine Haltung in den Bauernkriegen, gegenüber den Juden und bei der Frage, ob ein Kriegsmann im seligen Stand sein könne. Heute könnten wir uns getrost in dieser Frage dem „linken" Flügel der Reformation, das heißt dem Zeugnis der historischen Friedenskirchen, anschließen. Warum befürworten viele Fromme und manche Kirchenleitungen auch jetzt noch den Einsatz von militärischer Gewalt als ein letztes Mittel der Politik? Warum ist die Friedensfrage auch kaum ein Thema bei den Treffen der Geistlichen Gemeinschaften und der Kommunitäten?

Wann könnte der Einsatz von Gewalt noch als ein letztes Mittel der Politik gelten? Hierin müssten wir als Christen und wenn möglich mit allen Menschen guten Willens eins werden. Natürlich, Polizeischutz muss es geben – sicher auch international zum Schutz von bedrohten Minderheiten in Krisengebieten. Da kommt es auf die Wahl der Mittel an, wobei ein Polizeieinsatz von Militäreinsätzen deutlich zu unterscheiden ist. Vor allem ist dem System militärischer Gewaltandrohung ein Sicherheitskonzept auf der Grundlage ziviler Konfliktbearbeitung und Entwicklungshilfe entgegenzustellen. Auf jeden Fall muss der Skandal der neuen Rüstungsspirale gestoppt werden. Die immensen Milliardenausgaben sollten endlich einer nachhaltigen Entwicklung in armen Ländern zugute kommen. Die Zielvorgaben der Politik und der Militärdoktrin sollten nicht länger nur die sicherheitspolitischen, machtpolitischen und geostrategischen Interessen unseres Landes sein, sondern vor allem die Interessen der Armen und der Elenden im Auge haben. Wenn das ein Hauptmotiv unseres persönlichen und öffentlichen Handelns wird, dann geht es auch um ein weiteres Teilen unseres Wohlstands mit ihnen. Dazu sind Wenige bereit, es ist jedoch eine Konsequenz der Christusnachfolge. Da kommt mir ein Satz des französischen Schriftstellers Leon Bloy in den Sinn: *„L'evangile, c'est un explosiv, et nous en avons fait de la tisane"* (Das Evangelium ist wie Dynamit, doch wir haben daraus einen Kräutertee gemacht).

Harmlos, wohltuend

Eine höhere Besteuerung der Reichen im Land und eine Umwidmung unserer Militärausgaben ist auch der Weg, um längerfristig die Flüchtlingsströme einzudämmen. Schon lange ertönt der Ruf, ihnen vor allem in ihren Herkunftsländern beizustehen. Die so oft kritisierte christliche Außenmission tat das schon seit Jahrhunderten, wenn auch mit bescheidenen Mitteln. Was könnte dagegen mit dem Verteidigungsbudget eines einzigen Jahres von Deutschland aus alles aufgebaut werden! In diese Richtung von Entwicklung führt der alternative Weg, den wir vorschlagen. Nicht die NATO, sondern die UNO und die OSZE sind dafür geeignet. Beispiele von gelungenen, gewaltlosen Friedensdiensten gibt es viele, nicht nur zur Zeit der Wende in unserem Land oder in Südafrika, sondern in vielen anderen Konfliktherden der Erde. Darüber gibt es heute gute Berichte, die leider noch zu wenig bekannt sind. Sie haben mehr bewirkt als die blutigen, letztlich erfolglosen Militäreinsätze der letzten Jahre.

Wem sagen wir das?

Die Gespräche wacher Christen in der Friedensfrage drehen sich vornehmlich um Ratschläge an unsere Politiker, und wir sind enttäuscht, wenn das auch Widerstand hervorruft und als Besserwisserei ankommt. Zwar bleibt es die Aufgabe, der Stadt Bestes zu suchen, doch der Staat wird immer seine eigenen Bündnis- und Sicherheitsinteressen verfolgen. Als christliche Minderheit in einem säkularen Staat können wir heute nur begrenzt auf die Politik einwirken. Es geht also in der Friedensfrage auch um eine deutliche Unterscheidung der beiden Reiche. Das Thema „Staat-Kirche" ist in Deutschland weiter brisant, es ist vertagt und noch nicht gelöst. Die Kirche hat vor allem ihre Botschaft vom Frieden auszurichten, auch wenn sie dafür von vielen als idealistisch, naiv und weltfremd angesehen wird. Uns geht es darum, dass wir Christen zuerst lernen, umzudenken und dass unsere Kirchenleitungen die Gemeinden lehren und vorangehen, dass wir in der Friedensfrage eines Sinnes werden. Dann hätten wir größere Vollmacht, den Politikern im Land Impulse zu geben und ihnen beizustehen. Über Jahrhunderte, seit den Zeiten des Kaisers Konstantin, waren – und sind wir noch – als Kirche zu sehr mit dem Staat und den Mächtigen verflochten. Am schlimmsten war es, als wir Waffen gesegnet haben. Deswegen mussten wir immer wieder Kompromisse schließen und beim Evangelium ein „Ja-Aber" sprechen. Eine freie Kirche kann um vieles leichter zu einer Friedenskirche werden!

Schließlich geht es, angesichts des Weltleidens, auch um die eigene Ohnmacht und Hilflosigkeit, wenn wir über weite Strecken hin nichts tun können! Uns als „Machern" fällt das schwer. Es kann jedoch ein Mitleiden unter höchster Anteilnahme sein. Das darf bewusst bejaht werden. Dazu gehört auch das tägliche Gebet mit der Fürbitte für die Gewaltopfer. Das ist ebenfalls ein aktiver Einsatz für unser Land und die Welt und ist keinesfalls Weltflucht. Wir bringen damit die Leidenden, ja auch die Täter und zugleich unser Angewiesensein zu Gott, wenn wir beten: „Verleih uns Frieden gnädiglich...." Wir tun das in unseren Tageszeitengebeten ja schon lange und wollen es weiter in Treue tun!

Hans Häselbarth

Gemeinschaftliches Leben aus dem Evangelium: eine theologische Standortbestimmung

Gerhard Knodt, Frank Lilie, Br. Christian Hauter, Sr. Anna-Maria aus der Wiesche, Írisz Sipos, Br. Franziskus Joest, Christel Keller-Wentorf, Manfred Kiessig

Theo-Logie: Einführung

Muss nicht alles mit dem Wort beginnen, das uns ins Sein rief und von dem wir leben? Gerade in der Kirche des Wortes, in den Gemeinschaften der evangelischen Kirche? Tatsächlich beziehen sich die Kommunitäten und Geistlichen Gemeinschaften grundlegend auf das Wort der Heiligen Schrift.

Das fing an mit Maria, die das Wort Gottes im Herzen bewegte, auswendig lernte, internalisierte. Das setzte sich fort mit der Predigt der Apostel vom Reich Gottes. Das hält die Magna Charta der Kommunitäten fest: „Sie blieben beständig in der Lehre der Apostel …". Die ersten Mönchsregeln von Pachomius, Augustinus, Basilius d. Gr. und Benedikt verstehen sich nur als Auslegung und Zusammenfassung der Bibel. Bis heute bleibt es dabei: Keine Gemeinschaft lebt ohne intensiven Bezug auf die Bibel und die Auseinandersetzung mit ihr.

Innerhalb des biblischen Kanons war es vor allem der Psalter, der sich durch die Stundengebete (Officium) einprägte. Diese Stundengebete wurden von monastischen Gemeinschaften und von engagierten Laiengemeinschaften getragen (Kathedralofficium).

Im Umfeld des Mönchtums entdeckte man den „methodischen" Umgang mit dem Wort Gottes: in den Sprüchen der Wüstenmütter und -väter; in der *lectio divina*; bei der Kontemplation; im Herzensgebet wie im hörenden Gebet; bei der Evangelienbetrachtung der ignatianischen Exerzitien und in Luthers Meditationspraxis, dem vierfachen Kränzlein. Diese Impulse sind bis heute nicht ausgeschöpft in unseren Gemeinschaften. Liegt die Zeit einer monastischen Theologie (Oswald Bayer) wieder vor uns?

Alle haben ihre Wege gefunden, das Wort Gottes auf den Leuchter zu heben. Alle leben von der Entdeckung, die Sr. Ruth Meili (CCR) einmal so formulierte: „Wenn ich dann mal unterwegs bin, irgendwo auf einem Bahnsteig stehe und es kommt die Zeit der Vesper, dann fängt ‚es' an, in mir zu beten."

Wer ist ‚es', von dem Sr. Ruth redet? Es ist unser Geist, der da betet, weil er geformt wurde durch den Umgang mit Gottes Wort. Aber es ist auch das Wort der Bibel, das den Beterinnen und Betern des Volkes Gottes immer schon die Sprache gab. Und schließlich ist ‚es' der Heilige Geist selbst, der uns in Gottes Wort hineinführt, Zeugnis von Jesus gibt und unserem Geist „manch süßes Trostwort" zuspricht.

Auf der Grundlage dieser Theo-Logie sind die folgenden Miniaturen zu verstehen. In ihnen erklären die Mitherausgeber dieses Buches Herzwörter und Grundbegriffe des gemeinsamen Lebens.

Dr. Gerhard Knodt, Hersbruck 2016

Gebet – im Rhythmus des Lebens

Wir stehen unter dem Gesetz des Rhythmus. Tage, Wochen, Monate, Jahre – der persönliche Biorhythmus – die Lebensphasen – das Zusammenleben mit anderen – alles ist von sich wiederholenden Grundmustern der Zeiterfahrung durchzogen. Wir sind leibliche, sterbliche Wesen – und darum sind wir auf einem Lebensweg unterwegs. Leben ist eine Erscheinungsweise der Zeit. Unser menschliches Kapital ist, dass wir darum wissen. Unsere Freiheit liegt darin, dass wir mit diesem Wissen die Rhythmen unseres Daseins gestalten können. Dieser Einsicht verdankt sich auch das geistliche Leben. Es begreift die Rhythmisierung unseres Daseins dankbar als Geschenk. Das Leben mit seinen Rhythmen ist kostbar, darum lasst es uns schützen und hegen! Dies kann in Gottesdiensten geschehen, dieser besonderen Form der gestalteten Zeit, in der sich der Heilsweg Jesu Christi mit unserem Lebensweg kunstvoll verschränkt. Dies kann im Stundengebet stattfinden, in der Gemeinschaft des geformten Betens. Und es kann seinen Ort im persönlichen geistlichen Leben haben.

Geistliche Gemeinschaften sind betende Gemeinschaften. Sie nehmen das Versprechen Jesu beim Wort, er sei bei denen, die in seinem Namen zusammenkommen. Und das tun sie, in unterschiedlichen Formen freilich und als Bruder- oder Schwesternschaft anders als etwa eine Kommunität oder eine Familiengemeinschaft; doch mit einer Regelmäßigkeit, zu der sie sich meist verpflichtet haben. Neben dem festlichen Gottesdienst ist das wiederkehrende Stundengebet die Weise, wie wir und unsere Zeit geheiligt werden. Mit Heiligung ist dabei der Prozess einer Annäherung an das Bild gemeint, zu dem wir ursprünglich geschaffen sind. Uns selbst und unsere Zeit zu heiligen bedeutet so nichts anderes, als zu lernen, uns immer mehr Gott hinzugeben. Beten ist Hingabe. In den Gemeinschaften geschieht das Gebet aber immer auch stellvertretend, denn dem Christen ist das priesterliche Amt anvertraut, nicht bloß in eigener Sache vor Gott zu treten, sondern vor ihm der anderen fürbittend zu gedenken. Indem wir für andere beten, können wir frei werden von der frommen Selbstbespiegelung. Wir beten nicht nur unser eigenes Leben, wir beten immer auch das der anderen. Der Gebetsdienst und der Gottesdienst der Gemeinschaften sind so zwei der großen Geschenke Gottes an die Kirche.

Dr. Frank Lilie, Fritzlar 2016

Jüngergemeinschaft und Nachfolge

Neben dem Geordneten, von dem Frank Lilie schrieb, begegnet uns in den Evangelien auch das Überraschende, Unverfügbare. Etwa wenn Jesus den Levi „einfach so" hinter seinem Tisch als Zollpächter der Römer wegruft, in seine Nachfolge (Mk 2, 14). Jesus war ein charismatischer Wanderprediger, dem eine bunte Schar von Jüngern und Jüngerinnen folgte. Diese Jüngergemeinschaft ist für mich ein Urbild für kommunitäres Leben: Männer und Frauen, die von Jesus fasziniert sind und ganz bei ihm sein wollen. Mir gefällt die grundsätzliche Verfügbarkeit, die in den Evangelien sichtbar wird: einfach alles stehen und liegen lassen, um aufzubrechen und von Jesus Neues zu lernen und auch, um sich senden zu lassen.

Jesus beauftragte seine Jünger, zu tun wie er selbst tat: das Reich Gottes verkünden, Kranke heilen, böse Geister austreiben. Dazu schickte er sie zwei und zwei gemeinsam auf den Weg. Und im Jüngerkreis waren ganz verschiedene Persönlichkeiten, ganz normale Menschen, die den Meister keineswegs immer verstanden haben. Ich fühle mich gern als ein heutiger Jünger Jesu, eben mit meinen Gaben und Unzulänglichkeiten. Das Ausharren bei ihm (Lk 22,28), auch wo ich ihn nicht verstehe – insbesondere im Blick auf das Leiden – gehört für mich dazu. Als Jünger Jesu weiß ich mich geborgen in seinem Ja zu mir, auch im Versagen, denn er hat mich zuerst geliebt. Und ich weiß, dass Jesus sich mit meinem Tun in seinem Namen identifiziert. Ich weiß mein Tun gesegnet, wenn ich in Jesu Sinn als sein Nachfolger handle: in der Verkündigung, der tätigen Nächstenliebe und auch im Öffnen der Tischgemeinschaft für Fremde.

Wir als Christusträger (und alle Kommunitäten) versuchen das auf unsere Weise heute zu leben. „Mit unserer Phantasie und Lebenskraft wollen wir Mittel und Wege suchen und pflegen, unseren Auftrag zeitgemäß zu erfüllen" – so haben wir Brüder es in unseren gemeinsamen Grundlagen ausgedrückt.

Br. Christian Hauter, Kloster Triefenstein 2016

Dreieinigkeit: Leben in Gemeinschaft

Was Br. Christian in der Gemeinschaft Jesu mit Seinen Jüngern aufzeigt, hat seinen Urgrund in Gott selbst. In Christus ist Gott, der Dreieine, mit den Menschen unterwegs und holt sie in die Tischgemeinschaft Seiner Liebe. Dies wird deutlich in der Dreieinigkeitsikone vom Hl. Andrej Rubljow, die in den meisten evangelischen Gemeinschaften und Kommunitäten zu finden ist.

Die Ikone zeigt drei Engel in innerer Zugewandtheit an einem Tisch, auf dem ein Kelch, das Symbol für das göttliche Opfer der Eucharistie, steht. Die drei Engel symbolisieren die Dreieinigkeit. Die innerste Mitte zwischen den Dreien und auch die des Bildes ist das Opfer Gottes in Jesus. Die in der Ikone angedeutete Einheit ist nicht eine Einheit um ihrer selbst willen, sondern sie zeigt Gott in seiner Einheit bezogen auf die Welt. Deswegen ist der vordere Platz im Bild auch frei für die Menschen, die sich einladen lassen, an der Gemeinschaft Gottes teilzuhaben.

1. Trinitarische Spiritualität

Hanna Hümmer, Mitbegründerin der Communität Christusbruderschaft, sprach in ihrer Entfaltung einer trinitarischen Spiritualität von dem Dreieinigen Gott, der sich opfert.

Gott opfert sich als Schöpfer durch das Wort. Er ruft ins Leben. Darüber hinaus opfert Gott sich in Jesus Christus. Durch seinen Gehorsam bis zum Tod am Kreuz ermöglicht er gemeinsames Leben in Vergebung und Erbarmen. Doch Gott opfert sich auch im Heiligen Geist. Er schenkt sich den Menschen und bringt die Liebe des Vaters und des Sohnes ins Herz derer, die nach ihm rufen. Durch das schöpferischen Wort, in der Erlösung und in der Erneuerung formt Gott selbst das Geheimnis des gemeinsamen Lebens unter den Menschen.

Wer in eine Gemeinschaft eintritt, geht einen Weg vom Ideal des gemeinsamen Lebens hin zum konkreten gemeinsamen Leben mit konkreten Menschen. Wir durchschreiten die Desillusionierung, denn hier begegnen wir eigenen

Schwächen, Ängsten, Verwundungen und Unfähigkeiten. Doch gleichzeitig beginnt hier auch der Weg der Heiligung, denn hier verstehen wir deutlicher, was es bedeutet, dass das Opfer die innerste Mitte Gottes ist: Gemeinsames Leben in Liebe können wir nur leben, weil Jesus die Quelle der Versöhnung ist und weil er uns gibt, was wir von uns aus nicht haben, Anteil an der Einheit in Gott: „Und ich habe ihnen die Herrlichkeit gegeben, die du mir gegeben hast, damit sie eins sind, so wie wir eins sind, ich in ihnen und du in mir, damit sie vollkommen eins sind und die Welt erkennt, dass du mich gesandt hast und sie so liebst, wie du mich liebst." (Joh 17, 22-23) Durch Seine Hingabe am Kreuz wird die neue Gemeinschaft in Gott mit Gott für den Menschen wieder möglich. Diese Liebe Gottes wird im Geist ins Herz des Menschen gegossen. Die innergöttliche Trinität nimmt den Menschen mit in die ewige Kommunikation der Liebe.

2. Der dreieinige Gott – Einheit in Verschiedenheit
Vater, Sohn und Heiliger Geist waren schon vor aller Schöpfung. Das bedeutet: Gott ist Trinität im Anfang ohne Anfang. Seit Beginn ist Gott folglich Einheit in Verschiedenheit, beides ist also gleich ursprünglich. Somit ist auch die Gemeinschaft, in die er die Seinen hineinnimmt und beruft, als ein Spiegelbild seiner Gemeinschaft zu verstehen: Einheit in Verschiedenheit. Eine Kommunität, die in dynamischer Kommunikation lebt, ist also nicht eins durch gleiches Denken und Handeln, sondern im unterschiedlichen Denken und Handeln ist sie eins in der Liebe. Uniformität widerstrebt der Einheit aus Gott. Die gegenseitige Ergänzung, der achtsame Umgang miteinander, die Freude an den Gaben des anderen und der Schmerz über sein Leiden prägen die Einheit in Verschiedenartigkeit. Die menschliche Einheit in Verschiedenheit wird aber immer in erlöster Verschiedenheit leben, wenn das Opfer die innere Mitte ist. Lebt die Gemeinschaft nicht aus dem Opfer Jesu Christi, dann werden Unterschiede oftmals Anlass zu Zorn, Streit, Eifersucht, Rechthaberei und Hochmut geben. Dies alles sind Haltungen, die eine christliche Gemeinschaft spalten und Einheit verhindern. Haltungen bedürfen also der Reinigung durch Gottes Geist. Als Sünder von Christus geliebt und durch den Geist aufgefordert zur Umkehr, ist der Weg aufeinander zu möglich und Unterschiede können dann als große Bereicherung erlebt werden.

3. Der dreieinige Gott – Geheimnis des Glaubens
In seiner Dreieinigkeit ist Gott Geheimnis. Er entzieht sich dem Denken und wird nur in der Liebe, die das Geheimnis achtet, erahnt. Je mehr wir ihn lieben, umso größer wird das Geheimnis Gottes. Die Sprache der Liebe ist die Sprache der Anbetung, denn Gott wohnt im Lobpreis seiner Gemeinschaft, weil er sich denen zuneigt, die ihn anbeten. Wo eine Gemeinschaft den Dreieinigen anbetet, da weiß sie um die Schönheit der ganzen Schöpfung, da weiß sie um Teilhabe am Leiden und an der Überwinderkraft, da weiß sie um das Geheimnis der Hoffnung, dass Gott alles vollenden und erlösen wird.

In der Anschauung der Dreieinigkeit-Ikone vergegenwärtigen sich die christlichen Gemeinschaften und Kommunitäten das Geheimnis, dass Gott ewige Beziehung ist und dass sie in diese ewige Beziehung hinein erlöst sind.

Sr. Anna-Maria aus der Wiesche, Selbitz 2016

Berufung, Auftrag, Charisma – Vielfalt als Gütesiegel der Einheit

Das von Sr. Anna-Maria ausgeführte Bekenntnis, dass Vater, Sohn und Heiliger Geist schon vor aller Schöpfung waren und im Erschaffen, Erlösen und Ermächtigen des Menschen in dreifältiger Weise tätig werden, ist das tragende Fundament jeder Berufung zur Gemeinschaft mit Gott und untereinander. Ohne diese Gewissheit wären wir kaum in der Lage, in ein so umfassendes Verwobenwerden, wie es den Leib Christi kennzeichnet, einzuwilligen. Zu bedrohlich erschiene das ewig unauslotbare Anders-Sein im Gegenüber, das mich in dem, was mich ausmacht und mir anvertraut ist, beständig herausfordert und hinterfragt. So aber, im Wissen darum, dass Liebe sich eben dort ereignet, wo ich – dem Anderen begegnend – Raum bei mir, bei uns gewähre für einen Dritten, Vierten und für viele, wird der Unterschied zwischen uns zum Initial und die Vielfalt unter uns zum Gütesiegel der „Einheit" in Jesus Christus.

Erfahrbar für die Welt wird unser gemeinschaftliches Sein in unserem gemeinschaftlichen Wirken. So fließt uns in den vielfältigen Gaben, verschiedenen Ämtern und mancherlei Kräften (1. Kor 12, 4-6) das zu, was den gesamten Leib stärkt und der ganzen Welt dient. Und gerade diese Spannung ist es, die unter uns die Spannkraft für den Auftrag hervorbringt: in der Ergänzung wird einem jeden die eigene Begrenztheit zum Segen.

Es beginnt im Kleinen von Gemeinde und Gemeinschaft und setzt sich fort im Großen: Das, was Gemeinden, Gemeinschaften, ja selbst Kirchen voneinander unterscheidet, kann über das schmerzhafte, bedrohlich Trennende hinaus in dieser Zuversicht zu einer gegenseitig befragenden Bestätigung und Ergänzung, ja sogar zu einer wahrhaftigeren Einheit werden. Es ist also nur folgerichtig, dass sich auch Gemeinschaften in ihrer Berufung und in ihrem Auftrag voneinander unterscheiden. Ihre Vielfalt wird zum Zeugnis vom vielfältigen Wirken des Heiligen Geistes. Gerade Kommunitäten, in denen sich das geistliche Einanderzugeordnet-Sein auf existenziell so unausweichliche Weise verleiblicht, wie sonst nur in der leiblichen Zuordnung in der natürlichen Familie, können, wenn die größte aller Gaben, die Liebe, unter ihnen wirksam bleibt, zu einem prägnanten Zeugnis für die Einheit im Leib Christi wie auch für die Ergänzung am Leib Christi werden.

Letztlich werden wir gerade in der Arbeitsteilung des Leibes, dem Christus als Haupt vorsteht, daran erinnert, dass dem Auftrag zum Dienst die Berufung zum Sein vorausgegangen ist: Unser Miteinander erschöpft sich nicht in der erfreulichen Effizienz, sondern gelangt erst in der Freude aneinander zu seiner letzten, weil allerersten Bestimmung.

Írisz Sipos, Reichelsheim 2016

Zölibat – Berufung zum monastischen Leben

Das erste Gebot, das in der Bibel vorkommt, lautet: „Seid fruchtbar und mehret euch" (1. Mose 1, 28)! Jesus hat demgegenüber etwas Neues gebracht: Er blieb ehelos, und er sagte: „Manche verzichten von sich aus auf die Ehe, um ganz für das Himmelreich da zu sein. Wer es begreifen kann, der möge es begreifen" (Mt 19, 12)! Der Zusatz zeigt an, dass Jesus das Grundgebot nicht außer Kraft setzt, sondern es öffnet für eine andere Möglichkeit. Kein Gebot für alle, sondern ein Angebot für die, die es fassen (können). Letztlich ist es eine Frage der Berufung. Paulus nennt es ein „Charisma" (1. Kor 7, 7) und zeigt auf diese Weise an, dass damit keinerlei Wertung verbunden ist. Ehelosigkeit um des Reiches Gottes willen ist eine Form der Nachfolge neben anderen gleichwertigen. Zölibatäres Leben ist eine Möglichkeit des Evangeliums und daher auch evangelisch möglich.

Br. Franziskus Joest, Gnadenthal 2016

„Christliche Haustafel" – Ehe und Familie als berufener Stand in bzw. mit den Kommunitäten

Br. Franziskus beschreibt elementar die biblischen Grundlagen des ehelosen Lebens. Ich möchte die Ehe als Stand – nicht nur in Familiengemeinschaften – dazu stellen. Immerhin spiegelt die Ehe für Jesus Gottes unauflösliche Treue zu uns. Paulus nennt sie in 1. Kor 7 ein Charisma wie die Ehelosigkeit. Heute weiß man leider oft nur noch, dass sie ein „weltlich Ding" sei. Geistliches sucht man anderswo, bei Spezialisten. Und die sind nicht selten unverheiratet. Eine amerikanische Theologin (M. A. McPershon Oliver) behauptete sogar, dass christliche Spiritualität im Ansatz bisher zölibatär gewesen sei. Aber jetzt sei es an der Zeit, die andere, paarhafte (conjugal) Seite des geistlichen Lebens zu entdecken. Die spannende Verschiedenheit von Mann und Frau zeige, wie Menschen auf Ergänzung in Gemeinschaft angelegt sind.

Luthers Projekt, das Kloster in die Familie zu übersetzen, ist wohl gescheitert. Seine patriarchalen Voraussetzungen lassen uns heute fremdeln. Nirgendwo mehr sammelt der Vater die Großfamilie mit Gesang und Gebet um Bibel und Katechismus zur Hausandacht. Die moderne Arbeitswelt löste die häuslichen Gebets- und Gemeinschaftsrhythmen auf. Unter diesen Umständen brauchen wir eine neue Familienspiritualität, die mehr als ein paar Lücken für geistliches Leben findet. Eheleute müssen in Stand gesetzt werden, das ganze tägliche Tun und Lassen, den einsamen und den gemeinsamen Tag, Gebet und häusliches Tun, Beruf und Erziehung als geistliches Ganzes zu verstehen. Das wäre eine Aszese (Übung), die nicht mehr oder weniger herausfordert, aber eben anders als die monastische. Dazu brauchen sie (Paar-)Vorbilder, Einübung in und Ermutigung zum Stand der Ehe. Familiengemeinschaften haben wichtige Bausteine einer Familienspiritualität entwickelt. Familie kann ein „Kirchlein" sein. Vor dieser Herausforderung stehen Bruderschaften genau wie Familiengemeinschaften.

Vielleicht ist das nur ein Anfang: In unserer überindividualisierten Gesellschaft sind Menschen auf der Suche nach einem Lebensstand, den sie als etwas Geistliches verstehen möchten. Viele Menschen leben in unserer Gesellschaft freiwillig oder unfreiwillig als Singles, oder sie leben nur zeitweise in (familiärer) Gemeinschaft. Um und in Familiengemeinschaften und monastischen Gemeinschaften scharen sich Menschen, die nach Gemeinschaft und innerer Heimat suchen. Die Gemeinden der frühen Kirche boten mit ihrer ständisch gegliederten Organisation ein Modell, in dem Menschen vieler Stände einen Platz und einen „Stand" auch vor Gott fanden. So wurde in den Gemeinden etwas sichtbar von der „schönen Ordnung", die Menschen wertschätzt und Gott verherrlicht. Könnte das nicht eine wichtige künftige Aufgabe der Kommunitäten und Gemeinschaften sein?

Dr. Gerhard Knodt, Hersbruck 2016

Verbindlichkeit

Der Begriff „Verbindlichkeit", der im sozialen Kontext, im Wirtschaftsleben und im rechtlichen Bereich gebräuchlich ist, findet im kirchlich-theologischen Bereich erst im letzten Jahrhundert Eingang. Denn, so meinte man, Verbindlichkeit und evangelische Freiheit passen nicht zusammen. Verbindlichkeit widerspricht dem Walten des Heiligen Geistes. Spontaneität sei hier gefordert. Der Christ habe in beständiger Offenheit für die Weisungen Gottes zu leben. In dieser Auffassung liegt allerdings die Gefahr, die evangelische Freiheit mit einem Leben nach eigenem Gutdünken zu verwechseln. Diese Haltung beobachtete schon Benedikt von Nursia bei Mönchsgruppen, die ohne jegliche Regel leben wollten. Treffend schreibt er: „Was sie meinen und wünschen, das nennen sie heilig, was sie nicht wollen, das halten sie für unerlaubt" (RB 1)[1]. Jedenfalls ließ sich in der evangelischen Kirche hinsichtlich der christlichen Lebenspraxis zunehmend ein Trend zur Gestaltlosigkeit und Beliebigkeit wahrnehmen. Hierin mag der Wunsch nach einer christlich verbindlichen Lebensweise mitbegründet sein, der Mitte des letzten Jahrhunderts verstärkt bei evangelischen Christinnen und Christen aufkam, dieses zumal auch, weil eine verbindliche Lebensgestaltung zum Wesen des christlichen Glaubens gehört.

Denn christliche Verbindlichkeit gründet allein in Gottes Handeln, der Menschen in seine Gemeinschaft ruft und mit ihnen einen Bund eingeht. Dieses bezieht sich zunächst grundlegend auf das Volk Gottes, auf Israel, dann aber auch auf Menschen aus allen Völkern, die dem Ruf in die Nachfolge Christi folgen. Der Bundesschluss ist für Gott verbindlich. In ewiger Treue steht er zu diesem. Dies gilt für den Bund, den er mit seinem Volk einging wie auch für den Taufbund, in den er den einzelnen Christen aufnimmt. „Treu ist ER, der euch ruft; ..." (1. Thess 5, 24).

---

[1] *Regula Benedicti, - Die Benediktusregel (lateinisch/deutsch). Herausgegeben im Auftrag der Salzburger Äbtekonferenz, 1992.*

Der Christ entspricht diesem Ruf Gottes, indem er sein gesamtes Leben in verbindlicher Weise auf Gott hinordnet und sich damit in die Nachfolge Christi stellt. Verbindlichkeit aber lebt nicht aus der Eingebung des jeweiligen Augenblicks heraus, sondern verlangt grundlegende Orientierungspunkte, die dem Leben Verlässlichkeit, Beständigkeit und Gestalt geben. Ein solches das Leben tragende Gerüst sehen die Christen seit alters her in der Praxis von Schriftlesung, Gebet, Fasten, Eucharistie und Unterscheidung der Geister. Die innere Haltung einer verbindlichen Lebensführung beschreibt die Mönchsregel des Benedikt von Nursia treffend mit dem lateinischen Wort „stabilitas", der Beständigkeit des Herzens auf dem Weg zu Gott.

Beständigkeit konkretisiert sich nicht nur in der Treue zu Gott, im Bleiben in Christus (Joh 15, 5), sondern auch im Umgang mit dem Mitmenschen, in Treue und Verlässlichkeit ihm gegenüber wie auch im Leben in einer Gemeinschaft, sei es z. B. in der Familie oder in einer geistlichen Gemeinschaft. Verbindlich in einer Gemeinschaft zu leben aber fordert zugleich die Haltung des Gehorsams, die nicht meint, dass der Einzelne sich fügen muss, sondern dass er sich in die Gemeinschaft einzufügen hat. Falsch wäre es, sich einen Kadavergehorsam vorzustellen. Vielmehr geschieht das Sich-Einfügen aus freiem Entschluss, und zwar in dem Sinn: „Ich will mich auf das Geforderte, d.i. der Wille Gottes, einlassen". In diesem Bestreben gewinnen der Einzelne und die Gemeinschaft ihre spezifische Form.

Die geistlichen Väter und Mütter der Alten Kirche zählten im Gefolge des Wüstenvaters Abbas Anthonios zu Verbindlichkeit und Beständigkeit christlichen Lebens auch das Bleiben an einem Ort: „Wenn du dich an einem Ort niederlässt, dann entferne dich nicht leicht" (AP 3)[2]. Ort ist im umfassenden Sinn zu verstehen, sowohl im physischen, als auch im übertragenen Sinn. Das Bleiben an einem Ort führt zu Sammlung und Konzentration. Es wirkt der Zerstreuung und geistlichen Ruhelosigkeit wie einem vorschnellen Verlassen menschlicher Beziehungen und bestimmter Lebenssituationen entgegen.

Für das christliche Leben, das „unter der Führung des Evangeliums" (RB Prolog 21) Jesu Wege geht, erweist es sich als segensreich, wenn es sich an einer Grundordnung verbindlich orientiert. Diese Aufgabe kommt in der monastischen Tradition der jeweiligen Mönchsregel zu, unter denen bei uns die Regel des Benedikts bis heute auch von Menschen außerhalb des Klosters praktiziert wird.

Die Ordnung oder Regel hilft in den Krisenzeiten des Lebens, zu denen für die Christen heute zunehmend auch Verfolgungssituationen gehören, standhaft zu bleiben (Lk 21, 19) und den Schwierigkeiten nicht auszuweichen. Aber auch in Zeiten geistlicher Dürre und Unlust gilt es, die Ordnung nicht loszulassen, sondern treu an ihr festzuhalten. Bei allen Veränderungen und Wechselfällen des Lebens dürfen wir, – an dem Leitfaden der Ordnung –, das Ziel, das „himmlische Vaterland" (RB 73,8) nicht aus dem Auge verlieren.

Es lohnt sich, auf den Rat geistlich geübter Menschen zu hören: Wer nach einer geistlichen Ordnung lebt und damit Verbindlichkeiten auf sich nimmt, ist dem Druck entronnen, alles selbst entscheiden zu müssen und gewinnt darin Freiheit. Insgesamt gilt der Erfahrungssatz: „Bewahre die Ordnung, dann bewahrt in Not- und Krisenzeiten die Ordnung dich".

Prof. Dr. Christel Keller-Wentorf, Seedorf 2016

---

[2] *Weisung der Väter. Apophthegmata Patrum. Übersetzt von Bonifaz Müller, 1998[4]*

Geistliche Gemeinschaften in der Kirche – als Kirche

Der Raum, in den Gott Menschen in seine Gemeinschaft ruft und sie zu einer verbindlichen Antwort einlädt, ist der Leib Christi, die Kirche. Die Eingliederung in diesen Leib geschieht durch die Taufe. Als Getaufte sind also alle, die zu einer geistlichen Gemeinschaft gehören, Glieder der Kirche. Inwiefern aber sind sie nicht nur eine Gruppe *in* der Kirche, sondern selber *Kirche*? Ob dies zutrifft, wird sich daran erweisen, wieweit sie dem entsprechen, was Kirche ist und worin ihr Auftrag besteht. Eine erste elementare Beschreibung von Kirche findet sich in der Apostelgeschichte: „Sie blieben beständig in der Lehre der Apostel, in der Gemeinschaft, im Brotbrechen und im Gebet" (2, 42). Das Stichwort „Gemeinschaft" wird vom Apostolischen Glaubensbekenntnis aufgenommen: „Gemeinschaft der Heiligen". Das hier gebrauchte Wort (griech. *koinonia*, lat. *communio*) bedeutet seinem Ursprung nach Anteilhabe an den heiligen Gaben (*sancta*, gemeint ist hier die Eucharistie), wodurch die Gemeinschaft der Heiligen (*sancti*) begründet wird. In Weiterführung dieses Ansatzes beschreibt das Augsburger Bekenntnis die Kirche als „Versammlung aller Gläubigen, bei denen das Evangelium rein gepredigt und die heiligen Sakramente laut dem Evangelium gereicht werden" (CA 14). Sofern in den geistlichen Gemeinschaften dies – wenn auch in unterschiedlichen Formen – geschieht, sind sie ihrem Wesen nach Kirche. Dieses Kirchesein kommt ihnen allerdings nur zu, wenn sie in Gemeinschaft mit den anderen Sozialgestalten der Kirche stehen. In diesem Sinne sind sie also ganz Kirche, aber nicht die *ganze* Kirche. Dabei verwirklichen sie besonders den Charakter der Kirche als Bruderschaft, als Gemeinschaft. In der Geschichte zeigt sich, dass das Verhältnis zwischen den geistlichen Gemeinschaften und den anderen Sozialgestalten oft spannungsreich, aber zugleich fruchtbar war. Im Blick auf die Aufgaben der Kirche, die mit den Begriffen *leiturgia* (Gottesdienst und Gebet), *martyria* (Zeugnis und Verkündigung) und *diakonia* (Dienst der Liebe) zusammengefasst werden können, setzen die einzelnen Gemeinschaften unterschiedliche Akzente.

Will man den Ort der geistlichen Gemeinschaften innerhalb der Gesamtkirche beschreiben, so bietet sich das Modell des Apostels Paulus an: *„viele Glieder – ein Leib, viele Gaben – ein Geist"*. Wenngleich der Apostel dies zunächst auf das Verhältnis der Gemeinde zu ihren Gliedern bezieht, so lässt es sich doch auch auf das Verhältnis zwischen den einzelnen Sozialgestalten der Kirche übertragen. In diesem Sinne können die geistlichen Gemeinschaften als Glieder am *einen* Leib Christi und ihre vielfältigen Ausprägungen als Charismen des *einen* Geistes verstanden werden.

Dr. Manfred Kießig, Leipzig 2016

Anschriften der Kommunitäten und Gemeinschaften*

Basisgemeinde Wulfshagenerhütten
Zum Wohld 4
24214 Tüttendorf
www.lebensgemeinschaft.basisgemeinde.de

Baustelle Leben
Chaussee 5
16949 Triglitz OT Silmersdorf
www.baustelleleben.de

Berneuchener Dienst
Kloster Kirchberg
72172 Sulz
www.berneuchener-dienst.de

Bruderhof
Holzlandgemeinschaft
Talweg 18 / Grafe Haus
07639 Bad Klosterlausnitz
holzland@bruderhof.com

Sannerz Gemeinschaft
Lindenstraße 13
36391 Sinntal-Sannerz
sannerz@bruderhof.com

www.bruderhof.com/de/wo-wir-sind#germany

Bruderschaft vom Kreuz
90617 Puschendorf

Christusträger Bruderschaft
Am Klosterberg 2
97855 Triefenstein
www.christustraeger-bruderschaft.org

Christusträger-Schwesternschaft
Hergershof 8
74542 Braunsbach
www.christustraeger-schwestern.de

Christus-Treff e.V.
Steinweg 12
35037 Marburg
www.christus-treff-marburg.de

Collegiat St. Peter und Paul
Augustinerstr. 10
99084 Erfurt
www.collegiat-erfurt.de

Communität Casteller Ring
Schwanberg 4
97348 Rödelsee
www.schwanberg.de

Communität Christusbruderschaft Selbitz
Ordenshaus
Wildenberg 23
95152 Selbitz
www.christusbruderschaft.de

Communität El Roi
Klingentalgraben 35
Ch-4057 Basel
www.el-roi.ch

Communität und Geschwisterschaft Koinonia
Trift 9-11
9320 Hermannsburg
www.koinonia-online.de

* Aufgeführt sind alle Gemeinschaften und Kommunitäten im Raum der EKD, die an diesem Buchprojekt mitgewirkt haben oder auf der Homepage Evangelische Kommunitäten (www.evangelischekommunitaeten.de) verzeichnet sind.

Communität Kloster Wülfinghausen
Klostergut 7
31832 Springe
www.kloster-wuelfinghausen.de

Diakonissen-Kommunität – Zionsberg
Auf der Platte 53
34414 Warburg
www.zionsberg.de

EBK-Blumenmönche
Schubertstr. 18/20
72581 Dettingen/Erms
www.ebk-blumenmönche.de

Evangelische Kommunität Kloster Barsinghausen
Bergamtstraße 8
30890 Barsinghausen
www.klosterkammer.de

Evangelische Marienschwesternschaft
Heidelberger Landstr. 107
64297 Darmstadt
www.kanaan.org

Evangelische Michaelsbruderschaft
sekretariat@michaelsbruderschaft.de
www.michaelsbruderschaft.de

Evangelisches Exerzitium
www.evangelisches-exerzitium.de

Familiaritas des evangelisch-lutherischen Zisterzienserklosters Amelungsborn
Amelungsborn Nr. 97
37643 Negenborn
www.familiaritas-amelungsborn.de

Frauengemeinschaft Kloster Wennigsen
Klosteramthof 3
30974 Wennigsen
www.kloster-wennigsen.de

Gemeinschaft Evangelischer Zisterzienser-Erben
91560 Heilsbronn
www.evangelische-zisterzienser-erben.de

Gemeinschaft St. Michael
Kloster Kirchberg
72172 Sulz
www.gemeinschaft-sankt-michael.de

Gethsemanebruderschaft
Evangelisches Gethsemanekloster
Gut Riechenberg 1
38644 Goslar
www.gethsemanekloster.de

Gruppe 153
Wettinplatz 1
01640 Coswig
www.gruppe153.de

Jesus-Bruderschaft Gnadenthal
Gnadenthal
65597 Hünfelden
www.jesus-bruderschaft.de

Jesus-Bruderschaft Kloster Volkenroda
Amtshof 3
99998 Körner-Volkenroda
www.kloster-volkenroda.de

Kanaan-Franziskusbruderschaft
Heidelberger Landstraße 107
64297 Darmstadt
www.kanaan.org

Kloster Mariensee
Höltystr. 1
31535 Neustadt a. Rbge.
www.kloster-mariensee.de

Kommunität Adelshofen
Wartbergstraße 13
75031 Eppingen
www.lza.de

Kommunität Diakonissenhaus Riehen
Schützengasse 51
CH-4125 Riehen
www.diakonissen-riehen.ch

Kommunität Imshausen
Hof Vockerode 1
36179 Bebra
www.kommunitaet-imshausen.de

Kommunität Jesu Weg
Craheim 7
97488 Stadtlauringen
www.schwestern-craheim.de

Kommunität „Steh auf"
76307 Karlsbad

Laurentiuskonvent
Ringstr. 21
35641 Schöffengrund
www.laurentiuskonvent.de

Lebenszentrum für die Einheit der Christen Schloss Craheim
Craheim 1
97488 Stadtlauringen-Wetzhausen
www.craheim.de

Oblatengemeinschaft der Communität Casteller Ring
76227 Karlsruhe

Ökumenisches Lebenszentrum Ottmaring
Eichenstrasse 31
86316 Friedberg
www.ottmaring.org

Offensive Junger Christen OJC
Helene-Göttmann-Str. 1
64385 Reichelsheim
www.ojc.de

Ordo Pacis
An den Ziegelteichen 5
21217 Seevetal
www.ordo-pacis.de

Ostkirchlicher Konvent
www.ostkirchlicherkonvent.de

Pfarrerinnen- und Pfarrergebetsbund
Glockenweg 18
58553 Halver
www.pgb.de

Schwesternschaft des Julius-Schniewind-Hauses
Calbesche Str. 38
39218 Schönebeck
www.schniewind-haus.de

St. Johannis Konvent v.g.L.
Eschenbach 207
91224 Pommelsbrunn
www.st-johannis-konvent.de

Tertiärgemeinschaft Selbitz
Wildenberg 23
95152 Selbitz
www.christusbruderschaft.de

Die Zugvögel
Pastor-August-Janssen-Straat 1
26553 Dornum
www.lebensgemeinschaft-zugvoegel.de